ちくま文庫

もうひとつの天皇家 伏見宮

浅見雅男

筑摩書房

もうひとつの天皇家　伏見宮　目次

もうひとつの天皇家　伏見宮

〈凡例〉

・本文中では元号を主として用い、適宜、西暦を注記した。

・年の途中で改元があったときは、改元前までは前の元号、あとは新元号を用いる。

・登場人物の年齢は「数え」と注記しているほかは満年齢である。

・引用資料は原則として前後一行あき、二字下げで示し、漢字の字体は現行のものにあらためた。また漢字を仮名に、仮名を漢字にしたところもある。仮名遣いは原文どおりとしたが、片仮名は平仮名にし、濁点、送り仮名、句読点、改行やルビを適宜ほどこした。

・とくに断らないかぎり、引用資料中の括弧内は著者の注釈である。

・本文中の原文どおりの引用は「　」で、要約などした場合は〈　〉で囲んだ。

・皇族の名前や宮号は変わることも多いが、ほとんどの場合、最終のものを記した。

・天皇、親王、王などの称号は混乱、誤解を生じないかぎり、小見出しや初出以外ほとんど省略した。図表等も同様である。

・天皇や皇族への敬語や敬称は原則として用いないが、崩御、行幸などの言葉は時にあらわれる。

はじめに――なぜ伏見宮家なのか

皇籍離脱した人びとの〝共通点〟

昭和二十二年（一九四七）十月十三日午後一時、皇居内で皇室会議がひらかれた。

皇室会議は現行憲法とともに公布、施行された新しい皇室典範にもとづく国の機関である。メンバーは成年に達した皇族の互選で選ばれた皇族二名、衆参両院議長・副議長、内閣総理大臣、最高裁判所長官、長官以外の最高裁判事一名、それに宮内庁（初め宮内府）長官の十名。皇位継承順の変更、摂政の設置、皇族の結婚、皇籍離脱など皇室に関する重大事を決めることになっていたが、この日の会議が発足してから初めての集まりだった。

出席したのは高松宮宣仁（たかまつのみやのぶひと）親王、秩父宮勢津子（ちちぶのみやせつこ）妃、片山哲（かたやまてつ）総理大臣、松岡駒吉（まつおかこまきち）衆議院議長、田中万逸（たなかまんいつ）同副議長、松平恒雄（つねお）参議院議長、松本治一郎（まつもとじいちろう）同副議長、三淵忠彦（みぶちただひこ）最高裁長官、霜山精一（しもやませいいち）同判事、それに松平慶民（まつだいらよしたみ）宮内府長官である。

議題は十一の宮家に属する老若男女五十一名の皇族の皇籍からの離脱の可否だったが、会議は満場一致で離脱を認め、翌十四日、皇族たちは一般の日本国民となり、各宮家も消滅した。皇籍離脱をした人びとの名を宮家別にあげると、表①のようになる（宮家五十音順。各宮家皇族年齢順）。

明治初年から昭和の敗戦までのあいだ、日本に存在した宮家は十八だったが、この表に出ていないのは有栖川、華頂、桂、小松、高松、秩父、三笠の七家である。そのうち、有栖川、華頂、桂、小松宮家は、いずれも家督を継ぐ男子がいなかったために、明治、大正の間に絶家となった。また、高松、秩父、三笠宮家は大正天皇の皇子、すなわち昭和天皇の弟宮（直宮）たちが立てた宮家であり、その血筋のゆえに敗戦後も存続した。したがって昭和二十二年十月に消滅した宮家は十一ということになるわけだが、これらの宮家には〝共通点〟があった。それはいずれも伏見宮の血統に連なるということである。

具体的に言えば、久邇、山階、梨本、北白川宮家（小松、華頂宮家も）は王政復古前後に、また東伏見宮家は明治三十六年（一九〇三）に、それぞれ伏見宮家の王子が立て、賀陽宮家は明治三十三年、朝香、東久邇宮家は明治三十九年に、久邇宮家の王子が立てた。さらにやはり明治三十九年に北白川宮家の王子が竹田宮家を立てた。そしてもともと伏見宮家とは系統の異なる閑院宮家にも、明治五年に伏見宮家の王子が養子に入って継いでいる。このように、〝本家〟の伏見宮も合わせ、十一の宮家は同じ血脈でつながっているのである。

表①　皇籍離脱した人びと

宮家	皇族
朝香宮　6名	鳩彦王　孚彦王　千賀子（孚彦王妃）　冨久子女王　誠彦王　美乃子女王
賀陽宮　8名	恒憲王　敏子（恒憲王妃）　邦寿王　治憲王　章憲王　文憲王　宗憲王　健憲王
閑院宮　2名	春仁王　直子（春仁王妃）
北白川宮　4名	房子内親王（故成久王妃）　祥子（故永久王妃）　肇子女王　道久王
久邇宮　10名	俔子（故邦彦王妃）　静子（故多嘉王妃）　朝融王　朝子女王　邦昭王　通子女王　英子女王　朝建王　典子女王　朝宏王
竹田宮　6名	恒徳王　光子（恒徳王妃）　恒正王　素子女王　紀子女王　恒治王
梨本宮　2名	守正王　伊都子（守正王妃）
東久邇宮　7名	稔彦王　聡子内親王（稔彦王妃）　盛厚王　成子内親王（盛厚王妃）　俊彦王　信彦王　文子女王
東伏見宮　1名	周子（故依仁親王妃）
伏見宮　4名	朝子（故博義王妃）　光子女王　博明王　章子女王
山階宮　1名	武彦王

これを別の面から見れば、昭和敗戦後の皇族の皇籍離脱、宮家消滅は、伏見宮系統が長年にわたる天皇家との関係を断たれたできごとだったということになる。第一章で説明するように、伏見宮は崇光天皇（北朝第三代。北朝在位一三四八～一三五一）の第一皇子栄仁親王（名前は「よしひと」とされることが多いが、「なかひと」だとする説もある）に始まる宮家であり、代を重ねるにつれ、天皇家との血縁関係は遠くなる一方だったが、その王子たちは時の天皇や上皇の猶子となり、親王宣下を受け、皇族としての待遇を受けていた。その歴史がついに終わったのである。

議論と事実

その後、これらの宮家や元皇族たちへの世間の関心はどんどん薄くなっていった。一般社会のなかでとまどう元皇族たちの姿を、週刊誌などが面白おかしくとりあげるようなことはあったが、かつて存在した宮家について真摯に考えてみようとする動きは、ほとんど見られなかったと言っても過言ではなかろう。ところがここ数年、旧宮家、元皇族について言及する人びとがあらわれてきた。そのきっかけは、近い将来、男系による皇位継承が必ずしも確実ではなくなった状況に対応するために、小泉純一郎政権が皇室典範を改定する動きを始めたことであった。

政府の諮問を受けた有識者会議は、平成十七年（二〇〇五）秋、女性天皇、あるいは女系天皇の可否を検討する必要性にまで触れた答申を提出したが、男性による皇位継承の〝伝統〟を守らなければならないと考える人びとはそれに反発し、男性天皇を確保する方策として、旧宮家の復活や、その一員である人たちを皇族とすることを主張したのである。

その結果、この問題をめぐって活発な議論がまきおこった、と述べたいところだが、有体（ありてい）に言って、そこでおこなわれたのは、かなり無意味な言葉のやりとりにすぎなかった。言うまでもないが、議論が有効におこなわれるためには、事実をきちんと把握することが不可欠だとの認識が共有されなければならない。もちろん、事実をどう解釈するか、どう評価するかについてはさまざまな立場がありうるが、事実そのものを先入観なしにながめ、確かめようという姿勢がなければそもそも議論は成立しない。

一例をあげよう。あのころ、一部のマスコミがひとりの男性を〝元皇族〟として登場させた。それが本人の意思にそったものかどうかはわからないが、この男性はたしかに廃絶した十一宮家のひとつの血を引いてはいた。祖父は昭和二十二年十月十三日まで皇族だったのである。しかし、この祖父の三男だった彼の父親は宮家が消滅したのちに生まれている。〝元皇族〟だったことは一度もないのだ。ましてや本人は〝元皇族〟などではありえない。

もちろんそのことと、この男性、あるいは父親の人間的な価値とにはなんの関係もない。二人とも立派な日本国民であろう。しかし、そういう立場の人を軽々しく〝元皇族〟と称する一部マスコミの姿勢には、センセーショナリズムにもとづいた、売らんかなの態度が見え透いており、不真面目としか言いようがなかった。そこからは意味のある議論などは生まれようはずもないのである。

案の定、最近、政府がおこなっている〝女性宮家〟についての〝有識者〟からのヒアリングの議事録などをみても、歴史的な事実を無視した首をかしげざるをえないような意見が散見される。また、〝物知らず〟の政治家たちのなかには、皇位継承問題などについて無責任な発言をするものもいるが、その結果、天皇や皇室にかかわる事柄が政治問題化されてしまうという、最悪の事態さえ起こりかねなくなっている。明治の〝南北朝正閏論(せいじゅんろん)〟騒動、昭和の〝天皇機関説〟や〝統帥権干犯(とうすいけんかんぱん)〟問題の際の愚かな政治の介入がどれだけ悪い結果を招いたか、謙虚に歴史に学ぶべきであろう。

本書において伏見宮の歴史をみていこうとするのは、昭和の敗戦後に消滅したこの宮家や、その〝分家〟の宮家についての事実を、なるべく多くの人びとに知ってもらいたいからである。それは天皇という存在が日本に必要ないと考える向きにはよけいなお節介かもしれないが、そうでない人びとにとっては、なにがしかの意味があることはまちがいない。事実にもとづいた、冷静で有意義な議論の展開こそが、なによりも必要なのである。

第一章　伏見宮家の成立

1 崇光院の無念

南北朝時代

元弘元年（一三三一）四月、後醍醐天皇による鎌倉幕府打倒計画が露顕した（元弘の変）。報復の危険を察知した後醍醐は京から大和に近い笠置山に逃れるが、幕府の軍勢に捕らえられ、皇位を光厳天皇に譲らされた。そして翌年三月、隠岐島へ遠流となるが、一年ほどで脱出して京に戻り、光厳を廃して皇位に復する。鎌倉幕府（北条氏）はすでに足利尊氏、新田義貞らによって滅ぼされていた。

ここから後醍醐の親政による〝建武の新政〟（元弘四年一月に建武と改元）が始まるが、その寿命はわずか三年ほどで、延元元年（一三三六、二月に建武から改元。なおこの改元を北朝は認めず、一三三八年八月に暦応と改元するまで建武を使用した。このあとも南北両朝は別々の元号を用いた）十一月、後醍醐はいつしか対立するようになっていた尊氏によって強制的に光明天皇（すでに八月に擁立されていた）へ三種の神器を譲らされ、その直後に尊氏は室町幕府を開く。

後醍醐は二度の廃位の憂き目を見たわけだが、それでも屈することなく、この年の暮れ、京から吉野に逃れ朝廷を開いた。天皇家が二つに分裂して争う〝南北朝時代〟の始まりである（南朝の天皇家を大覚寺統、北朝の天皇家を持明院統と称する）。

後醍醐は延元四年（北朝では暦応二年）八月に崩御するが、その直前に息子の後村上天皇に譲位した。後村上のあと吉野の南朝は長慶天皇、後亀山天皇と続くが、同時期、京の北朝には光明、崇光、後光厳、後円融、後小松の各天皇が存在した。この両朝ならびたつ状況（両朝並立）が解消され、いわゆる〝南北朝合体〟が最終的に実現したのは、明徳三年（一三九二、南朝では元中九年）閏十月五日、南朝の後亀山天皇が京都に持参した「三種の神器」が北朝の後小松天皇に渡されたときである。これにともない後亀山は退位し、皇位にあるのは後小松ただひとりとなった。

〝合体〟の条件として、以後、皇位には持明院統と大覚寺統が交互に即くとされたが、それは実行されず、〝合体〟は結果的に北朝による南朝の吸収ということになった。しかし、明治になり南朝が正統と公認されたことから、公式の天皇歴代には後醍醐以下、南朝の天皇のみがつらなることになり、光厳から後円融までの天皇は北朝初代から五代とされた。明治天皇は明らかに北朝の血を引いているのだから、まことに奇妙な話ではある。

北朝の諸院、吉野に連れ去られる

さて、以上が南北朝並立とその解消のごくごく簡単な経緯だが、両朝の抗争とは別に、北朝内部でも皇位継承をめぐる隠微な対立があった。それは実の兄弟である北朝三代の崇光天皇と四代の後光厳天皇の系統間の争いである。これから伏見宮家成立とも深い関係のあるそのあらましを説明しよう（以下の叙述にあたっては村田正志、横井清、森茂暁、飯倉晴武、小川剛生、新田一郎各氏などの業績を参考にしたことを明記する）。

先述のように後醍醐の鎌倉幕府による廃位にともなって即位した光厳は、復権した後醍醐により、約一年半の在位の後、皇位を追われる。しかし、後醍醐もふたたび失脚し、足利尊氏によって光明天皇が擁立された。光明は光厳の弟であり、貞和四年（一三四八、南朝では正平三年）十月まで在位し、皇太子で兄光厳の皇子益仁親王に譲位した。これが崇光天皇である。

じつは光明は即位直後、後醍醐の皇子の成良親王を皇太子とした。後醍醐との融和策であるが、肝心の後醍醐が吉野に脱出してしまったため、成良に代わって益仁が皇太子とされたのである。そのため天皇となった崇光だったが、待っていたのは即位後わずか三年で廃されてしまうという過酷な運命だった。

この背景には足利尊氏、義詮父子と尊氏の実弟直義との激しい闘い（観応の擾乱）があった。両者は足利政権の主導権を争った末に、それぞれが南朝方に接近するという複雑な動きを示していたが、尊氏は関東で勢力を張っていた直義追討の綸旨を後村上から得るために、観応二年（一三五一、南朝では正平六年）十月に南朝方に和平を申し入れ、〝降伏〟してしまった。その結果、漁夫の利を得たかたちの南朝方は崇光を皇位から退け、天皇は吉野の後村上ただひとりということにしたのである。ここに両朝の〝合一〟がなった（正平の一統）。

しかし、それは束の間のことだった。勢いに乗じた南朝方は完全な〝合一〟をおこなうべく、武力による北朝の壊滅を図り、観応三年（正平七年）閏二月、京に軍勢を突入させ義詮らを敗走させた。しかし、このころすでに尊氏は鎌倉で直義を破っており、各地の有力武将たちも尊氏・義詮側に味方したため、義詮は約一月後に京を奪回し（尊氏は鎌倉にとどまっていた）、南朝方は吉野へと退いた。

かくして南北朝〝合一〟は完全に破綻したのだが、南朝方もただ敗北したわけではなかった。京からの撤退時に光厳、光明両上皇と崇光、つまり北朝の三代の天皇と、崇光が皇太子としていた直仁親王（花園天皇の皇子で光厳の養子となる）を同行し、吉野山中の賀名生まで連れ去り、幽閉してしまったのだ。

以後、光明は文和四年（一三五五、南朝では正平十年）、光厳、崇光、直仁は延文二年（一三五七、南朝では正平十二年）に京に帰ることを許されるまで、南朝による囚われの身となった。

前代未聞の後光厳即位

困ったのは義詮たちである。

尊氏の苦しまぎれの権謀から始まった〝合一〟をせっかくご破算にできたのに、崇光の復位もならず、皇太子直仁の即位も不可能となってしまった。

そこで苦肉の策として考え出したのが、光厳の第三皇子で崇光の弟である弥仁（いやひと）親王の擁立であった。この十四歳の皇子も光厳らとともに南朝勢に拉致されそうになったが、危うく難を逃れていたのである。

しかしまだ問題があった。

皇位の継承（践祚（せんそ）。祚とは天子の位を指す）には天皇の譲位か、〝治天（ちてん）の君〟である上皇の指名が必要だったが、南朝方が幽閉している崇光や光厳らにそれを許すことはありえない。そこでおこなわれたのが、光厳の母である広義門院（こうぎもんいん）（後伏見院（ごふしみいん）の女御（にょうご）西園寺寧子）の命による践祚という前代未聞の措置である。

のちに後光厳と称された北朝第四代の天皇がこうして誕生した。そしてこの異常な皇位継承こそが、伏見宮家の成立につながっていったのである。

〝嫡流〟なのに……

後光厳は応安七年（一三七四）一月に崩御したが、その三年前の応安四年三月に第二皇子の緒仁親王に譲位していた。北朝第五代の後円融天皇である。父から子への譲位だから、ごく自然な流れのようだが、しかし、血脈のうえから見ると、必ずしもそうとは言えなかった。なぜなら、御光厳の兄で持明院統の〝嫡流〟とされる崇光にも、皇位を継ぐ資格が十分にある栄仁親王という皇子がいたからである。

左の系図①からわかるだろうが、北朝の皇位継承は嫡流（兄。光厳）から傍流（弟。光明）に伝わり、いったん嫡流（崇光）に戻るが、先述のやむをえぬ理由でまた傍流（後光厳）に行くという経過をたどっている。

系図①　北朝の皇位継承

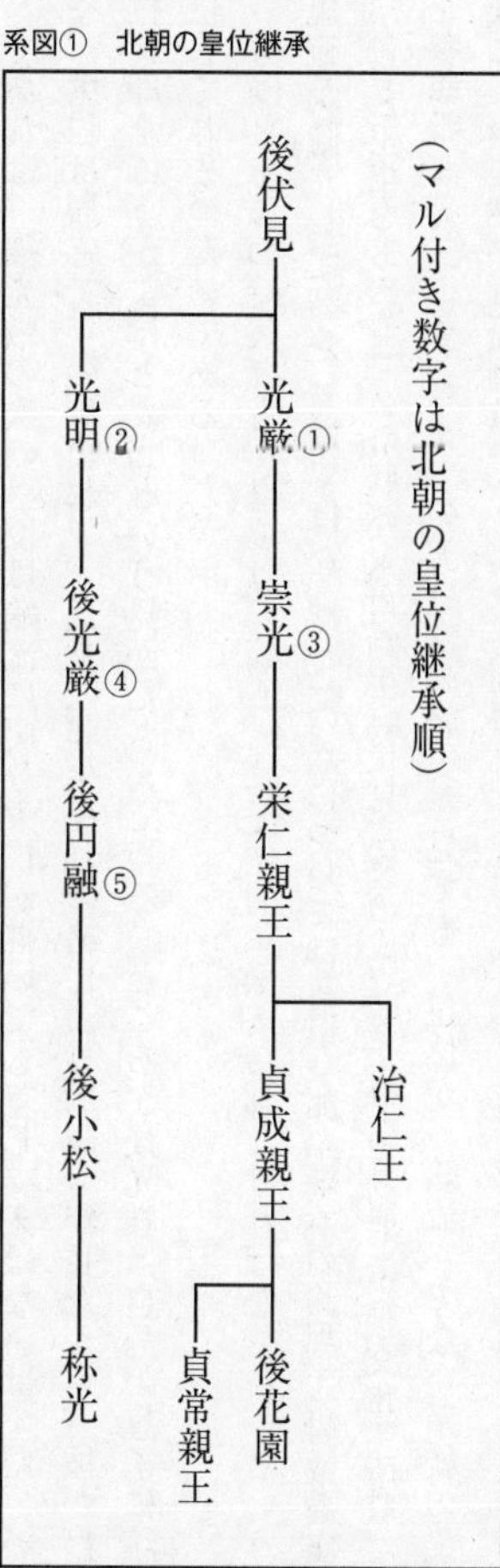

であれば、後光厳の次の皇位は嫡流に戻り栄仁が継いでも差し支えはないはずだ。いや、栄仁は観応二年の生まれで、延文三年生まれの緒仁より七歳も年長だから、彼が皇位に即くほうがよほど妥当という見かたさえできる。ところが後光厳は自分の息子に譲位してしまったのである。

もっともこの時代でも、皇位は〝嫡流〟に優先的に伝えられなければならないという規範が確立していたわけではない（この点については新田一郎「継承の論理」〔岩波講座『天皇と王権を考える』2所収〕、小川剛生「伏見宮家の成立」〔『看聞日記と中世文化』所収〕を参照）。そもそもそれまでの天皇家の歴史を見ても、皇位が〝嫡流〟でない系統の皇族によって継がれた例はいくらでもある。

ただ、持明院統伝来の所領や文物は崇光に伝えられており、崇光が持明院統のなかでは自分の系統がまず皇位継承の資格があると考えるのもまた無理からぬところであった。とくに歴史の荒波のなかで退位を強要され、あまつさえ都からははるかに離れた吉野の山のなかにまで連れ去られるという不遇な人生を送らされてきた崇光である。息子を天皇としたいとの願いには切なるものがあっただろう。

悔いの残る約束

前に述べたように崇光は延文二年に幽閉から解放され、その後は京の南にある伏見御所に住まっていたが、後光厳が皇位を緒仁に譲る気だと知ると、年少の将軍足利義満に代わって幕府の政務をとりしきっていた細川頼之に、栄仁こそが践祚すべきだと申し入れた。

ところが、じつは崇光にも大きな弱みがあったのだ。幽閉されていた賀名生で、南朝方に京に帰ることを認めてもらう代わりに、自分の子孫が皇位に即くことを断念すると約束する文書を渡してしまっていたのである。

いかに京に帰りたかったとはいえ、ずいぶん思いきったことをしてしまったわけで、もしかしたら文書は南朝方による偽造かと疑いたくもなるが、このことは伏見宮第三代貞成親王の『看聞日記』永享五年（一四三三）十一月二十三日条に出てくるし、また足利義満、義持、義教時代の幕府と朝廷のあいだで〝黒衣の宰相〟として隠然たる力をもっていた三宝院満済の『満済准后日記』同十月二十三日条にも同様のことが記されているので、あきらかな事実である。

南朝方は持明院統の嫡流と皇位との関係を断つことに大きな意味をみいだしたのだろうが、その狙いがわかっても、崇光にしてみれば幽閉から解放されたい思いのほうがまさったのだろう。悔いの残る約束をしてしまったのである。そして、このこととどれだけの関係があるかは不明だが、崇光に頼みこまれた細川頼之も、〈皇位継承のことに幕府は口を出さないほうがいい〉などとあいまいな態度をとりつづけ、けっきょく、後光厳から後円融への譲位を黙認した。

遠ざかる皇位

もっとも幕府も崇光や栄仁を冷遇したわけではない。長じるにおよんで細川頼之なども遠ざけて幕府の実権を握り、名実ともに足利幕府三代将軍として君臨した義満も、伏見の崇光のところによくやってきた。しかし義満はきても、皇位が〝嫡流〟を自任する崇光系にくることはなかった。後円融は永徳二年（一三八二、南朝では弘和二年）四月、第一皇子の幹仁親王、のちの後小松天皇に譲位したのである。ときに幹仁はわずか四歳。

譲位にはもちろん義満の同意が必要だったが、このとき後円融の意を受けて裏面で活躍したのは岡松一品と称された日野宣子だった。彼女は幹仁の乳母で後円融の信任も厚かったが、兄の娘日野業子が義満の正室となっている関係を利用し、義満に幹仁の践祚を熱心に頼みこんだ。そしてみごとに成功したのである（横井清『室町時代の一皇族の生涯』）。

これにたいし崇光はとくに対抗するような動きは起こさなかった。栄仁はすでに三十歳を過ぎており、当時としては天皇となる〝適齢期〟をはるかに越えていたから、崇光にも諦めの念が徐々に強まっていたのかもしれない。

また、このとき栄仁には幹仁より年長の治仁、貞成という王子がいた。すなわち崇光の孫である。この二人の長幼の順については伝えられる系譜によって異同があり、かつては貞成が兄とされることが多かったが、村田正志氏が考証の結果、治仁は応安四年（一三七一）、貞成は翌応安五年の生まれで、治仁が同母の兄であるとした（『続南北朝史論』）。家督継承の順から見てもそれが正しいと考えられるが、最近、二人は同母兄弟ではなく、やはり貞成が兄ではないかとの異論が松薗斉氏によって出されている（『看聞日記　ある宮様のサクセスストーリー』）。どちらが正しいのか、いずれにしろこの二人の王子も持明院統の嫡流につらなることは確かである。にもかかわらず、二人が後円融のあとの天皇に擬せられるようなことはまったくなかった。

そして十年後の明徳三年（一三九二）閏十月、南北朝は合体した。途中、〝正平の一統〟という見せかけの〝合一〟はあったが、実質的に五十余年にわたって続いた南北朝時代は終わったのである。この直後、崇光は出家したが、それが両朝合体と無関係だったとは考えにくい。おそらく、みずからの人生を翻弄（ほんろう）した時代が終わったという感慨が、崇光に俗世間から離れる決心をさせたのだろう。

もっともこの後も崇光はどこかの寺に入ったりはせず、伏見御所で暮らした。あいかわらず義満が訪ねてきて、多額の銭を贈るようなこともあったようだ。それなりにめぐまれた老後ではあったが、やはり皇位を子孫に伝えられなかった無念は、終生消えなかっただろう。崩御は応永（おうえい）五年（一三九八）一月十三日。家督は栄仁が継いだ。伏見宮の名称が正式に使われるのはもっと後のことだが、本書では便宜上、これからこの〝家〟を伏見宮（家）と呼ぶことにする。

2　つたなき隠士の家より……

つぎつぎに見舞う不幸

崇光（すこう）崩御の直後、伏見宮家の人びとを驚愕させるできごとが起きた。崇光が所有し、栄仁（よしひと）に伝えられるはずだった所領の大半が後小松によって没収されてしまったのである。崇光を喪った悲しみも癒えていなかったであろう栄仁らには非情な仕打ちだったが、しかしこれにはそれなりの正当性があった。崇光の父光厳の遺言書のなかに、〈崇光の皇子が即位すればその所領も相続すべきだが、そうでない場合は所領は時の天皇のものとせよ〉という意味のことが書かれていたのである。つまり栄仁が天皇になれなかった以上、崇光の所領が〝傍流〟の後小松のものとなるのは理にかなっていたのである。

しかし、そうであったとしても、これが伏見宮家にとって存亡にかかわることであるのは言うまでもない。天皇を出せないわ、所領を失うわでは、まさに踏んだり蹴ったりで、すっかり落胆した栄仁は、父の死後、半年もたたないうちに側近たちにも知らせずに出家してしまった。そして不幸はまだ終わらなかった。北山に皇居にまがうばかりの豪勢な邸宅（一部がのちの金閣寺）を営むなど、強大な権勢を誇るようになっていた将軍義満が、山荘としたいので伏見御所をほしいと言い出したのだ。栄仁はしかたなく、父との多くの思い出があっただろう伏見を去り、洛北の萩原へと移り住んだ。

もっとも気まぐれな義満は、強引に手に入れた伏見御所を使用することもなくほったらかしにし、一年後には返してきた。おかげで栄仁はまた伏見御所で暮らせるようになったが、こんどは火事によって焼け出されてしまう。すぐに建てなおす経済的余裕もなかったのだろう、それから十年近くを洛西の嵯峨のあたりで仮住まいするはめとなってしまった。

そして伏見に帰れたのは応永十八年（一四一一）。義満は三年前に死去しており、その直後に幕府は、後小松のものになっていた崇光の長講堂領（ちょうこうどうりょう）といわれた所領の一部の伏見庄を栄仁に還付する決定をした。それまでにもいくばくかの所領が伏見宮家に戻っており、伏見庄も合わせ宮家の財政はそれなりに安定してきたが、まだ安心しきれない栄仁は、数年後、家宝である〝柯亭（かてい）〟と名づけられた笛を断腸の思いで後小松に献上し、〝永代安堵〟の院宣（いんぜん）（後小松は応永十九年八月に第一皇子の実仁（さねひと）親王［称光（しょうこう）天皇］に譲位し、上皇として院政を執っていた）を得るなどして、所領の安定、確保に心を配った。

このように生涯にわたって心の休まる暇がなかったであろう栄仁が死去したのは、

「柯亭」を献上してから約半年後の応永二十三年十一月であった。享年六十五。家督は第一皇子の治仁（はるひと）王が継いだ。系譜上では伏見宮第二代とされる。

治仁は父の死の直後から酒宴や博打（ばくち）にふけるなどして弟の貞成（さだふさ）らを顰蹙（ひんしゅく）させるが、なんと翌応永二十四年二月に急逝してしまう。あまりのことに世間では貞成による毒殺説まで飛びかい貞成を狼狽させたが、これは根も葉もない噂にすぎなかったようだ。

治仁には三人の女子しかおらず、そのため伏見宮家は貞成が継ぐことになった。すでに四十五歳になっていた第三代当主である。

貞成の親王号への執着

貞成には前にもすこし触れた『看聞日記（かんもんにっき）』と呼ばれる応永二十三年元日からの日記がある（続群書類従完成会による刊本はのちに太上（だいじょう）天皇の称号を受けた貞成の立場に配慮して『看聞御記（ぎょき）』としている）。また、後花園（ごはなぞの）天皇のために『椿葉記（ちんようき）』と名づけられた回想記とも言うべき文書ものこした。この二つの貴重な史料のおかげで、貞成を中心とする伏見宮家のようすはいまでもありありと知ることができる（両方を駆使して貞成の一生を活写したのが前出の『室町時代の一皇族の生涯』）。

家督を継いだ後の貞成に起きた最大の慶事についてはあとで触れるが、おそらく彼にとってそれに次ぐ大きな喜びは、親王宣下（せんげ）を受けたことであろう。

簡単に説明すると、現在の皇室典範では天皇の子と孫は自動的に親王（女性は内親王。なお旧皇室典範では曾孫までが親王、内親王）とされ、それ以下が王（女王）である。しかし昔は天皇の子や孫であっても、親王宣下を受けなければ王（女王）であった。貞成（正確に言えばこの名前も親王となってからのものである）は崇光天皇の孫だが、ずっと王のままにおかれていた。兄の治仁も同じで、伏見宮の家督は継いだものの、親王にはなれないままに死去したのである。

ところが、天皇と血縁の隔たった王でも、特別の恩恵をこうむり親王宣下を受けるものがいた。たとえば大覚寺統の亀山天皇の皇子が立てた常盤井宮家（やはり世襲の親王家だったが、室町時代後期に断絶した）第三代の満仁である。

宮家の当主の皇族にとって親王となるのは名実ともに意味のあることだった。親王になればたとえ虚官ではあっても中務卿、弾正尹、大宰帥といった高い官職を与えられるし、一品、二品などの皇族だけの位（品位）も与えられる。さらには家政を司る親王庁という機関の設置も認められる。そしてなによりも、朝廷の公卿などの見る目が変わってくるのだ。その誘惑に勝てず、満仁は愛妾を将軍義満に譲るまでして親王宣下をかちとったという（前出「伏見宮家の成立」）。さすがに満仁の評判は地に墜ちたが、親王になるのはそれほど魅力的なことだったのである。

この満仁への親王宣下という前例にもおおいに刺激を受けたらしいが、貞成の親王号への執着は相当なものだった。まさか愛妾の献上はしなかったが、『看聞日記』には親王となった夢を見たという記事があるし、石清水八幡宮に、〈親王となれず官職も帯びられないのは恨めしい〉と記した願文を奉納したこともあった。そしてその長年の悲願は、ついに後小松上皇によってかなえられたのである。

応永三十二年（一四二五）四月二十四日のことであった。

後小松の思惑、称光の憤激

位を皇子の称光に譲った後も上皇として院政を執っていた後小松は、なぜ貞成が親王となるのを認めたのだろうか。

貞成自身は『椿葉記』で、〈後円融天皇の三十三回忌に際して法華経を写すように命じられたが、無官の身でそのようなことをするのはどうかと思い、親王宣下を願ったところ、上皇が許してくれた〉と回顧しているが、事情はそれほど単純ではない。その背景にあったのは、同年二月に称光の弟で皇太子とされていた小川宮（名前は伝わらない）が突然死去してしまったことだった。

小川宮は応永十一年生まれで二十歳の若さであり、とくに病弱というわけでもなかったから、その急死は毒を盛られたためではないかという噂さえ出た。先述の伏見宮治仁のことといい、当時の朝廷には物騒なささやきがすぐに生じるような雰囲気がただよっていたのである。

それはともかく、称光はもともと心身があまり丈夫ではなく子どももいなかったし、後小松にもほかに皇子はいなかったから、小川宮の急死は皇位継承の危機に直結する。そこで後小松が考えたのが、貞成を親王とし、次代の天皇候補とすることだった。

くりかえし述べたように、貞成は同じ持明院統とはいえ、後小松とは別の系統に属する皇族である。彼を天皇にすれば皇位は四代にわたって続いた後光厳系から崇光系に戻ってしまうことになる。したがって後小松が貞成を皇位継承者として考えることなどありえないようにも思えるが、おそらく後小松は貞成を自分の〝猶子(ゆうし)〟とすることで、皇位はあくまでも後光厳系によって伝えられるとのかたちを整えようとしていたのである。後述の事柄から推測して、その可能性は非常に高い。

また、前に述べたように、南北朝合体に際して、〈以後、皇位は持明院統（北朝）と大覚寺統（南朝）が交代で即く〉との合意が両朝のあいだでなされていた。北朝側や幕府にはそれを守る気などさらさらなかったが、約束は約束である。そして南朝の血を引く皇族も何人かいたから、彼らが〝合意〟の存在を言い立てて皇位を要求してきたりすれば、また両朝間の抗争が再燃しかねない。それを防止するためにも、後光厳系であろうが崇光系であろうが持明院統から皇位継承者を探すのは後小松にとり焦眉(しょうび)の急であり、それが貞成への親王宣下に結びついたのであった。

ところがここに思わぬ面倒が生じた。もともと父との関係がよくなく、ヒステリーの気味もあった称光がこのような動きに逆上して、出家し、皇位からも退くと言い出したのである。称光にしてみれば、自分はまだ若いし、これから皇子をなすことも十分にありうる。にもかかわらず、父が自分のあずかり知らぬところで妙な策動をしているのには耐えられない、というわけで捨て鉢な態度に出たのであろう。

困った後小松が息子をなだめるために考え出したのは、奇策とも言うべき手段だった。貞成に落飾（出家）してもらったのである。

落飾は親王宣下から二カ月少したった応永三十二年七月五日。仏門に入ったのちに天皇になるなどありえない。

これで貞成践祚の道は断たれることになった。父の栄仁がついに手が届かなかった皇位は、貞成の前からも永遠に逃げてしまったのである。

「宮御方、明日、京へなし申されよ」

しかし貞成は絶望しなかった。自分の践祚の可能性こそなくなったが、後小松や幕府が、皇位を伏見宮家の王子に継がせようと考えているのがはっきりとしてきたからである。そして、それがとうとう実現したのは正長元年（一四二八）七月。称光崩御を受けて践祚したのは貞成の第一王子彦仁、のちの後花園天皇であった。

彦仁は当時九歳。まだ親王宣下も受けておらず、皇太子にもなっていなかった。ここからも践祚がただならぬ状況のもとでおこなわれたことがわかるが、『椿葉記』はその劇的とさえ言えるさまを生き生きと伝えている。原文もおりまぜながら、それをみていこう（原文は原則として『群書類従』所収のもの。解釈などについては村田正志『證註　椿葉記』を参考にした）。

称光崩御は正長元年七月二十日だったが、その月の初めに小倉宮聖承（聖承は出家後の名だが、俗名は伝わっていない）が姿を消した。小倉宮は南朝最後の天皇である後亀山の皇子恒敦親王に始まる宮家で、南北朝合体後は洛西の嵯峨に逼塞していた。いなくなった聖承は恒敦の王子である。『椿葉記』によれば、「（聖承は）御くらゐの望にて御謀叛のくはだてあるよし」であった。要するにこの南朝直系の王子は、称光の余命がいくばくもないことを知り、皇位を大覚寺統に奪還する兵を起こすために嵯峨から逐電したのである。向かった先は伊勢国。その国司で北畠親房の曾孫にあたる北畠満雅を頼った。

この聖承の動きを知った幕府は敏速に対応した。

もちろん後小松とも十分にすり合わせたうえであろうが、七月十二日夜、〝黒衣の宰相〟三宝院満済が貞成のところに使者を出し、室町殿（六代将軍義教。当時の名は義宣）の意向として「宮御方、明日、京へなし申されよ」と伝えたのである。

この「宮御方」こそが彦仁であり、義教は、〈明日、彦仁王に京へ来ていただきたい〉

と命じたことになる。これがなにを意味するのか、貞成には明白であった。『椿葉記』にはこのときの彼をはじめとする伏見宮家の喜びが、「宮中上下のひしめき、夢うつつともおぼえず。めでたさも申もなをざりなるここちして」（宮家の皆が大騒ぎし、夢とも現実ともわからない。喜びは言葉にもできないほどだ）と、露骨なほど率直に述べられている。

後花園天皇践祚

翌日夕方、伏見には幕府管領である畠山満家の手勢が四、五百人も彦仁を迎えにやってきた。なんとも大げさのようだが、万が一、彦仁が南朝方の残党に拉致されでもしたらたいへんである。ことは念入りに運ばれなければならない。

まず向かったのは、東山の若王子神社（神仏混淆の信仰のため若王寺とも呼ばれた）である。森茂暁『満済』によれば、若王子の僧正だった忠意という僧侶も、義教や満済の彦仁擁立工作に加わっていたらしい。満済らの計画はあくまでも細心に練られていた。まっすぐに京の市中に乗りこんだりせず、若王子でしばらくようすを見る。

厳重に警護された若王子に数日滞在した彦仁は、七月十七日夜に牛車に乗り後小松のいる仙洞御所（上皇の居所をこう呼ぶ。仙洞とは仙人の住まいの意）に入る。牛車の周りは数百人の軍勢に守られていたが、途中の道筋には多くの見物人も出ていた。『椿葉記』

の筆は、「月はことさら澄みわたりて、御ゆく末の嘉瑞も空にあらはれ侍る」と、これまた手放しの喜びようをしめしている。そして二十日の称光崩御を受け、二十九日、彦仁は仮の内裏（内裏は称光の死によって穢れたとの理由で避けられた）とされた前右大臣三条公光邸で、「院の御猶子の儀にて践祚あり」（『椿葉記』）。後小松上皇の猶子として皇位を継いだのである。

この知らせを伏見でうけた貞成は天にも昇る心地であった。そのときの心境を『椿葉記』で次のように述べる。

つたなき隠士の家より出させ給て、かたじけなくも天日嗣を受けさせ給ふこと、天照太神、正八幡大菩薩の神慮とは申ながら、ふしぎなる御果報にて渡らせ給へば、これもわたくしの幸運、眉目にてあらずや

つたなき隠士の家、を意訳すれば〈幸運から見放され、ひっそりと暮らしていた家〉とでもなろうか。もちろん貞成の家、伏見宮家である。そこの王子がついに天皇となった。わが身の幸運はなんと名誉（眉目）であることよ――。

皇統はどちらに

まさに貞成の喜び思うべし、なのだが、これで万事めでたしめでたし、とはいかなかった。なんともややこしい問題が待っていたのである。それは彦仁、つまり新天皇は誰の子どもかということであった。

もとより彦仁が貞成の王子であるのは確かである。応永二十六年（一四一九）六月十八日に、宇多源氏の流れをくむ庭田経有（贈左大臣）の娘を母として生まれたことはまちがいない事実である。ところが、先に引用した『椿葉記』の一節にもあったように、彦仁は践祚に際し、後小松上皇の〝猶子〟となっている。

猶子とは『国史大辞典』（吉川弘文館）によれば、「養育の有無にかかわりなく形成された擬制的親子関係にある子」である。養子とほぼ同じと考えていいが、平安朝以降、天皇家、公家、武家を問わず、婚姻や任官に際しての箔づけ、一族の結束や他氏族との関係の強化などのために、この関係が多く結ばれた。

そして、もう説明するまでもなかろうが、後小松が彦仁を猶子としたのは、そうすることによって皇位は後光厳系によって継承され、崇光系に戻るのではないと、はっきりさせるためであった。

この点についての後小松の意志はじつに強固だった。その崩御は永享五年（一四三三）十月二十日だったが、それに先立ち将軍義教に与えた〝遺詔〟というべき勅書でも、

〈自分の死後も後光厳系が断絶しないようにはからえ〉と念を押している。さらに後小松は、〈みずからの住まいである仙洞御所を貞成親王の御所としてはいけない〉とまで遺言した。なにがなんでも崇光系の出る幕をつくるなということだ。まさに執念のこもった遺詔だが、これに絡んで後小松崩御後にもめたのが、〝諒闇〟の問題であった。

諒闇とは天子が父母の死に際し喪に服する期間で、一年間とされていた。後小松が崩御したのだから、猶子である後花園（以下、こう記す）にもこれが待っている。ところが、将軍義教が、〈その必要はないのではないか〉と言い出したのだ。後小松は後花園の実の父ではないとの理由からである。

「我一流」は復活したのだ！

これに驚愕したのが三宝院満済や後小松の近臣たちだった。彼らは後小松の遺詔や、足利幕府と後光厳系の緊密な関係などをもちだして義教を説得し、翻意させることに成功した。かくして後花園にも諒闇が生じ、後小松の悲願であった後光厳系による皇位の継承とのかたちも守られたのである。

このことに貞成は当然、不満だった。『椿葉記』はこう記している。

天下諒闇になる事、むろまち殿には、さなくともとしきり御さたありけるを、前摂

政、三宝院など内談して申さたしけるとなん。院の御子孫の絶えけるを嘆きて、忠臣ども申さたもあはれなり

〈将軍義教が諒闇はいらないと言っているのに、前摂政（一條兼良）や満済がよけいなことをした。後小松上皇の子孫が絶えてしまったのを嘆いてのことだろうが……〉

貞成は後小松崩御により後光厳系は絶え、皇位は崇光系に戻ってきたと固く認識しているのである。後小松の遺詔など、まったく念頭にない。

先に『椿葉記』から「つたなき隠士の家」云々との一節を引用したが、その直前で貞成はこう記している。

大かたむかしも皇統の絶たるのち、両三代をへても、又皇統をつがせ給ふためしのみこそあれば。おなじくは我一流の絶たる跡をおこさせ給はば、いかに猶めでたさも色そはまし

〈昔も皇統が断絶したあとを、別の系統から入って継いだ例はある（たとえば継体天皇、光仁天皇）。後花園の践祚もそれと同じで、久しく衰えていた崇光系（我一流）は復活したのである。めでたさはいっそう大きいのだ――〉

ここからも、貞成は後花園が後小松の猶子であろうがなかろうが、皇統はみずからには祖父、後花園には曾祖父である崇光の流れに戻ってきたと確信していたことがわかるだろう。

そもそも貞成は初め『椿葉記』を『正統廃興記』と名づけていた。つまり彼はこの〝回想記〟を崇光系こそが〝正統〟である所以を息子の後花園に伝えるために記したのであり、しかもこれを書きはじめたのは、まだ後小松が在世中だった永享三年冬である。そして一年足らずでほぼ書き終えたが、やはり遠慮があったか、すぐに後花園に見せることはしなかった。しかし、後小松崩御の数カ月前には、さすがに題名は『椿葉記』と改めたうえでではあったが、後花園のもとに届けている。こうした経緯からしても、貞成は後小松が後花園を猶子としたことに、ほとんどなんの意味もみいだしていなかったと極言することさえできるのではなかろうか。

太上天皇

そして、ここからいわば論理的必然として出てくるのが、〝太上天皇〟という尊号への望みだった。後小松上皇がまだ在世中の永享三、四年ごろ、つまり『椿葉記』を書き出したころから、貞成は天皇の〝父〟としてこれを熱望しだしたのである。

もともとこの尊号は退位した天皇に新天皇から贈るもので、上皇とも略される。初例は持統天皇で、以後、幕末の光格天皇まで六十二人を数えるが、平安、鎌倉時代に、光仁天皇の父施基皇子（田原天皇）、父三條天皇の定めた皇太子の座を藤原道長の圧力で辞退させられた敦明親王（小一條院）、後堀河天皇の父守貞親王（後高倉院）のように、天皇でなかったにもかかわらず尊号を贈られた例があった。貞成はこれをもちだし、自分にも太上天皇号を与えてほしいと望んだのだ。

この願いには朝廷内でもさすがに反対意見が多かった。しかし、後小松崩御から十四年が経った文安四年（一四四七）十一月、後花園は七十代もなかばを超えていた〝父〟貞成に、太上天皇の尊号を与えたのである。このころ貞成は伏見から京に移り住んでいたが、その御所には祝賀の客が多数あらわれ、貞成は『看聞日記』にいちいちその名を記した。

貞成はこの念願かなった太上天皇号を、翌文安五年二月に辞退する。『看聞日記』（二月二十二日条）には、〈太上は至尊の号であり人臣の名乗るものではない。後世の謗りを避けるためにも辞退したい〉と記した願いの書が転記されているが、いったん尊号を下賜された以上、貞成は自分が天皇の〝父〟として認められ、皇統が崇光系に戻ったことにも疑う余地はなくなったとあらためて確信したのだろう。とすれば、太上天皇号は謙虚に辞退するほうがいい。貞成の心中はおそらくそのようなものだったのではないか。あたかもその代わりとしてでもあるかのように、同年三月、後花園の生母で貞成の室である幸子に女院号宣下がおこなわれ、〝国母〟として敷政門院の称号が授けられた。幸子は貞成とのあいだに七人もの子どもをもうけ、健康で温和な女性だったが、女院号宣下の約一カ月後に死去する。五十八歳。たいして貞成は長寿を保った。死去したのは康正二年（一四五六）八月二十九日。享年八十四だった。太上天皇としての追号を後崇光院という。

貞成の死後、伏見宮家は後花園の六歳下の同母弟である貞常親王が継いだ。貞常は文安二年（一四四五）三月に十九歳で元服、その三カ月後には親王宣下を受けている。父にくらべるとはるかに順調な〝昇進〟である。このころ朝廷の一部に後花園と貞成、貞常の離間をはかるような動きがあった（前出「伏見宮家の成立」）が、伏見宮家の基盤はもはや揺るぎのないものになっていた。貞常は文安三年三月には二品に叙せられ式部卿となり、八月には貞成から家領を譲られ、また文安五年六月には家伝来の文書も相続した。家督相続はこうして着々とおこなわれた。

そして貞成の死の直後、後花園は貞常に貞成（後崇光院）の紋を使うことと、〝御所〟という号の永代使用を許した。ここに伏見宮家は世襲の親王家として、名実ともに成立したことになる。そしてこのように手厚い処遇を受けたことは、伏見宮代々の誇りとなる。

3　伏見殿の誇り

御所も当御殿も同様である

幕末、摂家のひとつである一條家に仕え、明治になってからは宮内省などにつとめた下橋敬長に「維新前の宮廷生活」という講話がある。そこで下橋は、伏見宮家について次のように語っている。

我々は一般に伏見宮と申上げますが、維新前宮家では伏見殿といはれて、伏見宮とはいはれませなんだ。其の謂は後花園院天皇は貞成親王の御実子で、（伏見宮）御代々は其の御血統であるから、御所も当御殿も同様であるといふ意味のやうに承って居ります

「御所」とは天皇家、「当御殿」とは伏見宮家であることは言うまでもない。これまで見てきたことを踏まえて言い換えれば、皇統は崇光天皇の血統によってずっと受け継がれていると、伏見宮家では認識していたということである。あるいは、伏見宮家では自

家は天皇家と同格であるくらいに考えていたと言ってもいいだろう。

伏見宮家が成立した後、桂、有栖川、閑院宮家が天皇の皇子や孫によって立てられ、伏見宮とともに〝四親王家〟〝世襲親王家〟などと呼ばれたが、伏見宮家では〈自分のところは他の宮家とは格がちがう〉と信じていたのだ。

実系相続十六代

伏見宮家の誇りは宮家の相続においても発揮された。

江戸時代では、世襲親王家に適当な後継者がいなかった場合でも絶家にしたりせずに当主不在のまま存続させておき、天皇家で皇子が生まれるとその宮家を相続させるというしきたりであった。そして宝永七年（一七一〇）新立と歴史の浅い閑院宮家はともかく、桂宮家では早くも三代目に後水尾天皇の皇子が入って継いだのをはじめとして、創立から幕末までの十一代のうち八代が天皇の皇子（ひとりは皇女）であり、有栖川宮家でも同じく八代のうち二代が皇子であった。

もともと世襲親王家の最大の役割は、天皇家に適当な皇位継承者が不在の場合、代わって次代の天皇を出すことである。皇位への〝備え〟であり、『実録・天皇記』における大宅壮一のドライな言いかたを借りれば、〝血のスペア〟であった。そして皇位はなるべく先代の天皇と血縁の濃いものによって継がれるのが望ましいとすれば、天皇家の皇子による宮家相続は、時とともに必然的に疎遠となる天皇家と世襲親王家との血縁をあらためて濃くする、リフレッシュするという重要な意味をもっていた。

天皇家にとってもっとも望ましいのは、大正以降ではそうだったように、皇位を継がない皇子には新しい宮家を立てさせ、天皇と血縁の近い皇位継承候補者がつねに用意できている態勢をつくっておくことだが、宮家新立やその維持には経済力の裏づけがいる。江戸時代の天皇家にはとうてい無理で、したがって皇子による世襲親王家相続は大事な次善の策であった。

ところが伏見宮家では長い間、皇子による相続という事態が起きなかった。初代の栄仁(よしひと)親王から十八世紀なかばの十六代邦忠(くにただ)親王まで父子や兄弟によって受け継いできたのである。

鍛冶による継承

ただしその間、承応三年（一六五四）に十二代邦道(くにみち)親王が死去したときには、下記のような出来事があった。

邦道は寛永十七年（一六四〇）生まれ、十代貞清(さだきよ)親王の末子だったが、家督を継ぐはずだった兄の邦尚(くになり)親王が父より先にこの世を去っていたため、貞清の死後、少年の身で当主となった（伏見宮系譜では邦尚を十一代としているので、邦道は十二代とされる）。ところがそれからわずか一年ほどで彼も早世してしまうのだ。もちろんあとを継げる王子はいない。

伏見宮の正史的記録である『伏見宮実録』によると、このとき朝廷内では後水尾上皇の皇子を伏見宮家に養子としていれようとの動きがあった。伏見宮家もほかの四親王家と同様にあつかおうということだ。同書には明記されていないが、退位してからも朝廷の事実上の主であった後水尾の意向がはたらいたのかもしれない。

これに伏見宮家は反発した。幕府の京都所司代に、伏見宮家には家督を継げる王子がまだいると訴えたのである。その名は貞致（さだゆき）。そして幕府は彼が家督を継ぎ、十三代当主となることを認めた。

ところが王子とはいえ、貞致にはなんとも奇妙な過去があったのだ。『伏見宮実録』が引用している諸資料の記述をまとめると、貞致が生まれたのは寛永九年（一六三二）、生母は邦尚のそばにつかえていた少納言局だった。これからすれば彼はたしかに伏見宮家の王子にちがいない。しかし、理由はわからないが、生後すぐに丹波のある家の養子に出されてしまうのだ。

宮家の家督を継がない王子が公家や大名家の養子となるのはめずらしいことではない。が、貞致の場合、養家はどちらでもなく、なんと農民の家だったようだ。名前も峯松、長九郎などと呼ばれていたという。

そしてさらにおどろくべきことに、貞致は十二、三歳ごろにある鍛冶屋の弟子となった。鍛冶としての腕前はなかなかだったというが、要するに完全に農家の子としてあつかわれていたのである。

その運命を変えたのが邦道の死だった。天皇家からの養子をなんとしても忌避したい伏見宮家の家臣たちが貞致を丹波から京に連れ戻す。そして貞致が邦道よりもずっと年長だったためか、実父も邦尚ではなく貞清だとした。そして伏見宮家に近い公家たちの助けもかりて幕府に必死にはたらきかけ、伏見宮家の血をひくものによる相続を実現したのだ。どのようにしても直系相続の誇りをまもりたいとの執念が実をむすんだのである。

生後四カ月の皇子が当主に

しかし、宝暦（ほうれき）九年（一七五九）五月、邦忠が王子を残さずに死去したとき、ついにその執念が崩れた。ときの桃園（ももぞの）天皇の皇子による継承がおこなわれたのだ（以下の記述は武部敏夫「世襲親王家の継統について　伏見宮貞行（さだもち）・邦頼両親王の場合」に多くを負っている）。

邦忠死去の直後、伏見宮家では桃園天皇に、〈伏見宮は崇光の嫡流で由緒のある家柄だから実系の血脈のもので伝えたい〉との願いを出した。邦忠には王子はいなかったが、二人の弟がいた。そのどちらかに伏見宮家を継がせるのが邦忠の遺志だというのである。

　これを受けて朝廷では評議がおこなわれた。諮られた案は、第一に皇子による相続、第二に邦忠の弟による相続、第三は他の宮家の王子が養子に入っての相続である。このうち第三案は先例がないとして早々に消え、第一、第二案が検討されたが、それぞれに問題があった。

　まず第一案だが、桃園には前年に生まれた英仁（ひでひと）という皇子（のちの後桃園（ごももぞの）天皇）しかいない。そしてこの皇子は皇位を継ぐべき存在だから伏見宮に出すわけにはいかない。となると、新たに皇子が誕生するのを待たねばならない。つまり皇子による継承はすぐには不可能なのである。

　次いで第二案だが、こちらの弱点は邦忠の弟たちが僧籍にあるということだった。したがって彼らが伏見宮家を相続するには還俗（げんぞく）しなければならないが、還俗したものが宮家を継いだ例はない。邦忠の遺志だとしても、これもやはりむずかしい。

　関白らによる議論はけっきょくまとまらず、まだ二十歳にもならない桃園は、内心では第一案を支持していたが、最終的な断を下せず、ことは幕府にもちこまれた。

　江戸時代、朝廷の重要事はいったん朝廷で決め、それに幕府の同意を得たうえで正式なものとするのが決まりだったが、今回はまったく異例にも、朝廷が結論を出せないままに幕府に決定をゆだねたのである。そして幕府から返ってきたのは、第一案を可とし、桃園に第二皇子が生まれたら伏見宮家を相続させよ、との裁定だった。

このころ天皇の女御で英仁の母でもある富子（のちの恭礼門院。関白一條兼香の娘）はふたたび懐妊していた。とは言っても、いまとちがって胎児の性別はわからないから、出産までのあいだ、関係者はやきもきしただろうが、宝暦十年二月、富子が産んだのは男児だった。

伏見宮家にとっては不運だが、幕府の裁定がある以上、この貞行と名づけられた皇子が伏見宮家を継承することは変えられない。誕生からわずか四カ月後に、貞行は伏見宮第十七代当主となった。

伏見宮家の逆襲

これによって天皇家と伏見宮家との血縁関係は一気に濃くなったが、しかし、〝崇光嫡流〟が〝実系相続〟してきたことに大きな誇りを抱いてきた宮家の人びとは、もちろん不満だった。そしてそれが顕在化し、伏見宮家の家督をまたまた〝実系〟に戻そうとする運動が始まるのである。

そのきっかけは、明和九年（一七七二）六月に貞行親王が死去したことだった。親王はまだ十二歳で、王子もいない。ここで朝廷が下した決定は、兄の後桃園天皇の第三皇子が伏見宮家を継ぐというものだった。

桃園天皇は宝暦十二年（一七六二）七月、享年二十一で崩御したが、第一皇子の英仁親王（後桃園）が幼いため、皇位は桃園の姉である智子（としこ）内親王が継いだ（後桜町（ごさくらまち）天皇）。そして後桜町が甥の英仁に譲位したのは明和七年（一七七〇）十一月であった。つまり、後桃園は十二歳で践祚し、弟の伏見宮貞行が死去したときは十四歳になったばかりである。子どもはひとりも生まれていない。にもかかわらず、朝廷は第三皇子による伏見宮継承との結論を出し、それを幕府にも示したのだった。

三番目の皇子としたのは、第一皇子は皇位を継ぎ、第二皇子は伏見宮家より先に当主不在となっていた桂宮家を相続すると決まっていたからだが、いずれにしろ天皇に皇子はまったくいないのだから、非現実的とも思える決定である。だが、世襲親王家は当主不在でも絶家とせず、家を継げる天皇の皇子の誕生を待って存続させるとの慣例がある以上は、これはこれで理屈はあっている。そしてその背景には、世襲親王家と天皇家の血縁をなんとしてもリフレッシュしようとの考えがある。

しかし、伏見宮家は猛反発した。第三皇子の誕生などいつになるかわからない。おまけに後桃園天皇は蒲柳（ほりゅう）の質だから、永久に皇子が誕生しないこともありうる。となれば伏見宮家は主のいないまま続くことになるが、宮家の由緒ある家柄を思えば、そのようなことには耐えられない――。

かくして伏見宮家一門による幕府への工作が始まった。具体的には、かつて先例がないと幕府に拒否された、邦忠親王の僧籍にある弟（勧修寺門跡の寛宝法親王）が還俗したうえで宮家を継承することを認めてほしいと願ったのである。

徳川家との深い関係をテコに

伏見宮の系図を見るとわかるが、徳川家と同宮家の姻戚関係はかなり深い。十代貞清親王の王女である照子と顕子は、それぞれ御三家紀州藩主の光貞と四代将軍家綱の正室であり、十三代貞致の王女理子も結婚後、早世したが、八代将軍吉宗の正室だった。さらに十四代邦永の王女培子は九代将軍家重の正室、十五代貞建の王女貞子は御三卿の清水重好の正室となっている。その結果として形成された人脈を通すなどして、伏見宮家は幕府の要路にはたらきかけたのである。

そして幕府は貞行継承のときと打って変わり、こんどは伏見宮家の言い分を認める側に立った。朝廷にたいし、〈天皇にはまだひとりの皇子も生まれておらず、第三皇子の誕生などいつになるかわからない。伏見宮は幕府との関係も深く、断絶同然の姿となっているのは気の毒である。血脈の近い僧籍にある王子を還俗させ継がせたらどうか〉と申し入れてきたのである。

これにたいし朝廷は、閑院宮家の王子を伏見宮家の養子としたらどうかという対案を示した。閑院宮家は宝永七年（一七一〇）、六代将軍家宣の時代に、新井白石らの〈皇統の永続を確実にすべきだ〉との建言を受けて創設が決定され、享保三年（一七一八）に東山天皇の皇子直仁によって立てられた宮家である。世襲親王家のなかではもっとも新しく、したがって天皇家との血縁も濃い。その王子が継げば、皇子による継承がおこなわれる場合ほどではないにしても、伏見宮家はふたたび天皇家と近くなれる。朝廷の対案はおそらくこのような考えにもとづいて出された。

しかし幕府はこれも認めず、ついに安永三年（一七七四）十二月、寛宝法親王は還俗し、邦頼と名もあらためて、伏見宮家を継承した。第十八代。かくして伏見宮の家系は十五年ぶりに〝実系〟に戻ったのである。そして同時に、いったんは天皇の皇子を入れたことで天皇家との血縁を濃くした伏見宮家は、またもや天皇家ともっとも疎遠な世襲親王家ということになったのであった。

第二章　幕末の伏見宮家

1 晃親王の醜聞

邦家親王隠居

邦頼親王は享和二年（一八〇二）九月に死去し、伏見宮家は王子の貞敬親王が継いだ。さらに天保十二年（一八四一）一月に貞敬が死去すると、三十八歳の王子邦家親王が家督を継ぐ。復活した実系による順調な相続だが、好事魔多しと言うべきか、翌天保十三年七月、伏見宮家にとってとんでもない事件が出来したのである。邦家が仁孝天皇の逆鱗に触れ、「家事向万端不取締」との理由で閉門を命じられてしまったのだ。

閉門処分は一カ月で解かれるが、邦家が許されたわけではない。この第二十代当主は隠居、落飾を願わざるをえなくなり、家督を第六王子の貞教に譲ったのだ。貞教はわずか五歳、まだ親王宣下も受けていない身（嘉永元年［一八四八］三月に親王となる）で伏見宮家の当主となった。

貞教には晃（のち山階宮）、嘉言（のち聖護院宮）、朝彦（のち久邇宮）など五人の兄がいた（一人は夭折）。いずれも出家していたが、先に述べたように、十八代邦頼が還俗して宮家を相続したとの前例ができた以上、彼らのなかの誰かが伏見宮家を継いでもよさそうなものである。しかし、それはありえないことだった。なぜならば兄たちがすべて妾腹の出だったのにたいし、貞教は幼少ではあったが正妃の鷹司景子(たかつかさひろこ)が産んだ嫡出の王子だったからである（すぐ述べるように晃にはもともと相続することは不可能だった）。

さて、この邦家を隠居、落飾に追いこんだ「家事向万端不取締」とは、いったい、どういうことを指しているのか。一言で言えば家（伏見宮家）をうまく治められていない、との〝罪状〟だが、具体的にはなにが仁孝を怒らせたのだろうか。

それは邦家の長男晃親王がしでかした大胆不敵な所業であった。

第一王子ながら……

晃は文化十三年（一八一六）二月二日に生まれた。母は古くからの名門である賀茂県主(かもあがたぬし)の一族藤木弁顕の長女寿子。おそらく伏見宮家に仕えていた彼女に、享和二年（一八〇二）十月生まれで、まだ十代もなかばの邦家が手をつけたのである。

いくら江戸時代とはいえありふれた話ではなく、そのためかどうか、晃は系譜上は祖父貞敬の第八王子とされた。勅許を得て、公式の系譜に「邦家親王第一王子」と訂正、記載されたのは、なんと明治二十二年（一八八九）一月のことである（誕生日も系譜上は九月二日とされていたが、これはついに訂正されなかった。なお晃の経歴は、戦後、旧山階宮家の関係者によって編纂された『山階宮三代』所収の年譜による）。

のちのことだが、晃の甥にあたる東久邇宮稔彦王と朝香宮鳩彦王の誕生日が奇妙な事情で取り替えられ、実際には兄だった稔彦が弟とされてしまったというあきれた事実があるが（拙著『不思議な宮さま――東久邇宮稔彦王の昭和史』）、晃も誕生早々から、自分のあずかり知らぬところで、おかしな目にあわされているのだ。

家を継がない皇（王）子、皇（王）女は出家するのが皇室の古くからのならいである。経済的に余裕のあるわけではない天皇家や宮家は多くの子女を養えないから、彼らは門跡寺院とよばれる大寺院などに、幼少時から送りこまれた。また、出家すれば建前として子どもはできないから、これは皇族の人数を制限するための策でもあった。

皇（王）女たちのなかには、先に触れた（またすぐ後で紹介する）伏見宮家の王女たちのように、名門の大名、公家や、寺院の住職などに嫁げるものもいたが、皇（王）子たちはそうはいかない。それでも皇子は宮家の養子となることもありえたが、宮家の王子はそのような幸運にもめぐまれない。静宮（のち志津宮）と通称された晃も、生後三カ月（実際には十カ月）で、将来、勧修寺門跡（門室）となるのが内定した。もちろん、これも本人の意思とは関係のないことである。

晃親王が実際に山科の勧修寺に移ったのは文政元年（一八一八）四月。満二歳である（晃がのちに立てた宮家の名は勧修寺所在地に因む）。そして同年五月には光格上皇の養子となり、文政六年十月、出家した宮家の王子たちの例によって、親王宣下を受けた。このとき上皇から与えられた名は清保である。

文政七年五月、得度を受け、正式に僧侶となった。法名は済範。以後、晃親王は僧侶としての修行に励み、二十二歳の若さで貴顕出身の高僧にしか許されない一身阿闍梨の宣下を受け、天皇の護持僧（御持僧）となるなど、僧侶としての栄達の道を歩む。

駆け落ち

ところが天保十二年（一八四一）十月八日夜、晃は突然、勧修寺から姿を消してしまうのだ。以下、『山階宮三代』の年譜から引用する。

八日　初夜、近習二人を召し連れ、無断にて西国へ向け出走せられた
十三日　八ッ時、伏見を御出船になり、翌十四日朝大坂常安町淡屋治兵衛方に着かせられ、直ちに駕籠にて西宮に赴かれ、宿泊せられた
十五日　播州明石大倉谷に御宿泊、翌日は御滞在になった
十七日　姫路に入らせられ、福中町浜田屋に投宿逗留せられた
二十八日　夜半、御帰洛になり、直ちに坊官二松隆房宅に御籠居になった

要約すると、夜陰にまぎれて無断で二人の供と勧修寺を抜け出し、おそらく京のどこ

かに数日身を潜めてから、大坂、西宮、明石、姫路と二週間ばかり回り、その後、勧修寺に帰って坊官（寺院で事務をとる僧形の俗人）の家で謹慎していた、ということである。

これが山階宮家によるいわば公式の説明だが、ここに記された晃の行動のどこが仁孝天皇の激怒を招き、父邦家を隠居に追いこんでしまったのだろうか。

もちろん、晃がいくら僧籍にある身とはいえ、勧修寺からの外出自体は咎められることではないだろう。現に晃はそれまでにも始終、天皇の住む御所や仙洞御所、伏見宮家、あるいは摂家などの公卿の家を訪ねたり、ほかの寺社へ行くためにたびたび勧修寺を離れている。ただしそのような外出は、都の中や周辺にかぎられていたから、京から遠い「西国」へ、しかも「無断にて」「出走」したことは、もしかしたら問題とされることだったかもしれない。しかし、その程度のことで、仁孝が邦家を隠居させるほど怒るだろうか。

そうした当然の疑問への答えは、『孝明天皇紀』安政三年（一八五六）一月二十日条に引用されている、天保十三年七月二十二日の「御沙汰書」にあった。左はそれを読み下したものである。

勧修寺宮、昨年十月、他国へ密行、殊に実妹幾佐宮同伴、無頼の所業に候。そのうえ諒闇中、実父重服中、重ね重ね慎まざる不行状に候間、厳科に処せらるべきところと雖も、格別の御憐愍を以て、親王宣旨、二品位記などを止められ、今より戒師海宝僧正に生涯の間預けられ、東寺寺中に於いて厳重籠居を仰せつけられ候こと

一読すれば明らかなように、晃が親王の称号、二品の位を取り上げられ、東寺で一生涯、謹慎することを命じられたのは、密かに「実妹幾佐宮」をともなって西国へ赴いたからであった。別の言いかたをすれば、晃と幾佐宮は駆け落ちをし、それが仁孝の逆鱗に触れ、父の邦家を隠居に追いこむ羽目になった、ということである。

ここに「幾佐宮」とあるのは、貞敬親王王女の隆子女王。文政元年（一八一八）四月五日生まれで、先述のように晃が祖父貞敬の子とされていたために、系譜上は晃の「実妹」になるが、実際は年下の叔母である。その二人がいっしょに姿を消してしまったのだから、天皇が怒るのも無理はない。

晃には前記のような厳罰が科せられたうえに伏見宮家からも追放されたが、隆子も伏見宮家を追われ、姉の日尊女王が門跡の瑞龍寺（村雲御所）に預けられたうえで、謹慎、剃髪を命じられることとなった。そして、万延元年（一八六〇）六月に四十二歳で死去するまで、罪を許されることはなかった。晃がのちにさまざまな処分を解かれ、還俗し、新しい宮家まで立て、さらに八十一歳の長寿を保ったのとくらべ、まことに気の毒な人生であった。

悲運の女王

この皇族同士の駆け落ちという、まるで小説にでもあるようなスキャンダルはなぜ起きたのだろうか。

直接にその真相を明らかにする資料は管見のかぎりではなく、したがってすべてが推測になってしまうのだが、駆け落ちするまでの幾佐宮隆子が、伏見宮家のほかの王女たちとはやや違う人生を歩まされていたことが、この破天荒な行動の背後にひそんでいる可能性はある。

次ページの表②は『皇族考證』、『皇族世表』（清水正健編）や『平成新修　旧華族家系大成』などをもとにしてつくった、隆子の姉妹にあたる伏見宮家の王女たちで成人したものの一覧である。

系譜上、貞敬親王には四十一人の子女がいた。そのうち王女は二十三人。ただし系譜で貞敬の子とされていても、晃のように実際には邦家の子であるものが何人もいた。表②にある王女でも岡宮恒子、万津宮順子、誓円、嘉枝宮（かえのみや）和子は邦家の子らしいが、いずれにしろこれらの女王たちが隆子とほぼ同世代の伏見宮家の女子である。

この表をながめれば一目瞭然だろうが、隆子の姉たちは第一王女の充宮師子（みつのみやおさこ）を除き、すべてが徳川一門の大名や大寺院の住職のところに嫁ぐか、幼少時に仏門に入り、比丘（びく）

表②　伏見宮家の王女たち

名前	生年	
充宮師子	文化2年(1805)	30歳で死去
幸宮韶子	文化3年	松平忠堯室（文政9年結婚）
日尊	文化4年	瑞龍寺門跡
教宮英子	文化5年	徳川斉明室（文政6年結婚）
潤宮種子	文化7年	錦織寺木辺勧慾室（天保11年結婚）
寿賀宮増子	文化12年	東本願寺大谷光浄室（天保4年結婚）
宗諄	文化13年	霊鑑寺門跡
鏞宮政子	文化14年	瑞泉寺井上沢恵室（天保6年結婚）
幾佐宮隆子	文政元年(1818)	天保12年10月、晃親王と駆け落ち
岡宮恒子	文政9年	二條斉敬室（慶応4〈1868〉年結婚）
万津宮順子	文政10年	一條忠香室（嘉永5〈1852〉年結婚）
誓円	文政11年	善光寺上人付弟
嘉枝宮和子	文政12年	東本願寺大谷光勝室（嘉永元年結婚）
東明宮直子	文政13年	一橋慶寿室（天保12年結婚）
成淳	天保5年(1834)	中宮寺門跡

尼御所とよばれる名門尼寺の門跡となっている。ところが、隆子にはそのような記録がいっさいない。晃親王と駆け落ちしたときは二十三歳になっていたが、それまで結婚も出家もせずに伏見宮家にいたようなのだ。

隆子がなぜそのような境遇におかれていたのかはわからない。彼女の生母は貞敬の正妃ではないが、同母姉の鏞宮政子は十八歳のときに越中（富山県）にある浄土真宗大谷派の名刹、瑞泉寺の住職と結婚しているから、母の素性が問題とされ冷遇されていたとも思えない。また、当時としてはとくに短命ともいえない四十二歳まで生きたことからすれば、病弱だった可能性も薄い。

このように隆子が結婚も出家もしなかった理由はわからないのだが、本人の心境が複雑だったであろうことは容易に想像できる。

あまり話を小説的にしてはいけないが、ちょうど一回り年下の妹東明宮直子が、天保十二年暮れ、江戸で一橋慶寿（第七代）と婚儀を挙げることも、〝婚期〟を逸していた彼女の心を揺るがせたかもしれない。たしかに徳川御三卿に輿入れできる妹の幸運と、わが身の不運を引きくらべるな、と言うほうが無理であろう。そこに晃が同情し、駆け落ちとなった――。

これでは絵に描いたようなメロドラマだが、とにかくどんな同情すべき理由があるにせよ、若い皇族男女の駆け落ちはとてつもない醜聞だった。晃は長い謹慎、蟄居の生活に入り、邦家も隠居の身に甘んじることになったのである。

そして先のことになるが、邦家のあとを継いだ貞教も文久二年（一八六二）十月、二十六歳の若さで死去してしまう。妃の鷹司積子（邦家の正妃景子の姪）とのあいだに三人の子どもがいたが、いずれも夭折していたため、伏見宮家は邦家の第十四王子で貞教の同母の弟である貞愛（敦宮）によって継がれた。貞愛は邦家が隠居してから十六年後の安政五年（一八五八）四月生まれで、まだ四歳でしかない。

貞教に異腹の兄たちがいたことは先述したが、彼と貞愛のあいだにも貞愛には兄となる王子が何人かいた。彰仁（のち小松宮）、能久（のち北白川宮）、博経（のち華頂宮）、智成（のち北白川宮）らがそうである（六七ページの系図②参照）。しかし貞教が相続したときと同じ理由で、彼らが伏見宮家を継ぐことはありえなかった。かくして幼い伏見宮第二十二代目の当主が誕生した。

2　川路聖謨は記す

朝彦誕生

晃親王と隆子が駆け落ちをする二カ月前の天保十二年（一八四一）十月十一日、三河国（愛知県）渥美半島の中ほどにある田原で、崋山渡辺登が自刃を遂げた。「蛮社の獄」とよばれた蘭学者たちへの弾圧に巻きこまれ、死を選ばざるをえなくなった崋山の悲劇的な最期は、当時の日本がおかれていた状況を象徴するものであった。

十八世紀末ごろから日本近海には多くのロシア、イギリス、アメリカなどの船が出没し、通商を求めるようになる。幕府はこれを拒否しつづけるが、海外の情報に接する機会のある人びとには鎖国政策がいつまでも通用しないことは明白であり、さまざまな動きがあらわれてきた。そしてそれへの反動としての弾圧もまた激しく、崋山はその犠牲者のひとりだったのである。

一言で言えば、当時の日本は開国から近代への産みの苦しみの真っただ中におり、それを思えば晃の駆け落ち騒動などは、まことに浮世離れしたエピソードだったのだが、もちろん、天皇家、宮家といえども激動する世情と無関係でいられるはずはなかった。これから幕末にいたる間、天皇や皇族たちも歴史の波に翻弄されていくことになるが、そのなかでももっとも派手で、振幅の激しい動きをみせたのは、晃の八歳下の弟、朝彦親王（名前や通称は何度も変わるが、以下、主に朝彦と記す）であった。

朝彦は文政七年（一八二四）一月二十八日、邦家親王の第四王子として生まれた。時に父邦家は二十一歳、生母は青蓮院坊官だった鳥居小路経親の娘信子。幕末、朝彦と政治的に対立していた東久世通禧（明治になって外国事務総督、侍従長など）は、明治末ご

系図②　江戸時代末期の伏見宮一門

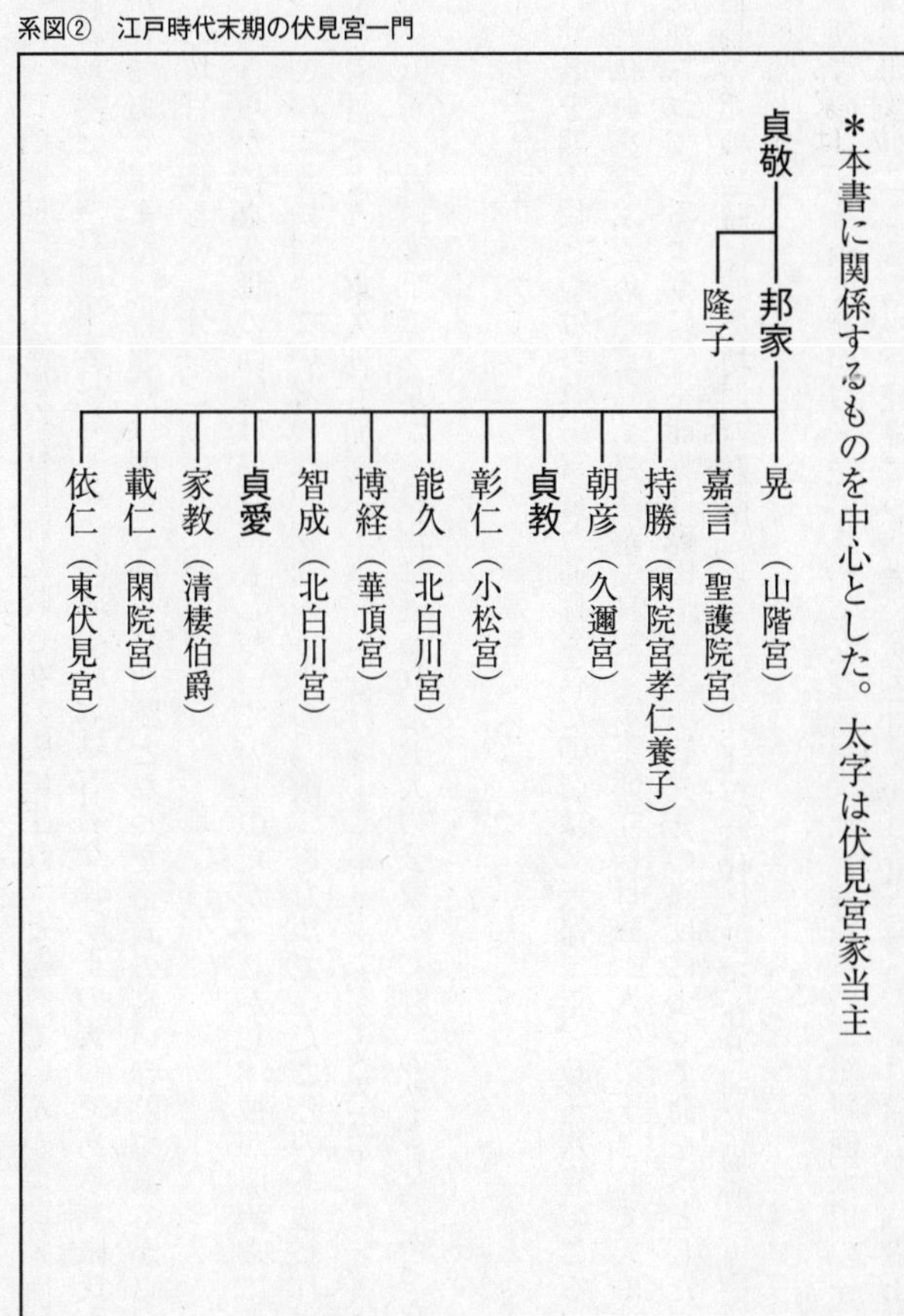

ろに、「(朝彦は) 親王家に召仕はれた賤き女の腹に生れ」と述べているが (『竹亭回顧録維新前後』)、これは事実に反する。鳥居小路氏は有名な長屋王の後裔である高階氏の分かれであり、また、青蓮院は朝彦ものちに門跡となった格式の高い寺院であるから、その坊官を賤しい身分などとは言えない。

あきらかに東久世の回顧は偏見にもとづいているのだが、しかし、彼が明治末にもなってこのように語っているのは、朝彦が多くの〝敵〟をもっていたことのあらわれであるとも言えよう。東久世も朝彦が主導した宮廷クー・デタである文久三年 (一八六三) の〝八・一八政変〟で、京から長州に逐われた七人の公家 (七卿) のひとりであった。

ヤンチャな少年

幼名を熊千代とつけられ、富宮と通称された朝彦は、天保二年、数え八歳のころ、儒学と仏典を学ぶため、京にある法華 (日蓮) 宗本能寺に日慈上人の弟子として入る。よく知られているように、本能寺は織田信長が明智光秀の謀反によって命を落とした寺で、信長の死の当時は四条坊門西洞院にあったが、江戸時代には現在と同じ場所 (寺町通御池下ル) に移っていた。

朝彦の評伝を企てながら未完に終わった徳富猪一郎 (蘇峰) の『維新回天史の一面』は、朝彦がここに入った経緯について、ある日、伏見宮に参殿した日慈が、「親王の御非凡なるを拝察し、己れの弟子となさしめ度く、御懇請申上げた」ところ、父の邦家がこれを許したと説明している。

蘇峰は、「（朝彦は）聡明にして理解よく、且つ其の英気活発なるに、師匠たる日慈上人も、他日は必ず大成せらるるであらうと、御期待申上げてゐた」と続けるが、じつはこれからもたびたび引用することになる幕臣川路聖謨の奈良奉行時代の日記「寧府紀事」（寧府は奈良のこと）の弘化四年（一八四七）二月二日条には、次のような記事がある。

> ある人の密にかたりしは、一乗院の宮（朝彦のこと）は御幼年の節、日蓮宗の本山へ御住職のつもりにて、御客分同前の小僧にていらせられしに、けしからぬ御いたづらにて、講中の町人どもへ糞汁をかけなどなされ、大にあばれ給ひけれども、王孫の御事ゆえ、すべき様もあらず、けふは返し奉るべし、あすは返し奉るべしとて困り居りける……

本能寺では蘇峰が述べるように「御期待申上げてゐた」どころか、やってくる町人たちに汚物をかけるような朝彦の並はずれたヤンチャぶりに手を焼き、いつ伏見宮家に返そうか悩んでいたというのである。

あとでくわしく説明するように、川路は朝彦にたいへん好意をよせており、日記に彼に関するデタラメな噂話を書くとは考えにくい。蘇峰の言うところは皇族への型どおりの賛辞にすぎず、川路が聞いた話のほうが、真実を語っていると思われる。本能寺は思いもよらず、とんでもないお荷物をかかえこんでしまったのだ（余談だが、朝彦親王五十年祭を記念して編まれた『朝彦親王景仰録』所収の伝記「維新回天の宏謨と久邇宮朝彦親王」では、「寧府紀事」のこの部分を引用しながら、「糞汁をかけ……」はすっぽりと省略されている。顕彰のための伝記の類の扱いには注意しなければならないことを示す一例である）。

一乗院宮

しかし、本能寺にとっては幸いと言うべきことに、朝彦は天保七年（一八三六）六月、京から奈良の一乗院に移っていった。

一乗院は「南都」第一の寺で藤原氏の氏寺でもある興福寺に属する格式の高い寺院で、代々の院主（いんす）（門跡、門主）には主に皇族がなるのが例であった。似た寺に大乗院があり、こちらの院主には摂家の子弟が就いた。そのため一乗院を〝宮門跡〟、大乗院を〝摂家門跡〟と称し、それぞれの院主が交代で興福寺の寺務をつかさどる別当となったが、奈良の人びとが〝一乗院さま〟、〝大乗院どの〟と呼び分けていたように、一乗院のほうが格が上とみなされていた。武士が院主に目通りするときも、一乗院では廊下で刀をはずさなければならなかったが、大乗院ではその必要はなかったという（「寧府紀事」弘化四年一月二日条）。

朝彦が奈良へ行き、当時、一乗院院主だった叔父の尊常（そんじょう）入道親王（貞敬王子守貴（もりたか）親王。なお、前出の「維新前の宮廷生活」によると、得度を受け法名をもった後で親王宣下があったときは法親王と称し、親王宣下ののちに得度を受けたときは入道親王である。しかし混用される場合も多く、尊常も史料によっては法親王とされている）の弟子とされたのは、尊常が病気で明日をも知れぬ身となったため、急遽、その後継者に擬せられたからであった。

尊常は間もなく死去した。そして八月、朝彦は仁孝天皇の養子とされ、一乗院院主に補せられる。まだ十二歳である。さらに翌年十二月末、親王宣下。そのまた翌年の天保九年閏四月に得度を受けて、法名を尊応（そんおう）と名乗った。一乗院尊応入道（法）親王の誕生である。次いで天保十三年三月には興福寺別当ともなった。

一乗院時代の朝彦についての興味深い事実などを多く書き記しているのは、前出の「寧府紀事」である。

筆者の川路聖謨は幕末期の徳川幕府の開明派官僚。筆まめな人で、赴任した各地から、江戸にいる家族にあて「寧府紀事」「浪花日記」「都日記」などと名づけた日記を書き送った。奈良奉行に任じられたのは弘化三年（一八四六）一月、着任は三月なかばであった。

普請奉行をつとめ、重職の勘定奉行への昇進もありえた川路の奈良奉行任命は、彼が〝天保の改革〟で辣腕をふるった老中水野忠邦に重用されたため、その失脚のあおりを受けての左遷という見かたが世間では有力だった。本人も不本意だったらしいが、当時の老中首座阿部正弘は川路の能力を高く買っており、長年にわたって腐敗、堕落していた奈良奉行所の内部を立てなおすために、あえて彼を起用した可能性も高いといわれる（この点については川田貞夫『川路聖謨』）。

いずれにしろ川路が奈良奉行となり、朝彦と親密につきあい、さらには詳細な日記を書き残してくれたのは、幕末動乱期における皇族たちの実態を知りたい後世のわれわれにとってはありがたいことだった。

これからしばらく「寧府紀事」をたどりながら、まずこの皇族の青年時代の素顔をながめていくことにしよう。

初対面では

朝彦と川路が初めて会ったのは、弘化三年四月十五日である。

川路の赴任から一カ月後と、やや時間が経っていたのは、この年の一月二十六日に仁孝天皇が崩御し、朝彦が京にのぼっていたためで、川路は朝彦が奈良へ帰るとすぐに、一乗院に出向いた。このとき川路をまず驚かせたのは、供された膳や酒の器のことだった（「寧府紀事」同日条）。

　二の膳の白木、鼠の色を帯び、御酒の瓶子の黒くさびたる御盃のさま、わがやどに常に用ゆるよりもまだよからぬ体など、恐入て涙の落つるを覚へぬ也

〈自分が用いている膳や酒器とくらべても汚れたり錆びたりしているものを使っていらっしゃる〉と、涙を流して恐縮したのである。また、朝彦の住まいが荒れているさまも、川路は記している。

　一乗院は御住居、惣金ばり附きに彩色絵、檜木造なれども、所々荒れて、高麗へりの御畳雨もりにて、少々づつくちたるところも見えたり

このような朝彦の住まいのさまについての記事は、これからも「寧府紀事」にたびたび出てくる。院主の〝実家〟の経済力の差によるのか、摂家門跡である大乗院（このころの門跡は二條家出身の隆温）にくらべても、宮門跡の一乗院は経済的にめぐまれなかったようで、そのため雨漏りはするし、畳の手入れもままならない。また、人手も足りないために雨戸も閉められず、鹿が朝彦の居室に入りこんで悪さをしたりもした。

「寺社奉行などの振る舞い」

初対面のこの日の訪問は儀礼的なもので、朝彦と川路とはほとんど会話を交わさなかったようだが、一カ月半ほどした閏五月六日の二回目の訪問では、朝彦はうちとけたようすを見せ、川路を感激させた（この日のことは「寧府紀事」では翌七日条に記されている）。

この時期、奈良ではすでに暑さも増していたようで、朝彦は川路が来ると家来たちに、「かしこの障子をはづし候へ」「ここの屏風はあらずともよからむ」などと、部屋のなかを少しでも風が通るようにみずから指示し、川路には、〈私が奈良に来たときは鹿の鳴く声にも驚いて、なんたる田舎かと京が恋しかったものだ。江戸から来たあなたはさぞかし不便なことが多かろう〉などと言った。

これを聞いた川路は、「なかなか雲上にのみおはします御かたとはみえず、驚き入りたること也」と、朝彦のざっくばらんさに舌を巻いた。ただ、それに続く次の一節は、読みようによっては、なかなか微妙な内容である。

関東の大名などは立派なる利口の聞こへある寺社奉行などの振る舞いとも申上げ奉るべき御様子也

現代風に訳せば、〈大名たちが聞けば、有能な寺社奉行のような振る舞いとでも申し上げるであろうごようす〉とでもなろうが、これを微妙と言うのは、寺社奉行を例にあげているからである。

たしかに江戸幕府において寺社奉行は重要な職だった。江戸町奉行、勘定奉行とともに〝三奉行〟と称されたが、江戸町、勘定両奉行には旗本があてられたのにたいし、寺社奉行には徳川譜代で有能とみなされる大名が就いた。そして退任後は大坂城代、京都所司代を経て老中になることも多かったが、しかし、そうであっても、しょせんは将軍の臣下であり、天皇から見れば〝陪臣〟にすぎない。皇族の朝彦を賞賛するに際して、基準としてもちだすにはふさわしくない存在である。

川路は〝法親王・院主〟から〝寺社奉行〟を連想したようで（「寧府紀事」弘化五年一月十七日条）、とくに深い意味があってこのように記したわけではあるまいが、ここには皇族を敬うべきものとしながら、心のどこかで（あえて言えば政治的パワーとしては）軽んじている幕府官僚川路の無意識の本音がちらついていると見ることもできよう。

格別の美憎ではないが……

とは言え、川路は江戸時代の武士で知識階級に属する人である。皇族を敬う心情は上っ面のものではなかったし、赴任当初から川路の耳には朝彦を評価する声が入っていた。
「寧府紀事」閏五月七日条には、こんな記事もある。

> 宮（朝彦）は当禁の御養御兄にて、当時、御連枝の御長者にてわたらせられ、先帝の頃（の）仁和寺宮などの如く、関白殿よりことごとに御相談もあるよし也。御としは二十二とかにならせらるとの御事なり

ここは奈良奉行になるにあたり集めておいた情報にもとづいて記述したのだろうが、解説すると、「当禁」とは当代の禁裏、つまり仁孝崩御のあと践祚したばかりの孝明天皇を指す。先述したように朝彦は仁孝の養子とされたから、天保二年生まれで七歳年下の孝明には「御養御兄」にあたる。もちろん二人に血のつながりは皆無に等しいが、後年、いわゆる尊王派の志士などのなかには、この関係をことごとしく言い立てるものもいた。

次の「御連枝」も兄弟のこと。その「御長者にてわたらせられ」とは、仁孝の養子とされた皇族のなかでは最年長であることをさす。当時、伏見宮家、有栖川宮家には朝彦より年長の王子が何人もいたが、彼らは仁孝の先代光格天皇の養（猶）子だから、朝彦はたしかに「御連枝の御長者」である。ただ、それに続く一節、「先帝の頃（の）仁和

寺宮などの如く、関白殿よりことごとに御相談」は、このままには受け取れない。

時の関白は文政六年（一八二三）から安政三年（一八五六）まで三十四年にわたって在職した鷹司政通である。そして先帝（仁孝）のころの「仁和寺宮」とは、有栖川宮家の王子である済仁入道親王のことだが、この仁和寺門跡は寛政九年（一七九七）生まれで、寛政元年生まれの政通とはそれほど年も離れていない。したがって関白がことごとく相談をもちかけることもありえただろうが、まだ「御とし」二十二（数え年だとしたら正確には二十三だが）の朝彦に、しかも天皇の代替わりがあってすぐに、関白がそのような態度で接したとは考えにくい。これはかなり誇張された情報としか思えないが、ただ、それをわざわざ川路が書き留めたことにはやはり意味があろう。

そして、「寧府紀事」は以下のようにつづく。

格別の美僧と申奉るにはあらねど、よき御容貌にて、御英明殊にすぐれさせ給ひ、唯々恐れ入りたることのみなりき

とくにハンサムではないけれどなかなかの面構え、というわけで、川路の筆には実感がこもっている。

数々の賛辞

このあとも川路はしばしば一乗院を訪れる。そして朝彦の能力にどんどん惹かれていくのである。「寧府紀事」に記された川路の朝彦への賛辞のいくつかをならべてみよう。

奈良へ参り驚たるは、一乗宮の御才力と大仏也　（弘化三年［一八四六］十二月五日条）

宮の殊に御聡明にて、興福寺二万石の御裁断向きとも、いたって潔清にて御直裁なれば、家来ども、潤ひ少しと人はいふ也　（弘化四年一月二日条）

材木など献上いたすべしといふ浪華その外の町人どもよほどあるといふ。別段の御才子にて御徳のある御方故、いづ方にても帰服奉る也　（同三月二十八日条）

一体の御才子にて御弁舌など御別段のこと故、その御諭しに両山の衆徒ども感涙を流して、積年の憤り、みな消散して、ことの外に宮を有難がるよし也　（同四月十三日条）

一乗院宮は不思議に人の威伏する御人なり。御門主もこの御人の御在職中ならでは興福寺の再建もなしとて、衆徒ども、そのことにかかりをるに、存外に金主ども、出来せし由也。不思議なるもの也（同十月二十七日条）

御気のよくつくはしばしば恐れ入ることなれども、御法中にはよほど厳しき御方也。御諫めなど申せばよく御聞きなさるるよしなれども、不手際と偽りあると、御たたり厳しき故に、御家来の恐るる也（嘉永元年［一八四八］十二月十六日条）

けふ一門法王の御取り回し、わが困らぬ様に、大乗院殿へその味をよくなさるる体たらく、直に舌を巻きたり。御土産物の御取り回しには、家来みな、さてもさてもとて恐れ入りたり。惜しき御人、御門主也（嘉永二年一月十七日条）

引用したところを、簡単な説明もまじえて意訳してみよう。

〈奈良で驚いたのは一乗院さまの能力と大仏だ〉

〈家来たちがいいようにしていた興福寺の寺務を一乗院さまみずからきびしく監督したために、それまで甘い汁を吸っていた連中は実入りが減って困っている〉

〈山門の修繕などに必要な材木などを大坂の町人たちが献上することが多くなった。一乗院さまが並はずれた才子で徳もおありになるので、誰もが心服するのだろう〉

〈昔から仲の悪い興福寺と東大寺の衆徒たちのいさかいの仲裁をしたところ、両寺の衆徒たちは涙を流してしたがい、積年の争いもどこかに消えてしまった。みなが一乗院さまをありがたがっている〉

〈一乗院さまは不思議にみなが心を寄せるお人だ。この方がいらっしゃるうちでなければ、興福寺の再建もできないと衆徒たちも言い合っていたが、いつのまにか喜捨するものが増えてきた。なんとも不思議だ〉

＊この前に朝彦が日光輪王寺門跡に移るという噂が立ち、興福寺関係者たちが慌てているとの記事がある。

〈とにかくよく気がつかれるのには驚くが、寺の者たちには厳しく、諫言は聞かれるが、家来たちが不手際だったりウソを言ったりすると許さないので、みなが怖がっている〉

＊「寧府紀事」嘉永二年一月七日条には、朝彦があまりに英明のため家来たちが「氷を踏むが如くおもふ」ので、川路が家臣たちをじつにうまく使うことで有名な脇坂安宅（播州龍野藩主。当時、奏者番。のち寺社奉行、京都所司代、老中）の話をして、それとなくたしなめたと書かれている。

〈大乗院どのを一乗院さまが招かれた席に呼ばれたが、いろいろ気をつかわれ、自分と大乗院どののあいだをとりもってくださった。同行した奉行所の者へもたせるみやげなどにまで心を配られ、みなが恐縮した。まったく院主などにしておくのは惜しい方だ〉

大仏とならべて称えているのには驚かされるが、ここに引用した以外にも、朝彦への賛辞は「寧府紀事」から多く見出せる。相手が皇族であるがゆえのお世辞、などとは言いきれない傾倒ぶりなのである。

刀好き

このように川路は折に触れて朝彦を絶賛しているが、そうは言ってもやはり彼は幕府の奈良奉行である。以下に紹介するできごとからもわかるように、朝彦が皇族としての矩(のり)を踰(こ)えるのは見過ごさない。

二人の初対面から約八カ月が経った弘化三年十二月五日の夕刻のこと、一乗院にやってきた川路に、朝彦は後水尾(ごみずのお)天皇から伝えられた刀を見せ、鑑定をしてくれと言い、さらによい刀が一本ほしいので世話をしてくれ、と頼んだ。川路が刀の目利きとしても名があることを知っての依頼である。ところが、川路は「色を正しくして」こう応えた(「寧府紀事」同日条)。

御法中、実に御無用の品、決して御取り入れあるまじき御事。その鑑定はもとより出来申さず刀など出家の身には無用だろうと、にべもなく頼みを断ってしまったのである。すると朝彦は、「いや、ただなぐさみに申したるばかり也」と言った。〈いや、冗談、冗談〉と、おそらく笑いにまぎらしたのである。

「その後の御沙汰はなかりし」――刀の話はそれきりになった、と川路は記すが、よく知られているように、家康が元和元年（一六一五）に制定し、朝廷に申し渡した「禁中並公家諸法度」という定めがある。その第一条には、「天子諸芸能の事、第一御学問也」とあり、天皇（もちろん皇族や公家も）は〝文〟の道にいそしむべきで、〝武〟にかかわるなど許されないというのが、徳川幕府の一貫した厳しい態度であった。ましてや出家した皇族が刀を弄ぶなどありえようはずがない。

いかに朝彦を高く評価しようが、川路はまずなによりも忠実な幕吏であった。さらにこのあと「寧府紀事」には左のような文章が続く。

（朝彦は）一体、貞観政要などの講をば好みて御聞きなされ候由なれども、仏経を好ませ給ふよしは承らず。ちと御門跡には贅なる御事あるかにて、けしからぬ御才力也

『貞観政要』とは、唐の第二代皇帝で名君と称えられた太宗とその臣下たちとの問答を

まとめたもので、日本にも古くから伝えられ、為政者たちが参考にすべき書とされた。僧侶であると同時に一乗院院主、興福寺別当でもある朝彦がこれを読んで悪いことはなかろうが、川路がひっかかったのは、朝彦が政治の書である『貞観政要』の講義は好んで聴くくせに、仏教の経典の勉強はあまりしないという点だった。

そして、「ちと御門跡には」以下を意訳すれば、〈門跡には無用なことに熱中される。なんとも変わった才能をおもちでいらっしゃることよ〉とでもなろう。「けしからぬ」という言葉に複雑なニュアンスが感じられ、幕末の動乱のなかで、主役のひとりとして活動した後年の朝彦を思うと、この川路の感想はなかなか意味深長ではある。

さかやき嫌いと鬱症

もっとも「寧府紀事」の他のところにも、川路が朝彦の政治志向を危惧しているといったことを直接に示すような記事は出てこない。ただ、以下のような、朝彦の興味深い一面をあらわす事実は記されている。それは、朝彦が頭を剃るのをひどく嫌い、ふだんは髪の手入れをせずに伸ばしっぱなしにしていることが多かったということである。前にも引用した弘化三年閏五月六日のできごとを記した「寧府紀事」には、こんなことも書かれていた。

ただ不思議なるは、殊に御髪剃らせらるることを嫌はせ給ひ、よほどの御晴ならでは御さかやきは遊ばせぬよし。けふも五分さかやきといふよりもまさりたる御長髪なり。与力ども、かねて、けふは定めて宮の御さかやきあるべしか、いかに、などいひて笑ひし。（中略）御発明に引きくらべては不思議なる御事なり

奉行所の与力たちが、〈きょうは宮さまはちゃんと髪を剃っているかどうか〉と笑いあっていたというのだから、よほど髪をいじられるのが嫌いだったのだろう。これも前引の弘化三年十二月五日条には、宮の家来たちが、〈きょうは川路が来るから〉となだめすかし、二寸ほども伸びていた髪に鋏（はさみ）をいれたとの記事があるし、嘉永元年三月六日条には、家来たちが言っても効き目のないときは、「御幼年時、乳をあげ奉りし姥」に頼んで、髪を剃ったり、これも嫌いだった入浴をするよう勧めてもらう、という微笑ましいような話が出ている。

このような挿話を知って、朝彦はかなりの無精者だったようだ、と思うだけではいかにももったいなかろう。刀剣趣味があったこと、仏典などはあまり読まないのに、『貞観政要』の講義は好んで聴いたこと、それに髪を剃られるのを嫌ったことを考え合わせれば、このころの朝彦が政治に関心をもっていたかどうかはともかく、僧侶という身には満足していなかった、との感想が浮かんでこざるをえないのである。

さらに川路が奈良に来て三年が過ぎた嘉永二年（一八四九）閏四月二十六日条の「寧府紀事」には、次のような一節がある。

宮は、近頃、御かむ鬱の御症にて、御労症の御発病か、あるいは甚だしきは御発狂なければよしとて、医の御案じ申上げるよし也。それには御外出ならでは御身の御養ひかたなしとて、宝蔵院の鎗（やり）など御覧なさるるとて宝蔵院などへ御成りあると也。宮さまならずば、いか様にも御保養のあるべけれども、いたしかたなし。容儀よろしき若衆などは、御近習のうちに一人もなし。しかるに御才発なる御方の御年は二十五と申す。此のかた、肴も食はずにいらせらるる故に、痫鬱の御症となるなるべし。（中略）御気の毒のもの也

朝彦は、医者たちが発狂を心配するほど重い鬱状態に陥ってしまったのである。川路は朝彦が若いにもかかわらず、「容儀よろしき若衆」を近づけないことや、「肴」を食べないことにその原因があるのではと推測しているが、朝彦を混乱させていたのは、やはりそうした生理的な要素だけではなかろう。彼の心のうちには鬱勃（うつぼつ）たる不満がたまっていたとしか思えない。

しかし、宮家の王子の朝彦が僧侶であることはどうしようもない宿命であった。前に

触れたように、〈一乗院宮は僧侶にしておくのは惜しい〉という意味のことが「寧府紀事」にも記されるが、言うまでもなくそれは単なる同情であって、川路も朝彦がその宿命から救い出されるべきだと考えていたわけではない。少なくとも川路が奈良奉行だったころには、朝彦が生涯にわたり僧侶でいるのは、誰にとっても疑う余地のないことだった。

南朝の裔!?

さてここで「寧府紀事」からわかる別の重要な点に目を移す。それは朝彦が、生家の伏見宮家がどのような血筋だと考えていたか、ということである。まず、「寧府紀事」弘化四年十月九日条から見てみよう。

この日、川路は奈良郊外の円照寺を訪ねた。同寺は臨済宗妙心寺派の尼寺であり、皇族や摂家の女性が門跡となる〝比丘尼御所〟のひとつで〝山村御所〟とも称された。ここに邦家親王第七王女、すなわち朝彦には妹にあたる福喜宮（明治になり還俗して文秀女王。川路は年齢が大きく離れているためか、女王を朝彦の「御姪」と誤っている。ただ、福喜宮はのちに孝明天皇の養子とされたため、形式的には仁孝天皇養子の朝彦の「姪」にもなった）が入ったため、奈良奉行としての先例にしたがい、祝いに参上したのである。

福喜宮は弘化元年正月の生まれで、まだ三歳。川路の嗣子彰常の長男で、彰常が死去したため川路家の跡取りとされた太郎（幕府崩壊直前に英国に留学し、のちに神戸松蔭女学校長などとなる。その長男誠は日本モダニズム詩の先駆者とされる川路柳虹）と同い年である。江戸にのこしてきたその孫の姿と重ね合わせてであろう、おぼつかない手つきで吉例により昆布を下賜したりする幼女のことを、川路は、「雛の内裏の生きてはたらくがごとくにて」と記し、「感伏のあまり落涙」した。

そして翌々日の十二日、川路は一乗院で朝彦に拝謁する。当然、福喜宮に目通りしたことを報告した。そして、やはり比丘尼御所のひとつである斑鳩の中宮寺には朝彦の年下の叔母である成淳女王（あの幾佐宮隆子の妹。六三ページの表②参照）が門跡として入っているのを思い出し、「宮の御一類にて大和はみな御かため遊ばされける」と言った。軽いお世辞のつもりであろう。すると朝彦は「御機嫌にて」、次のような注目すべき発言をしたのである（「寧府紀事」同日条）。

わが実家は吉野の皇居の血筋なる故か、ことに盛んにして、当時は禁裏も後醍醐帝の御血筋、近衛も鷹司もみなわが実家のものどもがつぎたり。不思議なることよ

原文どおりでも、朝彦がなにを言ったかは簡単に理解できるだろう。そして、ここまで本書を読んでこられた方々は、おそらくあっけにとられるのではなかろうか。伏見宮

家は「吉野の皇居」、すなわち南朝の血筋で、いま（「当時」は〝現在〟の意）の天皇家も後醍醐天皇の系統――ご機嫌な朝彦の口から、こんなセリフが飛び出したのだから。

北朝第三代崇光天皇第一皇子栄仁親王を初代とする宮家。いったんは傍流によって数代にわたり皇位を継がれてしまったが、三代貞成親王の王子彦仁が践祚したため、以後の皇統は自家の流れとなったと確信している宮家。それが伏見宮家であることは、これまで縷々述べたとおりであるが、朝彦はそのような歴史的事実をまったく無視し、伏見宮家も南朝の末裔、いまの天皇家も南朝の後醍醐の流れだと言い放ったのであった（なお、「近衛も鷹司も」云々の意味は、江戸時代、この二つの摂家も養子として入った天皇の皇子や閑院宮家王子によって継がれたから、その結果として伏見宮家の系統になったということであろうか。両家に伏見宮家の王子が入った事実はないから、そうとでも解釈するしかない）。

川路の誤解も無理もなし

これはいったいどういうことなのか。川路のお世辞にいい気分になり、調子に乗って放言したのではないのは、朝彦が三カ月ほど後にまた川路に同じようなことを言っていることからもわかる（「寧府紀事」弘化五年一月十七日条）。

このときは、「今は禁裏も近衛、鷹司も、みな実家のつづきと成れり」と言ったあとで、「誰はすべりて摂家へ参れり」と付け加えた。川路は摂家に行くのは格下だといわんばかりの言いかたには内心苦笑したらしく、自邸に帰ってから賢夫人をもって知られていた妻のさとに、「すべるどころか、ころびころがりて、宮の雁之間、帝鑑之間の大名にならせられて寺社奉行たらば、調役の喜ぶことなるべし」――〈宮さまが滑るどころか転びに転んで、譜代の名門である雁の間や帝鑑の間詰めの大名になって寺社奉行になられれば、下僚たちも喜ぶだろうよ〉と冗談を飛ばしている。

ただ、川路も伏見宮家が〝南朝の血筋〟という朝彦の言葉は信じたようで、「寧府紀事」のほかの場所でも、これをまったく疑いのないこととして記している（たとえば嘉永元年三月十四日、六月八日、嘉永二年一月二十六日各条）。

川路は豊後日田の代官所の役人という最下層の幕臣を父として生まれ、微禄の御家人の家の養子になりながら、苦学力行の末、幕府の高級官僚にまで出世した有能な人物であり、ひとかどの知識人でもあった。記紀や『万葉集』、それに『太平記』などももちろん読んでいる（「寧府紀事」嘉永二年一月七日、九月七日条）。ただ、南北朝時代の複雑な皇位継承のいきさつや伏見宮家の来歴までには、くわしく通じていなかったのではなかろうか。

あるいは川路の教養を不当に見くびることになるかもしれないが、彼が『看聞日記』や『椿葉記』を読んでいた可能性はほとんどないと思われる。現代のわれわれは二つとも活字本で容易に読めるが、江戸時代には両方とも写本も含めて伏見宮家などに秘蔵されており、宮家や公家とのコネなどなかった川路がそれらを手に取ることは、まず不可能であったろう。となれば、川路が伏見宮家の王子である朝彦が伏見宮家の歴史に関して語ったことをそのまま信じてしまうのは、むしろ当然のことだった。

朝彦の歴史認識

では、朝彦はどうなのか。京の伏見宮家にいたのは幼いころだから、『看聞日記』などに接する機会はなかったかもしれないが、長じるにつれ自分の生家の歴史について、それなりに耳にするようになったと推測するのが自然だろう。とすれば、あれほど先祖の栄仁親王や貞成親王が執着した伏見宮家の〝正統性〟についてもなにがしかは学んだはずだ。ところが、なんと「わが実家は吉野の皇居の血筋」と誇らしげに語る。いったいどうなっているのだろうか。

このような疑問にはっきりとした答えを出す資料は残念ながら存在しない。ただ、かすかな手がかりのようなものがなくはない。それは朝彦が奈良から京都に移り、政治の場に徐々に顔を見せるようになったころ、周囲に集ってきた〝勤王派〟の浪士などから〝今大塔宮（いまおおとうのみや）〟と仰がれ、朝彦親王自身もそれを喜んでいたとの事実である。

大塔宮とは後醍醐天皇の皇子のひとりである護良（もりよし）親王である。幼時に出家し、三千院門跡、天台座主（てんだいざす）などとなったが、父が鎌倉幕府討伐に立ち上がると、楠木正成（くすのきまさしげ）などと並んで〝官軍〟を率い、数々の戦功を挙げた。いわば大覚寺統（南朝）の英雄であり、その生まれ変わりと言わんばかりの異名で呼ばれるのは、持明院統（北朝）の〝正系〟であることに誇りを見出していた伏見宮家の王子である朝彦にはふさわしくない。しかし、朝彦親王はそれを歓迎したのである。ついでに言えば、護良はいつのまにか後醍醐から忌避されるようになり、関東に追われて足利直義によって幽閉、殺害されてしまうとの悲運に見舞われるのだから、このことからしても、〝今大塔宮〟と呼ばれるなど縁起でもないはずだが、朝彦はそれも気にしなかったようだ。

そしてここから性急な結論をみちびくのは行き過ぎかもしれないが、ひょっとしたら朝彦は先祖たちがこだわった伏見宮家の歴史に、ほとんど無関心（無知）だったのではなかろうか。先ほど長ずるにおよんで生家の歴史を学んだはずだと推測したが、もしかしたら、十二歳でやってきた一乗院では、朝彦に栄仁や貞成の無念、苦衷、歓喜について教えるものはいなかったのかもしれない。

『大日本史』を読んでいるが……

さらに国史全般についても朝彦がそれほどの知識をもたなかったのは、左のようなことが記してある「寧府紀事」嘉永二年一月七日条の記事から推測できる。

この日の夜、朝彦は川路を招いた。そして、酒を飲みながらの歓談の間に、いま日本史』を読んでいるが、誤字が多くて困る、水戸へ頼んだら良質のものが手に入るだろうかと尋ねた。周知のように『大日本史』は水戸藩二代目藩主の徳川光圀がそれまでの官撰の史書にあきたらず、独自の史観にもとづく史書をめざして編纂を命じたものである。以来、水戸徳川家代々の事業として延々と史料の考証、執筆などがおこなわれてきた。その最大の特徴は、〝三種の神器〟の在り場所を根拠に南朝正統論を唱えたところで、幕末の尊王派のみならず、明治の国粋派の政治家などにも大きな影響をおよぼした。

この史書を朝彦も読みかけていたのである。そして、朝彦の〝南朝の血筋〟云々といった思いこみは、その結果としての早とちりの可能性もあるが、ややこしくなるのでそれは措くとして、注目すべきは川路の反応であった。

川路は大略、つぎのように朝彦に応えたのである。

〈『大日本史』は未完の書で、史書としても『史記』などにははるかに劣るものです。もし仏典を勉強される暇に日本史について学ばれたいと思われるのでしたら、『大日本史』などではなく、まず朝廷でもちいられている『日本書紀』からお読みになったらいかがでしょうか。ただこれも誤字などが多くて、私も一とおりは読みましたが、よくわかりません。『古事記』には本居宣長が注釈をつけたもの（『古事記伝』）がありますから、それを読まれてから『日本書紀』をご覧になるのがよろしいかと思います〉

このとき川路に朝彦が『大日本史』の高唱する〝南朝正統論〟などにかぶれては困るといった〝政治的〟な警戒心があったと言えないこともないだろうが、そこまで深読みすることもあるまい。宮さまは皇族でいらっしゃるのだから、まず天皇の命によって編まれた記紀などをお読みになるのがいいのではありませんか、というくらいの軽い気持での忠告だったと思える。そして川路がどう感じたかはわからないが、われわれにとって驚きなのは、間もなく二十五歳になるこの一乗院院主、興福寺別当が、『日本書紀』にも『古事記』にも目を通していなかったらしいということである。

「御学問はなく」

もっとも当時の皇族たちの歴史的な教養がどの程度のものだったかを示す、はっきりとした資料などがあるわけではない。だから朝彦を歴史についての知識や関心が薄いと決めつけるのは軽率のそしりを受けるかもしれないが、ただ、もうひとつ、こんな手がかりがある。明治二十七年（一八九四）七月、高崎正風（まさかぜ）と高崎五六（ごろく）が史談会（維新史の調査、史料収集をおこなうために設けられた半官半民の団体）の聞き取りに応じて語った回想の記録である（『史談会速記録』第五十五輯所収）。

この二人は従兄弟同士の旧薩摩藩士であり、とくに幕末には左太郎と名乗っていた正風は、京で朝彦とのかかわりが深かった。そして、明治になってから正風は天皇の侍従番長、侍補など、また五六は元老院議官、東京府知事などを歴任し、明治二十年には同時に勲功により男爵に叙せられている。ともに幕末、維新期についての生き証人として重要な存在であるが、その両人が朝彦に関してこう語っているのだ。

聡明な方は比類ない位でござりましたが、アレで御学問でもあらうものなら天稟（てんぴん）は御兄弟の中、一番勝れて御出で（おいで）……　（正風）

唐の太宗の如き御方でござりました。それで御学問はなく、ただ天稟に任せて御遣（や）りなさるから、時々御失策が出来ました　（五六）

二人とも朝彦の「天稟」は認めながら、「御学問」のなかったことを遠慮なく指摘しているのである。

あとでくわしく説明するが、幕末のある時期まで朝彦と薩摩藩は蜜月状態だった。それが幕薩関係、薩長関係の変化などにともなって対立するようになる。正風もいつしか朝彦と距離をおくようになるのだが、だからと言って、明治もなかばを過ぎ、朝彦死去（明治二十四年十月）からも三年近く経ったこの時期になって、正風、五六の二人がそろってウソをつき、朝彦を貶（おとし）めるとは考えにくい。とりわけ明治天皇の信頼が厚く、明治二十一年からは御歌所(おうたどころ)の長もつとめ、宮中で重きをなしていた正風が、虚偽を語って朝彦を中傷する意味などほとんどありえないだろう。朝彦が周囲から、頭脳明晰だが学問はない宮さま、とみられていたのは確かなことだと考えざるをえない。

とすれば、朝彦が伏見宮家の歴史についてかなり浅い知識しかもたず、そのために、「わが実家は吉野の皇居の血筋」だと信じこんでいたと判断しても、それほどのまちがいはなかろう。この点においては、朝彦は栄仁や貞成、あるいは江戸時代中期に直系相続の伝統を守ろうと必死になった先祖たちからすれば、あきらかに不肖の子孫であった。

川路、奈良を離れる

さて、少し先を急ごう。

川路は嘉永四年（一八五一）六月、約五年半にわたる奈良奉行の任を解かれ、江戸に召還される。奈良を離れる前々日の六月八日、一乗院に挨拶に訪れたときの模様を、川路は「寧府紀事」に続く「浪花日記」にこう記した（六月九日条）。

宮、御手づから、禁裏より正月、賜られ候物の内の由、少々お持ちなされたる体のにしきのお鼻紙入れを賜られ候。宮、御落涙にて、汝と又、逢うを必ずとなしがたしと仰せられ、故に我も涙数行くだりて……

私（川路）も七十致仕の上は、必ず遁世して奈良へ来たらんと存じ奉れば、別れなるも、しばしの御事に候など申したりき。みづから御盃下され、その御盃は持ち帰りたり。例の通りながら、われ名残りの酌してとらせなむと御意ありて御酌玉はりて、いといとしめやかなり。市中にては、もっぱら大坂なりと言うなり。さすれば近し。又、逢ひ見んも同じなど御意ありき

朝彦も川路も涙を流し、朝彦は天皇から下賜された懐紙入れなどを与え、汝と二度と会えるとはかぎらないと言う。これに川路は、七十になって勤めを退いたら必ず奈良へまいります、と応える（このとき川路はちょうど五十歳）。すると朝彦も、町の噂では大坂町奉行へ転任するらしいから、そうなれば近いのでまた会えるだろうと期待する。まさに肝胆あい照らしたもの同士の涙の別れである。

朝彦の耳に入っていた噂のとおり、江戸に帰った川路は大坂町奉行への栄転を申し渡される。そして十月に赴任するが、一年足らずで、幕臣が就く最高の職のひとつである勘定奉行に昇進、さらには一年後の嘉永六年九月には海防掛となり、長崎でロシアの使節プチャーチンとの交渉にたずさわる。

開国をめぐり国論が二分されるなか、川路は歴史のなかに大きな足跡を残すことにな

るのだが、朝彦との交流はしばし途絶える。

3　孝明天皇と朝彦親王

光格天皇

川路が奈良を去って半年後の嘉永五年（一八五二）一月二十五日、朝彦も奈良から京に移った。これ以後、朝彦の人生は有為転変を重ねることとなるのだが、そのさまを見る前に、ここでこの当時の天皇家や宮家の状況について簡単にながめておこう。

第一章第3節で伏見家の相続をめぐるトラブルを紹介した際に、蒲柳の質である後桃園天皇が登場したが、後桃園はけっきょく、皇女欣子内親王を残しただけで早世したために、安永八年（一七七九）十月、閑院宮家から八歳の兼仁親王が入って皇位を継いだ（光格天皇）。ここで皇統は傍流に移ったことになるが、光格は後桃園の父桃園天皇と同じく東山天皇の曾孫だから、皇位は比較的血縁の近い宮家の王子によって継がれたことにもなる（九九ページの系図③参照。天皇名の横の数字は皇位継承の順を示す）。なお、践祚してから十五年後に欣子内親王が皇后となった。

ちなみに、光格践祚のころの閑院宮家以外の世襲親王家を見てみると、伏見宮家は自家の継承さえゴタゴタしているのだから、皇位を継げる王子などはいない。また桂宮家も明和七年（一七七〇）に第九代の公仁親王が死去してからずっと当主不在となっており、当然、皇位継承資格者はいない。もうひとつの世襲親王家有栖川宮家には当主として第五代職仁親王がいたが、その王子や兄弟にも皇位を継げるようなものはいなかった。

つまり閑院宮家がなかったら、後桃園崩御後の皇位継承は危機に瀕していたのである。同宮家の創設を進言した新井白石たちには、先見の明があったと言えよう。

孝明践祚まで

光格の跡は皇子の恵仁親王が継いだ。仁孝天皇である。仁孝が生まれる一カ月前に皇后欣子が温仁親王を産んでおり、嫡出の皇子である温仁は生後すぐに儲君（事実上の皇太子）とされたが、生後一年で死去した。また、温仁より前に生まれた皇子も二人いたが、いずれも夭折しているために仁孝が皇位を継いだのである。そして、弘化三年（一八四六）二月六日の仁孝の崩御を受けて践祚したのが第四皇子の統仁親王、のちに孝明と諡される天皇である。生まれたのは天保二年（一八三一）六月十四日、生母は正親町実光の娘雅子。四番目の皇子だったが、兄たちがすべて夭逝していたために、天保六年六月に儲君になっていた。

ここで付け加えておくと、仁孝にも孝明にも弟となる皇子が三人いた。しかし、全員が生後すぐか、一、二年で死去している。また明治天皇と大正天皇にも、夭逝せずに成人した兄弟はひとりもいなかった。つまり、十八世紀後半から二十世紀初頭にかけての皇位継承は、なんとか無事に成人した、たったひとりの皇子により、綱渡りのようにおこなわれたと言っても過言ではないのである。

さて、孝明は践祚のとき十四歳だが、すでに九條尚忠の娘夙子（基君）が御息所とされていた。『孝明天皇紀』（弘化二年九月十四日条）によると、近衛家や有栖川宮家の娘たちも御息所候補だったらしいが、孝明より三歳下の夙子が選ばれ、践祚後すぐに女御と称されて正妃となった。のちに英照皇太后、明治天皇の〝実母〟として知られる女性である。

系図③　江戸時代後期の皇位継承

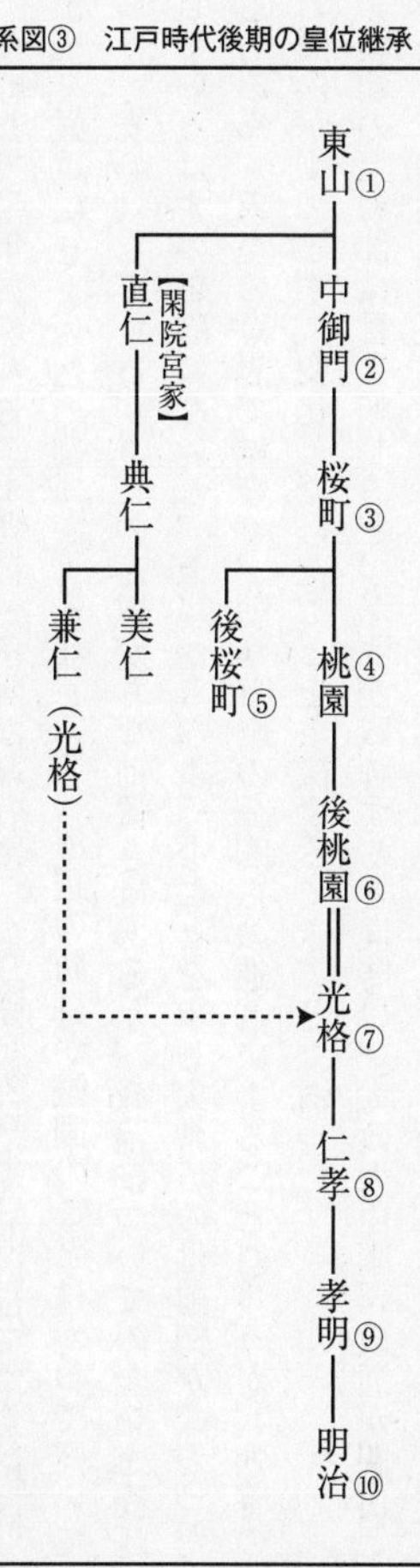

践祚して半年後の八月二十九日、孝明は幕府に、〈異国船が日本近海に出没する折柄、備えを厳重にせよ〉との御沙汰書を発した。〈海辺の防御が堅固のことはかねて聞いており、安心はしているが〉との遠慮がちな前置きはあるが、政治についての全権を委任しているはずの幕府にたいし、天皇がこのようなことを申し入れるのは前例がなかった。もちろん、天皇の意思ではなく、朝廷首脳の公卿らの進言によることだろうが、朝幕の力関係がすこしずつ変化しだしたことを象徴するできごとであった。

朝廷の上層部に目を転じると、孝明が践祚すると同時に、太政大臣鷹司政通が関白となった。寛政元年（一七八九）生まれの政通は、文政六年（一八二三）三月の就任以来、左大臣、太政大臣も兼ねながら仁孝朝で長きにわたり関白をつとめてきたが、新帝のもとでもまたこの職に就いたのである。そして、安政三年（一八五六）八月に辞するまで、じつに三十四年ものあいだ、在任した。その後任となったのが、女御夙子の父、九條尚忠である。この二人の関白は、幕末の動乱のなかで朝彦とも複雑に絡まりあいながら動き回ることになるが、それについては後で触れる。

各宮家の状況

では、朝彦が京に移った嘉永五年あたりの各宮家はどんな状況だったのだろうか。

晃親王をめぐる醜聞に端を発した大騒動から十年ほど経った伏見宮家は、天保十三年（一八四二）にわずか五歳で家督を継いだ第二十一代の貞教がまだ十代のなかば。その父邦家は落飾を余儀なくされたが、精進潔斎の日々をおくっていたわけではない。その後も毎年のように子どもが生まれていた。

成人したものだけを見ても、王子に弘化三年（一八四六）生まれの彰仁、弘化四年生まれの能久、嘉永四年生まれの博経、王女に弘化元年生まれの文秀女王、嘉永三年生まれの則子女王がおり、夭折した王子王女も四人を数える。邦家の父貞敬がたいへんな子沢山だったことは前に見たとおりだが、邦家もまたなかなかのものだった。

落飾前に生まれた王子は晃、嘉言、持勝、朝彦、貞教と夭逝した二人。晃、朝彦、貞教についてはこれまで説明したとおりであるが、嘉言は天保三年（一八三二）、十一歳で聖護院の門跡となり、持勝は閑院宮家に養子にいって曼殊院門跡となったが、天保十三年に死去している。

嘉永五年当時、伏見宮家以外の三つの世襲親王家で当主がいたのは有栖川宮家だけである。文化九年（一八一二）生まれの幟仁親王が第八代として家督を継いでおり、弟に大覚寺門跡の明道親王（慈性法親王）、王子に天保六年生まれの熾仁親王がいた。

創設以来、跡継ぎにめぐまれず、しばしば当主がいない状態となった桂宮家は、天保六年（一八三五）に家督を継いだ仁孝天皇皇子の第十一代節仁親王が翌年死去すると、また当主を欠いた。文久二年（一八六二）にいたり、仁孝の皇女淑子内親王が異例にも女性ながら家督を継ぐまで、その状態が長く続く。そして、閑院宮家も天保十三年に第五代愛仁親王が死去したあと、明治五年（一八七二）に伏見宮家から載仁親王が養子となって継ぐまで、三十年間にわたり当主が不在であった。

以上、各家の系譜などによって朝彦が奈良から京に移った当時の世襲親王家の状況をざっと見てきたが、四家のうち二家が事実上の絶家状態だったことの結果、十代後半から五十くらいまでの、青・壮年の働き盛りと言うべき男性皇族があまりいなかったのがわかろう。伏見宮家の邦家、晃、嘉言、朝彦、有栖川宮家の幟仁、明道、熾仁がその年ごろだが、晃は蟄居の身、また邦家は子沢山からわかるように精力的ではあろうが、不祥事の責任をとって落飾した事実は消えない。となると、残るのは嘉言、朝彦、幟仁、明道、熾仁のわずか五人。それぞれの年齢を記せば、三十一、二十八、四十、三十九、十七である。

幕末動乱のなかで、幕府、大藩から草莽の志士にいたる各政治勢力は、京都朝廷への接近を図る。言うまでもなく、幕府の力の衰えが、天皇をいただく朝廷の政治的権威の急速な増大につながったからであり、それにともなって皇族たちの存在感も大きく変わってくる。昭和戦前期に、腹に一物ある陸海軍の軍人らが天皇を自分たちに都合よく動かすための回路として皇族を利用しようと図り、軍籍にある皇族たちにしきりに接近するが（拙著『皇族と帝国陸海軍』、『不思議な宮さま――東久邇宮稔彦王の昭和史』参照）、よく似た事態が幕末でも起きていたのだ。

そして接近の対象となった皇族のなかでも突出して目立ったのが朝彦であった。その理由はいくつか挙げられるが、当時の皇室が以上で見たように〝人材不足〟であったことも見逃せない。あらかじめ言っておくと、朝彦の兄晃が復権した背景にも、同じような事情があったと考えられる。

青蓮院門跡となる

ここからまた話を朝彦中心に戻す。

武家伝奏をつとめていた三條実万（実美の父）により、朝彦に〈青蓮院に移るように〉との孝明の内命が伝えられたのは、嘉永五年（一八五二）一月十九日のことだった。それを受けて朝彦が京に向かったのは一月二十五日。東山の麓、粟田口にある青蓮院に入り、三月なかば、勅命により門跡（院主）となり、尊融の名を賜った。以後、正式には二品尊融法親王であり、青蓮院宮（青門）、粟田宮などとも通称されることになる。

青蓮院は三千院、妙法院とともに天台宗総本山延暦寺の「三門跡」と称された寺で、門跡は延暦寺の管主、すなわち天台宗の長である天台座主を兼ねることが多かった。朝彦は天台座主だった教仁法親王（閑院宮孝仁親王王子。妙法院門跡）が重病となったため、その後任の含みで青蓮院に入ったのである。なお、朝彦の生母の父が同寺の坊官だったことは前に述べた。

十一月十四日、朝彦は宮中の護持僧となる。これは天皇の身体を守るために加持祈禱をおこなう僧で、延暦寺、園城寺（三井寺）、東寺から選ばれた。かつては最澄、空海もつとめた栄誉ある地位だが、もちろん、伝教、弘法両大師と僧侶としての朝彦をならべるわけにはいかない。奈良にいたころの朝彦が仏典の勉強などにあまり熱心でなかったのは、「寧府紀事」で見たとおりである。学識、経験が評価されたのではなく、わずか二十二歳で護持僧になった兄の晃と同様、皇族であるがゆえの任命であるのはまちがいない。

そして、教仁法親王が死去したので、朝彦は十二月二十四日、二十八歳にして予定どおり天台座主となった。もっとも座主になったからといって、延暦寺のある比叡山に住んだわけではなく、ふだんは青蓮院にいた。『朝彦親王景仰録』によれば、寺内の叢華殿と名づけられた一階六間、二階三間の建物が朝彦の居所だったという。

黒船来る

朝彦が天台座主となって半年後の嘉永六年（一八五三）六月三日、マシュー・ペリー提督率いるアメリカ軍艦四隻が浦賀沖にやってきた。〝黒船来航〟である。ペリーは通商などを要求するミラード・フィルモア大統領の国書を浦賀奉行戸田氏栄に手渡し、翌年春の再訪を予告して琉球方面に去っていった。

幕府はこのことを、あの川路聖謨も絶賛した切れ者である京都所司代脇坂安宅を通じて朝廷に報告した。ペリーが去ったのが六月十二日、報告は十五日だから、当時としては即座に近い。

この一大事を知った孝明は、七社七寺に「夷類退散」などのための祈禱を命じた。朝廷から所司代への達には、「万一御国体にかかわり候儀これあり候ては、誠に不安に思召され候間、叡慮をもつて七社七箇寺へ御祈禱仰せ出だされ候」とあり、孝明が黒船によって「御国体」さえ変わってしまうとの深刻な不安に駆られていたことがわかる（『孝明天皇紀』六月十五日条）。この天皇はこれ以降も一貫して外国嫌い、頑固な攘夷論者だった。

さらに約一ヵ月後、幕府はフィルモア大統領の国書の翻訳を朝廷に提出した。脇坂は先に米艦来航を報告したときには、あまり天皇らを刺激してもいけないと思ったか、「深く心配致し候程のことにも至るまじく候へども」などと述べたが、こんどは、「アメリカ船より差出し候書簡の趣は実に容易ならざること」との書簡（切り紙）を訳書につけて差し出した（『孝明天皇紀』七月十二日条）。

孝明践祚直後に、朝廷から幕府に日本近海での外国船出没について指示めいたものを発し、幕府も朝廷に情報を知らせてくるようにはなったが、もちろん、天皇や公家たちがこの大問題について的確な対応をできるはずもない。幕府からの報告に大騒ぎとなったが、脇坂の切り紙に、国書を受け取ったのは「全く一時の権道」、つまり一時しのぎの方便だとあったこともあり、幕府の措置を追認した。

孝明の信頼

このとき朝彦はどうしていたのか。孝明が祈禱を命じた七社七寺には延暦寺もふくまれているから、天台座主、護持僧として七日間の勤行（ごんぎょう）をおこなった。さらに徳富蘇峰『維新回天史の一面』によれば、内大臣近衛（このえ）忠熙（ただひろ）や三條実万らとともに天皇から内々の相談にもあずかったという。つまり朝彦はこのころから、朝廷の首脳たちのように天皇の政治向きの相談相手となっていたというのだが、蘇峰はそれを裏づける具体的な史料などは示していない。ただ、京に出てきてからの朝彦にたいし、天皇がきわめて親しい気持ちで接していたのは確かなようだ。

嘉永七年（一八五四、なお十一月二十七日に安政と改元）四月六日、御所で火事が起きた。ある女官付きの召使が主人の言いつけで梅の木にたかった毛虫を焼いていたところ、その火が建物に移ってしまったのである。これが思わぬ大火となり、天皇の住む内裏や仙洞御所などが全焼したばかりか、多くの寺社、公家屋敷、町家などが焼けた。

朝彦は出火を知るとすぐに青蓮院から御所に徒歩で駆けつけ、さらに天皇がすでに避難していた下賀茂神社に囮って拝謁、そして青蓮院を内親王たちの仮の住まいとして提供するなど機敏に動いた。天皇は朝彦のこのような働きを喜び、下賀茂神社から移った聖護院、桂宮御所にもたびたび朝彦を呼んだ。

前に見たように当時の皇室には天皇の話し相手となるような皇族が少なかった。孝明にとって七歳年長で、形式だけとはいえ「養兄」にあたる朝彦は頼もしい存在だったであろう。ついには青蓮院はちょくちょく参内するには遠すぎるとの理由で、朝彦は京都御所のなかにある知恩院の里坊に移った（大岩栄吾「朝彦親王敬神の御事蹟」）。

また、外国との関係についても、当時の二人は同じような考えであった。いったん日本から去ったペリーは、予告したとおり、こんどは七隻の軍艦を率い、浦賀沖にあらわれた。嘉永七年一月十六日のことである。そして、幕府は三月三日、アメリカとの間に和親条約（神奈川条約）を締結する。さらにアメリカと条約を締結した以上は、他国の要求にも応じなければならず、八月二十三日にはイギリス、十二月二十一日（すでに安政元年）にはロシアとの和親条約が結ばれる。この結果、長崎以外に箱館（函館）、下田が開港された。

『孝明天皇紀』の記すところでは、幕府はこれらについて朝廷に報告しているが、朝廷は表立って反対はしなかった。そして、安政二年九月十八日には所司代から関白鷹司政通に正式に各国との条約締結が告げられ、条約書も提示されたが、二十二日、鷹司は承知した旨を幕府老中あてに返事した。朝廷第一の実力者だった鷹司は、交易上の利害得失を考えればアメリカなどと条約を結ぶのもやむをえないとの考えだったのである。当時の朝廷の関心事はなによりも焼失した御所の再建であり、その費用を負担する幕府との紛争はなるべく避けたいとの判断も、朝廷首脳たちにはあったと思われる（なおこのとき幕府の皇居造営掛として川路聖謨が京にいた）。

ただ、孝明は不満だったろう。先述したように、孝明の最大の心配は「御国体」であった。たかが交易の利害ごときに目を奪われて「夷類」と条約を結ぶとはなにごとか、というのが本心であり、のちにはそれが時局をひどく混迷させるのだが、しかし、先帝の代から延々と朝廷に君臨している関白が賛成している以上は、当面は沈黙するしかない。その不満が、自分と考えを同じくする朝彦への信頼をいっそう厚くした可能性は高い。

ひとつの〝政治勢力〟と化す

では、朝彦の攘夷論者ぶりはどのようなものだったのか。『維新回天史の一面』には、朝彦が京の守りの手薄なことを案じ「万一、異国船が、（若狭の）小浜（おばま）に来るか、若しくは浪華（なにわ）に来るかといふ場合には、自ら叡山の衆徒を率ゐて、朝廷を守らん」と考え、衆徒たちに武芸の修練を命じる一方、「御自身にも御力量を修練遊ばさるる為、庭に土俵を積み置かせられ、遂には五斗の量ある土俵を、容易くあげ給ふに至」り、さらには、「甲冑、野剣等の御用意もあり、何時にても戦闘準備が出来てゐるといふ御有様」だった、との一節がある。まさに〝竹槍でB29を落とす〟の類で、かなりの単純さと言わざるをえないが、しかし、朝彦はまったく外国の事情などに無関心、無知だったというわけでもないようだ。

たとえば、「寧府紀事」の弘化三年閏五月二十五日条には、朝彦が川路のもっているオランダから渡来した寒暖計を見せてくれと頼んだ、との記事がある。すくなくとも夷狄の器物に触るなど穢らわしい、などと思うような頑迷さはなかったのだろう。また、やはり一乗院にいたころ、側近たちに外国に関する文献を集めるよう命じ、それを写させて読んでいたとのことである（「朝彦親王敬神の御事蹟」）。ただ、それが外国との積極的な交流をすべきだという認識にはつながらなかったわけだが、当時の朝廷内の雰囲気などを考えれば、朝彦だけがとくに後れていたとは言えない。が、そういう朝彦のもとに攘夷や尊王を高唱する人びとが集ってくるとなると、話はややこしくなる。そのなかでもかつて強調されたのは、朝彦と有名な〝勤王僧〟月照（忍向）との密接な関係である。のちに西郷隆盛とともに薩摩沖で入水して死んだこの僧は、朝彦より十一歳の年長で、京の清水寺成就院の住職だった。清水寺は一乗院管下の寺であり、二人は朝彦が一乗院院主のころから親交をもち、京や奈良でしばしば会っていたという。そして朝彦が青蓮院門跡となってからは、月照が東山の山中づたいに訪ねてくることもあった（友松円諦『月照』）。

朝彦が月照の影響で攘夷の信念を抱くようになったのかどうかははっきりしないが、尊王攘夷を唱える人びとが両者の交流を知り、朝彦も月照や自分たちと同様の考えをいだいていると信じて接近してくるのは自然のなりゆきであろう。朝彦はひとつの〝政治勢力〟の中心となりはじめ、孝明もそれを頼もしく思ったのである。

条約調印と将軍継嗣問題

幕府は安政三年（一八五六）末ごろから開国を促進する政策の実行を決め、安政四年十月二十一日にはアメリカの駐日総領事タウンゼント・ハリスが江戸城で将軍家定と会見、翌五年一月十二日には日米修好通商条約締結交渉が妥結した。

この間、幕府は老中になっていた脇坂安宅や大学頭の林復斎らを京に派遣するなどし、朝廷が開国の方針に賛成するように説得する。しかし孝明は頑としてうなずかない。鷹司政通に代わって関白となっていた九條尚忠にあてた宸翰では、その怒りと不安が次のように述べられている（『孝明天皇紀』安政五年一月十七日条）。

> 献物いかほど大金に候とも、それに眼くらみ候ては、天下の災害の基と存じ候。人

欲、とかくとかく黄白には心の迷ふ者に候。心迷ふも事によりてはその限りにて済み候へども、今度の儀、実に心迷ひ候ては、騒動に候はん哉

夷人願ひ通りに相成り候ては、天下の一大事の上、私の代より加様の儀に相成り候ては、後々までの恥の恥に候はんや。（中略）先代の御方々に対し、私一身置き所無きに至るに候間、誠に心配仕り候

上洛した脇坂らは公家たちに大金をばらまいたが、孝明は〈ふだんならば金に心をひかれるのもしかたがないが、いまそんなものを受け取ってはたいへんなことになる〉と、切々と訴える。そして〈自分の代で「夷人」の言うがままに開国などしてしまえば、先祖にたいして顔向けができない〉と、衷情を吐露するのである。さらに数日後には関白にまた宸翰を送り、もし幕府の方針を受け入れるようなことになったら、「その時は（夷人を）打ち払いしかるべしかとまで愚身（自分）は決心候こと」と、断固たる決意を示した（同右一月二十五日条）。

このころ、朝彦は近衛忠煕（当時、左大臣）や三條実万（当時、内大臣）などとしばしば会い、孝明の意にしたがうべきとの意見を述べあう。孝明も朝彦を通じて、幕府寄りになっている前関白（太閤）鷹司政通への懸念を彼らに伝えさせたりする。これにたい

し、朝廷と幕府の関係が悪化するのに危機感を抱いた九條関白は、三人に不穏な動きをするなと警告し（同右三月五日条にある近衛左大臣の上書）、ついには朝彦が天皇に直接意見を述べることを禁じ、参内も差し止めた。

しかし、朝廷内では幕府の方針に反対する動きがいっこうに収まらない。脇坂らに続き、老中首座の堀田正睦（佐倉藩主）までが上洛してなんとか開国を認めてもらおうとするが、孝明は承知しない。ついに幕府は勅許を得られないまま、六月十九日、アメリカとの修好通商条約に調印した。

同じころ、朝廷と幕府のあいだにはもうひとつの懸案があった。それは将軍継嗣の問題である。新たに大老となった井伊直弼（彦根藩主）らは、病弱の将軍家定の跡継ぎとして紀伊藩主の徳川慶福（のち家茂）を推していたが、越前藩主松平春嶽（慶永）や薩摩藩主島津斉彬らは前水戸藩主徳川斉昭の息子である一橋慶喜を次の将軍とすべきだと主張した。そして彼らは開国を是としながら、この問題では朝彦を味方につけ、孝明からの勅命によって慶喜の将軍擁立を実現しようと図ったのだ。朝彦の朝廷内における力、孝明への影響力は、有力大名たちにもよく知られていたことがわかる。さらに、堀田にしたがって京に来ていた川路聖謨も、朝彦と久々に会って慶喜の英明さを強調した。そしてこの条約調印と将軍継嗣争いが絡まりあい、事態は激変し、朝彦の身にも大きな変化が起こる。

安政の大獄

時間を追って整理すると、

六月十九日……条約調印

二十三日……朝幕間で関係改善に腐心していた堀田正睦が老中を罷免される

二十四日……勅許なしの調印に反対する徳川斉昭、慶篤（よしあつ）（水戸藩主）父子、徳川慶恕（よしくみ）（のち慶勝。尾張藩主）が江戸城で井伊大老を詰問する

二十五日……将軍継嗣に紀伊の慶福が決定したと公表される

七月五日……斉昭、慶篤、慶恕、春嶽、慶喜らに謹慎、隠居などの処分が下される

といった具合になる。そして、この一連の流れの中心にいたのが、四月二十三日に大老に就任したばかりの井伊直弼であった。

条約調印と斉昭らへの処分に激怒した孝明は、〈伏見宮貞教親王か有栖川幟仁、熾仁親王父子のいずれかに譲位したい〉と言い出すが（『徳川慶喜公伝』）、近衛左大臣ら側近たちは必死でこれを止め、代わりに孝明の意のあるところを記した勅書を幕府と水戸藩

に下すことになった。これが〝戊午の密勅〟であるが、幕府に大政を委任している天皇が、幕府にたいしてならともかく、御三家とはいえ大名のひとつにすぎない水戸藩に、直接、勅書を下すなどありえないことである。猛反発した井伊は弾圧に踏み切る。かくして〝安政の大獄〟が始まった。

九月七日に朝彦のところにも始終出入していた勤王派の小浜藩士梅田雲浜が京で捕縛されたのを皮切りに、宮家や公家たちの家臣、幕臣を含む武士や僧侶、町人などが捕らえられ、処罰された。そのなかには朝彦に仕えていた伊丹重賢（明治になり元老院議官など）もいた。罰せられた者の総数は六十九名、八名は死罪となった。このとき幕府に狙われた例の月照は西郷らと鹿児島に逃げるが、七月に藩主斉彬を喪っていた薩摩藩はこの勤王僧を歓迎せず、絶望した月照は西郷と薩摩沖に入水したのである。

「退隠、永蟄居」を命じられる

翌安政六年になると、幕府の追及は朝廷上層部にも及んだ。『孝明天皇紀』二月五日条には、所司代酒井忠義（小浜藩主）が、前年十月二十五日、徳川幕府第十四代将軍となっていた家茂の命により九條関白と会って、〈近衛左大臣以下の進退を稟議した〉とある。稟議とあるが、要するに幕府に反対する動きをした公卿たちの処分案をつきつけたのだ。

幕府の強硬姿勢に慌てた孝明は水戸藩へ勅書の返還を命じたりするが、けっきょく、近衛、三條などの大臣クラスをはじめとする多くの公卿を処分せざるをえなくなった。そして、朝彦にも「容易ならざる御心違い」があったとの理由で、謹慎処分を申し渡した。

もちろん、孝明としては不本意なことであったが、幕府はなおも追及の手をゆるめず、朝彦をさらに重い罰に処すように要求し、十二月七日、朝彦はついに「退隠、永蟄居」を命じられた。

注目すべきは幕府があげた朝彦の〝罪状〟は、その反幕的な言動だけではなかったことである。所司代から九條関白にあてた文書が『孝明天皇紀』同日条に引用されているが、それによれば幕府は朝彦の「年来御身持不宜」とも指摘している。具体的には朝彦が一乗院院主だったころに、岡村左近という家来の娘みゑに小松と名づけられた女児を産ませたことを重罪としたのである。この結果、朝彦は青蓮院から相国寺内の桂芳院に移らされ、獅子王院宮と称されることとなった。

前にも引用した東久世通禧『竹亭回顧録 維新前後』などによれば、桂芳院で幕吏の監視の下で朝彦が蟄居していた部屋は二畳だったという。まさかわずか一坪の部屋に皇族を閉じこめるとも思えず、東久世の回顧には誇張も感じられないではないが、とにかく厳しい処分だったことは確かであろう。

言うまでもなく、妻帯を認めている真宗などは別として、僧侶の身でありながら子どもを産ませるのは破戒である。ましてや皇族の門跡が隠し子をつくったとなれば、厳罰に処せられてもしかたのないことだが、はたしてこれは事実なのだろうか。『朝彦親王景仰録』などはデッチあげとほのめかすが、関白あての所司代の文書に母娘の名まで明記してある以上、まったくの虚偽とも思えない。いまのところ真相を明らかにする手がかりはないが、いずれにしろ処分された公卿たちでも永蟄居に追いこまれたものはおらず、幕府は朝彦をなにがなんでも天皇、朝廷から遠ざけようとしていたのである。かくしてこれ以後、朝彦は二年あまりの失意の日々を送ることとなった。

第三章　激動のなかの明暗

1　八・一八政変と朝彦親王

晃の処分緩和

このころ朝彦の兄晃はどうしていたか。

勧修寺門跡の地位から追われ、伏見宮家からも絶縁、仁孝天皇養子の身分と親王号も剝奪された晃は、天保十三年（一八四二）夏から東寺で長い謹慎生活に入っていた。数年して夜間に東寺内の大師堂に参詣するのを許され、安政三年（一八五六）三月には境内を昼間に歩くことも認められたが、そのころすでに京で派手に動きはじめていた朝彦とは比べものにならない身の上である。

そこにやや光が差してきたのは安政五年五月。「前非悔悟、平素謹慎」が評価され、東寺から勧修寺内の慈尊院に帰ることが許され、寺禄も元に復した。ただし門跡に戻ったわけではない。氷室殿という雅号を名乗ったが、親王号も復活しない（以上、『孝明天皇紀』）。

勧修寺に帰ってからの晃は僧済範としてのつとめに励む。寺内での天皇、皇族などの法要にたずさわり、各種の修行もおこなう。その精励ぶりが評価されたか、万延元年

（一八六〇、安政七年三月十八日改元）十一月には勧修寺を出て東寺に行くことも認められ、世話になった僧侶らと酒も酌み交わした。かすかに復活した自由である。

しかし、このころの晃は、自分が完全にもとのような身となる日がくるとは、おそらく思いもしなかったであろう。半年前には駆け落ちの相手だった幾佐宮隆子が、罪を許されないままに世を去っている。晃がそれを知ったかどうかはわからないが、約二十年前に自分たちがしでかした罪の重さを忘れることはなかったはずだ。

が、歴史の急速な動きは回りまわって晃の運命も変えることになる。そして、それに先立って、朝彦の境遇もまた大きく変わるのである。

和宮降嫁

万延と改元される直前の安政七年三月三日、大老井伊直弼は江戸城桜田門外で水戸の浪士などに襲われ、殺される。有名な〝桜田門外の変〟だが、その直後の万延元年四月十二日、京都所司代酒井忠義が九條関白に、天皇の妹和宮親子内親王（正式な親王宣下は翌年）と将軍家茂の結婚を申し入れた。

『孝明天皇紀』同日条に引用されている江戸の老中たちから酒井への書状によると、幕府は孝明が和宮と有栖川宮熾仁親王の婚約に勅許を与えているのも承知していたが、それでもなお、将軍と皇女の結婚が整えば、「公武 益 御一和の筋を御国内はもちろん外夷までも差し響き候へば、第一国家の御為と存じ奉る」として、天皇の承諾を願ったのである。

天皇家と徳川将軍家が婚姻関係を結んだのは、二代将軍秀忠の娘和子が後水尾天皇の女御（のち中宮）となったのが最初で、その後、七代家継と霊元上皇の皇女吉子内親王（八十宮）が婚約したが、家継が婚儀の前に死去したため、結婚にはいたらなかった。つまり、家茂と和宮の結婚（降嫁）が実現すれば、二百四十年ぶりに天皇家と将軍家は姻戚となる。幕府は井伊大老のもとで悪化した朝幕関係の修復に必死だった。

孝明は和宮が熾仁と婚約していること、また和宮本人が江戸への下向をいやがったことを理由に、初めは幕府の申し入れの受諾を渋った。しかしけっきょく、兵庫開港の取りやめや、江戸においても和宮を内親王として扱うことなどの条件をつけ、十月十八日にいたって勅許を下す。そして、翌文久元年（一八六一、万延二年二月十九日改元）十月二十日、和宮は京を発ち、中山道経由で江戸に向かった。婚儀は翌文久二年二月十一日におこなわれたが、それに先立つ一月十五日には、尊攘派の浪士たちが江戸城坂下門外で老中安藤信正を襲撃するといった一幕もあり、この結婚への反発が根強いことは明らかだった。そこで孝明は四月七日、〈和宮を将軍と結婚させたのは公武が一致して外患を取り除くためである〉との勅諭を発した。

これまでも見たように、孝明の最大の憂いは、外夷により神州日本が穢されることだった。そのため攘夷をいっこうにおこなわない幕府に腹を立ててはいたが、さりとて幕府を排除し、〝公武一致〟をせぬままに外国勢力を追い払えると考えるほど非現実的ではないのである。その孝明の信頼を急速に得るようになったのが薩摩だった。幕府の勢いの衰えに対応するかのように、当時の京は薩摩、長州両雄藩の存在感が増してきていたが、長州が急進的な三条実美（さんじょうさねとみ）らと結んで尊王攘夷路線を突っ走ろうとするのにたいし、薩摩は朝廷、幕府の改革をおこなったうえでの公武合体路線をめざしていた。孝明の信頼が薩摩にかたむくのは当然である。

政界復帰

島津斉彬（しまづなりあきら）亡きあと、新藩主茂久（もちひさ）（のち忠義）の実父として藩の実権を掌握していた久光は、孝明が勅諭を発した直後の四月十六日、一千名の兵を率いて上洛した。そして斉彬の養女と結婚している近衛忠房（このえただふさ）（権大納言）を通じ、尊王攘夷を唱える過激派は「皇国一統の騒乱の基」で「外夷の術中に陥る」連中であり、自分は斉彬の遺志を継ぎ、朝廷と幕府のために全力を尽くすと上奏する（『孝明天皇紀』同日条）。さらに一週間後の二十三日には、挙兵を企て、伏見の旅館寺田屋に長州藩士らとともに集結していた薩摩藩の尊攘派を討たせた（寺田屋騒動）。自藩のものに同輩を殺させたのだから、尊攘派のみならず孝明も公家たちも衝撃を受けたであろう。

また久光は井伊大老によって処分された大名たちや、朝廷から追放されていた公家らの罪を許すことも願う。孝明に不満のあろうはずはなく、同月三十日、徳川慶勝(よしかつ)、一橋(ひとつばし)慶喜(よしのぶ)、松平春嶽(まつだいらしゅんがく)らは謹慎処分を解かれ、近衛忠熙(ただひろ)らもふたたび参内(さんだい)できるようになった。そして永蟄居(えいちっきょ)というもっとも重い処分を科せられていた朝彦も赦免されたのである。

それからの朝彦の復権ぶりはめざましかった。六月六日、参内してひさしぶりに孝明に対面し、七月二十九日、青蓮院(しょうれんいん)門跡に復帰、九月四日には孝明から、〈国事多端につき相談、扶助をせよ〉と命じられる。言ってみれば以前と同じ天皇の〝政治顧問〟への復帰である。ただし、朝彦が依然として僧侶である以上は、それがあくまでも形式上は〝私的〟なものであることも前と同じだったが、十二月九日、朝彦はついに朝廷にあたらしく置かれた「国事御用掛(こくじごようがかり)」に任命された。同時に任命されたのは関白になっていた近衛忠熙、左大臣一條忠香(いちじょうただか)、右大臣二條斉敬(にじょうなりゆき)など十五名の公卿である。朝彦は僧侶でありながら、朝廷中枢の一員となった。

当時はまだ長州藩の下級藩士にすぎなかった山縣有朋(やまがたありとも)は、藩命により京などで尊攘派の一員として活動し、朝彦が青蓮院門跡に戻ったあたりに国許(くにもと)に帰っていたが、そこに京にいた同志で、のちに新撰組に殺される杉山松助から書状が届いた。それにはつぎのような一節がある（山縣『懐旧記事』）。

> 廷議は所詮弱に失し候憂にて候。唯々青門様（原注・青蓮院宮なり）余程の御聡明、且つ御仁慈の程、追々伝承仕り候。益々御蓄髪等も、往々相論じ候ところに御座候

この時点では、幕府によって厳罰に処せられた朝彦が、尊攘派から頼りになる皇族として仰がれていたことがはっきりするが、同時に巷で朝彦の「御蓄髪」が話題になりだしていたこともよくわかる。髪を蓄える、すなわち還俗のことである。禁じられているわけではないにしても、出家の身で国事御用掛となり政治にたずさわるのはやはり不自然にちがいない。朝彦還俗が世人の口の端にのぼるのは当然のことであった。

還俗して、警戒されて

朝彦還俗をつよく主張していたのは島津久光だった。率兵上洛し、京の状況を大きく変えた久光は、勅使の大原重徳に随行して江戸に下る。そして、幕府の人事に介入して、一橋慶喜の将軍後見職、松平春嶽の政治総裁職就任を実現させ、京に戻る（この帰途に起きたのが〝生麦事件〟である）。まさに久光の威勢は絶頂に達したの観があったが、彼は朝彦とも接近し（『大久保利通日記』文久二年閏八月九日条など）、この皇族が自分と「公武一和」の意見を同じくしていると認識した。そして、関白近衛忠煕に、「青蓮院宮を還俗せしめ、政事御相談ありたき事」と建白する（『徳川慶喜公伝』）。

一方、復権した慶喜や春嶽も京に上り、朝彦と接触をもつ。そしてやはり朝彦の還俗を朝廷に申し入れ、孝明はそれを容れるかたちで、文久三年（一八六三）一月二十八日、内旨をもって朝彦が俗人に還ることを許した。偶然にもこの日は朝彦の誕生日である。正式の還俗は二月十七日、住まいの前を流れていた小川に因み、中川宮の称を賜った。『孝明天皇紀』同日条によれば、朝廷首脳たちのあいだには朝彦還俗に反対する意見が多かった。「未曾有のことしかるべからず」、つまり前例がないからいけないというのだ。しかし、数は少ないにしろ、先に紹介した伏見宮邦頼親王など、俗人に戻った法（入道）親王はいる。皇族還俗は「未曾有のこと」ではない。にもかかわらず首脳たちが反対したのは、朝彦がこれ以上、朝廷内で力をもつことを恐れたからではないか。すぐに紹介するが、松平春嶽も朝彦の政治的野心について、きわどい証言を残している。朝彦の着た鎧は、時として衣の下からのぞいていたのかもしれない。

そして、長州などの尊攘派のあいだにも朝彦への警戒心が出てきた。会津藩士だった山川浩（明治になって貴族院議員）の回顧録『京都守護職始末』には、朝彦が薩摩藩士ばかりを近づけ、公武一和路線を許容するようになったのを長州藩士らが恨みだし、朝彦はそれを慮り、還俗をためらっていたとの記述がある。たしかにこのころから朝彦の政治的姿勢が変わってきたのは、春嶽が明治になって記した『逸事史補』の次のような一節からもうかがえる。

中川宮は是又(これまた)攘夷を好む名目にして、真に好むにあらず、公武合体を専一と相考へられ、公武合体さへすれば、攘夷でもよろしく、また外交あつてもよろしく、何分公武合体が第一と毎度申されたり。何分中川宮は、徳川の威勢盛んにするの目的なるべし。徳川の威勢を借りて、何ぞ無比の希望ありしやと想像されし

攘夷でも開国でもよくて、大事なのは公武合体。徳川の威勢を盛んにし、それを利用して「無比の希望」を遂げたいというのが朝彦の本心だった――。

あまりに身もふたもない内容で、春嶽は朝彦になにか含むところがあるのではと勘ぐりたくなるほどだが、『逸事史補』が脱稿したのは明治十二年九月、二人とも現実政治とはまったくかかわりをもたなくなった時期だから、いまさら春嶽が虚言をもって朝彦を陥れる必要もなかろう。また、『徳川慶喜公伝』には、このころ朝廷尊攘派の中心人物だった三條実美が、「薩州因循の説に迷はされて佐幕の行為あるは、従来の識見とは甚しく矛盾せり」と朝彦を罵(ののし)ったとある。

八・一八政変

朝彦は尊攘派と完全に手を切り、幕府との協調、公武合体路線を一直線に歩むように

なった。この〝変心〟の総決算が文久三年（一八六三）八月十八日のクー・デタであった。

薩摩や幕府、それに朝彦らの巻き返しがあったとはいえ、京ではあいかわらず長州を中心とする尊攘派が大手をふっていた。そもそも尊王は誰にも反対できないスローガンであり、しかも和宮降嫁の条件に攘夷断行があったように、孝明がその執念を捨てない以上は、理屈の述べ合いになれば尊攘派が絶対的に有利である。朝廷と幕府の融和を主張する勢力は、苦しい立場に立たざるをえない。

三月四日、徳川将軍としては三代家光以来、二百四十年ぶりに上洛した家茂は、十一日には攘夷祈願のため下賀茂神社に参拝した孝明に供奉する。将軍の天皇への臣従と、攘夷断行の約束の再確認をさせられたかたちである。四月十一日には孝明が石清水八幡宮にやはり攘夷祈願の参拝をするが、こんどは家茂は病気を理由に供奉を断った。しかし、その一週間後、慶喜とともに参内し、五月十日を期限とする攘夷決行を約束させられてしまう。孝明は公武一和を願いながら、どんどん幕府を窮地に追いこんでしまうのである。

尊攘派はもちろん大喜びで、長州藩は将軍の約束を盾に取り、五月十日、馬関（下関）海峡を通過していたアメリカ商船に砲撃を加える。さらには五月二十日、三條実美の盟友で、朝廷攘夷派のなかでも強硬派として知られた姉小路公知が斬殺され（朔平門外の変）、その犯人として薩摩の田中新兵衛が疑われたため、薩摩勢も一時的に逼塞を余儀なくされる。そして長州はこれに乗じるかのように、朝彦を攘夷断行のための「西国鎮撫大将軍」にしようと画策する。

言うまでもなく、敵対勢力となった朝彦を京から遠ざけようとの策謀であるが、これが図にあたり、八月九日、朝彦を「西国鎮撫使」に任じる詔が出された（『孝明天皇紀』同日条）。朝彦はあわてて固辞するが、このころ、将軍家茂も慶喜も江戸に帰っており、久光も春嶽も国許に引きあげていたから、まさに孤立無援の心境だったろう（当時の朝彦と薩摩の関係などについては町田明広『島津久光＝幕末政治の焦点』に興味深い分析がある）。

しかし、大博打が打たれ、それがみごとに成功したのが八月十八日であった。この日未明におこなわれた宮廷クー・デタ（八・一八政変）については、朝彦自身の回想が『孝明天皇紀』同日条に引用されており、また、朝彦が後日、春嶽にその経緯について説明した内容が『続再夢紀事』（幕末の春嶽の政治活動についての記録）に残されている。

それらによれば、孝明は内心では攘夷の即時断行はむずかしいと考えていたという。幕府は日本の武力が欧米列強のそれに劣っていることを理由に、速やかな攘夷は無理だと渋っている。にもかかわらず、あくまで攘夷断行を要求してそれに幕府がしたがわない場合、尊攘過激派が叫んでいるように討幕の兵を挙げたりすれば、江戸にいる和宮の身もあやうくなり、肉親の自分としては耐えがたいことになる――これが孝明の本心で、朝彦は四月二十二日にはその旨を聞かされ、久光と協力して善処せよと命じられていた（『孝明天皇紀』同日条）。

ところが、孝明の意に反し、三條実美らの尊攘過激派は、天皇が八月二十七日を期して大和に行幸し、神武天皇陵などに攘夷を祈願、さらにみずから討幕と攘夷のための兵を率いる（親征）との詔を勝手に出してしまった。驚いた孝明は朝彦を呼び、よろしく対処せよと命じたので、朝彦は、過激派がいかに討幕や親征を強要しても、「朝彦命脈のあるかぎりはその説を斥け、佐幕の議を唱へん」と応えた。そして、京都守護職の松平容保（会津藩主）や薩摩藩の高崎左太郎（前に朝彦についての談話を紹介した正風である）、それに朝廷首脳のなかで朝彦に近かった前関白近衛忠熙や左大臣二條斉敬らと謀り、八月十八日未明に急遽参内し、会津藩兵などに御所の門を固めさせ、長州勢を追い払い、三條らの参内を禁じ、一気に情勢を転回させたのであった。

怪文書

三條、東久世通禧ら七人の公家たちは長州勢とともに京から去っていくが（七卿落ち）、彼らに押しまくられる一方だった朝彦にはわが世の春が来た。

八月二十七日には元服し、天皇から朝彦の名前をもらう。正式にはこれ以後が朝彦親王である。また、弾正台の長官である弾正尹に任じられ、尹宮とも呼ばれることになる。さらに中川宮という通称も、引っ越した屋敷に大きな栢の木があったことから賀陽宮とあらためた。

朝彦が春嶽にクー・デタについて語ったのは十一月なかばのことだが、朝彦は春嶽と同席した容保を前に、「会津（容保）は奸賊、此方（朝彦）は陰謀、越前（春嶽）は朝敵といはれたるに、此の三人が今日同席するは、真に奇遇といふべし」と笑ったという（『続再夢紀事』）。まさに得意満面だが、じつはこのころ、京では朝彦に関するきわどい噂が出回っていたのである。

『孝明天皇紀』（文久三年十二月三日条）には、それについて記録している関係文書などが多く引用されており、なかに一枚の「貼紙」がある。正確には中山忠能（明治天皇の生母慶子の父）によるその写しだが、これが噂の出所であった。

十月晦日の日付があるこの文書は、祇園の八坂神社、北野天満宮、御所の下立売御門の三ヵ所に張り出されたもので、内容は朝彦にたいする真正面からの攻撃である。

冒頭、「中川弾正尹宮、昨年来、天朝の御恩を蒙り、禁錮免じられ、出格の思し召しをもつて俗親王に御取立てにあひなり候も全く天朝の御恩にござ候」と始まり、朝彦は、「身命をなげうち皇国のため、天朝のために正忠をつくす」のが当然なのに、「奸吏会津に与し」て、八月十八日に「大変」を引き起こした。それのみならず、「（石清水八幡の）

忍海と申す者を頼み、厚く贈り物など致し、主上（天皇）を呪詛し奉」り、さらには「奸智邪行の堂上（公家）を誘ひ、主上を無理に仙洞御所に勧め申すべき密計」を図ったと続く。

一読すれば、朝彦に恨みを抱く尊攘過激派が書いたものであることはわかる。しかしだからと言って、これをまったくの怪文書と一蹴できないところがやっかいだった。ここで朝彦が孝明を呪詛させたと名指されている石清水八幡の忍海という僧侶はたしかに実在し、朝彦とも一乗院時代から深いつきあいがあり、そのうえ、十月末ごろ尊攘派の浪士らしい何者かによって殺され、首をとられていたのだ。

またこの貼紙にはないが、忍海が殺された翌日、薩摩藩士が石清水八幡にあらわれて呪詛の証拠の品をもち去ったとか、朝彦が幕府から二千石の禄を贈られたために、佐幕派になったとの流言もしきりにおこなわれていた。春嶽が、「（朝彦は）徳川の威勢を借りて、何ぞ無比の希望ありしやと想像されし」と回想していたことを先に紹介したが、朝彦が孝明を退位させてみずから天皇になろう、あるいは孝明の姉で桂宮家を継いでいた淑子内親王を天皇とし、自分はそのうしろで権勢を振るおうと画策しているとの噂があちこちでささやかれ、春嶽のような朝彦の〝同志〟でさえ、それをあながちデマではないと考えていたのである。

諸侯、朝彦の潔白を保証

そして、誰かがこれら一連の噂を孝明の耳に入れた（『続再夢紀事』十二月五日の記事によれば貼紙を孝明に見せたのは前関白近衛忠煕だったという）。

驚いた孝明は十二月三日、朝彦に宸翰を送り、このような噂は、長州につらなるものたちが世を惑わすために流しているもので、自分はまったく信じていない、信じれば「奸人」の策に乗せられることになるとくりかえし述べ、ついには、「尹宮に於いても予の腹は十分御見ぬき、予に於いても尹宮の心底は見ぬき候つもり、真実の連枝と存じ候」「決して決して疑心これ無く、相変はらず付き合ひこれ有りたく候こと」とまで書く。執拗とさえ思える念の入れかたで、噂を聞いた孝明がいかに動揺したかがうかがえる。

これを読んでこんどは朝彦が驚いた。なんとかしなければと思ったのだろう。宸翰をもらった二日後にそれをふたたび上洛していた久光に見せ、相談した。久光ももちろん驚愕した。せっかく長州勢や尊攘強硬派の公家たちを京から追い払ったのに、孝明と朝彦の間が悪化するようなことになれば、公武合体への苦労も水の泡となる。十二月七日、江戸から上洛してきたばかりの慶喜などと協議し、孝明に書を上った。

そこに名を連ねたのは慶喜、久光のほか、春嶽、容保、伊達宗城（宇和島藩前藩主）、黒田慶賛（福岡藩世子）、稲葉正邦（淀藩主。京都所司代）と、熊本藩主細川斉護の息子である護久(もりひさ)、護美(もりよし)である。この顔ぶれといい、上書までの速さといい、久光らがいかに事態を重大視していたかがわかる。朝彦に疑いを抱いていた春嶽が署名しているのも、いまはことを荒立てるより、噂を消すのが先決だと思ったからにちがいない。

上書には、〈朝彦親王が忠誠を貫いてきたのは、自分たちが領地や命に代えても申し上げられるところである〉といった意味のことが、荘重な言葉で述べられているが、とりあえずこれで、朝彦に孝明への反逆の意図などないことが、武家側の実力者たちによって保証されたことになる。そして別の面から見れば、もし朝彦に春嶽の言う「無比の希望」がいくらかでもあったとしても、この上書によって完全に封じられたことになるとも言えるだろう。いや、上書のもつ意味はこちらのほうが大きかったかもしれない。

2　晃親王復権

天皇は認めず

『孝明(こうめい)天皇紀』文久四年(一八六四。二月二十日に元治(げんじ)と改元)一月九日条に、こんな記事がある。

僧済範に復飾を命じ、尋で今上の御猶子、親王と為し、国事に参与せしむ

本章第1節で述べたように、済範とは伏見宮邦家親王の第一王子で、朝彦親王の兄である晃親王の僧侶としての名である。晃は年下の叔母である幾佐宮隆子女王と駆け落ちしたため仁孝天皇の逆鱗に触れ、親王や勧修寺門跡などの身分もすべて剝奪されたうえ、東寺で長い謹慎、蟄居の日々を送らされていたことも先述した。数年前から勧修寺に戻ることや外出も許され、やや自由を回復していたが、依然として一介の僧であることに変わりはない。

それが、罪を得てからじつに二十二年余の後、四十七歳にして還俗を許されただけでなく、今上（孝明）の猶子とされ、親王号も回復し、しかも国政に参与させられることになったというのである。この意外なできごとの背景には、いったい、なにがあったのだろうか。

『孝明天皇紀』は以下のように続いている。

初め一橋慶喜、松平容保、島津久光等、賢才登用の議を上り、済範の旧譴を釈して還俗及び親王に復せんことを請ふ

慶喜をはじめとする幕府、雄藩の指導者たちが、賢才登用の一環として、晃親王の還俗などを願ったというのだ。ところが、孝明はこれをすぐには許さなかった。この文章のあとには、孝明の断固たる決意をあらわすかのような簡明な一節がある。

上、之を非とす

なぜ、孝明は「非」としたのか。『孝明天皇紀』には、この件について孝明が朝彦にあてた宸翰が二通残されているが、それによれば孝明がこだわったのは、晃の所業を咎め、厳罰を下したのは父仁孝天皇であり、それを自分が勝手に解くのは不孝にあたるとの一点だった。

が、薩摩と関係の深い前関白近衛忠煕などは、武家側との融和を第一に考え、慶喜、久光らの願いを容れるべきだと主張し、孝明と激論を交わした。宸翰には、「武士申し立て採用無きときは、罪の人も出来るべく、左候へば背に腹は替へ難く」との一節があるが、これから推測すれば、近衛たちはかなり露骨な言いかたまでして、武家の申し出を認めるように孝明を説得したものと思われる。孝明は、そんなことをしてしまえば後世の人びとはなんと非難するだろうかと嘆きつつ、晃の還俗、親王への復帰、国政参与を嫌々ながら承知したのであった。

武家側の思惑

では、慶喜らはなぜ晃の復権を画策したのだろうか。『山階宮三代』には、復権までの経緯が『孝明天皇紀』よりもくわしく時間を追って記されているので、これまでの記述と重なるところもあるが、主として同書によってこの疑問について考えていこう。

〝八・一八政変〟で公武合体派が勝ちをおさめたとはいえ、朝廷内にはあいかわらず頑固な攘夷派が多かった。十月三日に天皇の命に応じてふたたび上洛してきた島津久光や薩摩藩士たちはそれを苦々しく見ていたが、そんなとき、勧修寺に出入りしていた国分文友という絵描きが、旧知の薩摩藩士井上石見に、〈勧修寺にいる宮さまは漢学の素養のみならず、ヨーロッパの地理や政治などにも関心が深く、攘夷についてもお考えがある〉との話をもたらした。

井上がすぐに勧修寺に出向き晃と会ったところ、たしかに国分の言うとおりなので、こんどは京における薩摩藩士の大物のひとりである高崎左太郎（正風）が晃に面会した。すると晃は七十カ条にもわたる具体的な国防策をしめしたのみならず、手元にある西洋の絵図まで見せたので、高崎はすっかり感心し、そのことを久光に告げた。

喜んだ久光は晃の力を借りて朝廷内の空気を一新することを考え、朝彦や近衛忠熙、忠房（権大納言）父子に、晃の還俗と国事参与を具申し賛同を得た。さらに久光は、やはり上洛してきた松平春嶽、伊達宗城も説き、晃還俗、新宮家創設まで話を詰めた。そして十二月十七日には、宗城が三人の代表として晃と会って時局についての意見を交換したが、晃は公武の融和が必要と述べ、宗城が、〈攘夷は実際にはおこないがたい〉と言うと、全面的に賛成したという。

慶喜は十一月二十六日に江戸から上洛していたが、彼には春嶽が晃のことを話し、慶喜も久光らの動きに同調した。そして、慶喜、容保、久光、また『孝明天皇紀』には名前が出ていなかったが、春嶽、宗城の五人連名の請願書が朝廷に提出されたのである。提出の時期も『孝明天皇紀』にはないが、『山階宮三代』によれば、文久三年の暮れも押し詰まった十二月二十八日のことだった。

何か理由でもあるのか……

これを受けて朝廷では評議がおこなわれた。還俗自体に反対する声は公卿たちのなかからは出なかったが、その後の晃の身分については意見が割れた。近衛忠煕は晃に伏見宮を相続させたうえで親王宣下をせよと主張し、関白二条斉敬は親王宣下には賛成だが伏見宮相続には反対、議奏の正親町三条実愛（明治になって嵯峨と改姓）などは親王宣下自体に反対し、臣籍に列し四位から逐次昇進させよと述べた。

これらの公卿たちの意見は『山階宮三代』の記すところによるが、じつはもっとも注目すべきは、各人の主張をならべたあとにさりげなく置かれている短い文章なのである。それは「朝彦親王も之（これ）に賛同せられ」との一文――。

ここで「之」というのは、正親町三條の主張なのだ。つまり朝彦は晃を親王に戻すことに反対し、国事に参与させるとしても四位の身分の臣下としてやらせろとの説に賛成したのである。先に見たように、久光が晃の還俗、国事参与を具申した際、朝彦はすぐに賛同したが、それは慶喜たちの願ったような、晃の全面的な復権の承知を意味するものではなかったということになる。

これは高崎の後年の証言からも裏づけられる。第二章第2節で高崎が史談会の聞き取りに応じて朝彦の「御学問」について述べたことを紹介したが、同じとき、彼は晃の復権についてもかなりくわしく語っている。そこに朝彦について次のような一節があるのだ。

> 尹宮（いんのみや）が御困りで、何か謂（いわれ）があらつしやてか、頻りにそれ（慶喜たちの請願）を御拒みになつた。けれども是非といふので、それなら大納言に出す方が宜しからう、といふことで、近衛様も困つて三郎（久光）、春嶽、宗城なども御相談になりました

いったい、なぜ朝彦はこのような態度をとったのか。還俗は認めるが、四位か大納言

からやりなおしをさせろというのは、あまりに駆け引きじみ、晃の復権を妨害しようという底意があると思われてもしかたない。にもかかわらず、朝彦がこんな主張を口にした理由のひとつは、孝明が晃復権に反対していたことだろう。

言うまでもなく、晃のしたことは彼ひとりの醜聞にとどまるものではなかった。妾腹の出とはいえ、晃は伏見宮家の第一王子であり、もうひとりの主役の隆子もこの宮家の王女である。それゆえに邦家親王は隠居、落飾（らくしょく）に追いこまれたのであり、あの事件は伏見宮家自体が罪を負うべきものとされたのだ。となれば、同家出身の朝彦としては、孝明の気持ちに最大限の配慮をはらわなければならないのは当然である。朝彦のとった態度は、まずこのような見かたから説明できるだろう。

しかし、それだけだろうか。このころの朝彦の心のなかには、もうすこし複雑なものが潜んでいたのではなかろうか。このことは、晃復権問題に絡んでさらに生まれる疑問を解くことで、明らかになってくる。

島津久光の動き

では、さらに生まれる疑問とはなにか。それは、なぜ久光、慶喜らは晃を復権させることに、これほど熱心になったかということである。

くりかえしになるが、晃引き出しを最初に考えたのは久光であった。彼や薩摩藩士たちがそれに向けて行動を起こしたのは、おそらく文久三年（一八六三）十月なかばごろのことである。そして、十一月なかばまでに慶喜や春嶽、宗城らの賛成を取りつけた。これらの武家側の大物たちは還俗や宮家新立についても意見をまとめ、十二月末、朝廷に請願書を提出した。

このように経緯を簡単に振り返ってみるだけでも、まず浮かぶのは久光が晃引き出しをなぜ考えたのかとの疑問である。言うまでもなく、当時の朝廷でもっとも力をもっていた皇族は朝彦である。薩摩、会津などと手を組み、宮廷クー・デタをみごとに成功させ、尊攘過激派を放逐した手腕は、久光もよく知っている。ところがクー・デタからわずか二ヵ月ほどしか経っていない時期に、わざわざ別の皇族に目をつけ、幕府やほかの雄藩をかたらって引っ張り出そうとするのはなぜか。

ありうる答えのひとつは、攘夷という点では朝彦が久光たちと意見を同じくしていなかったから、というものである。たしかに天台座主時代の朝彦はかなり素朴な攘夷論者であり、この時分にもたいして考えを変えていなかったと思われるが、しかし、それは天皇を含む当時の皇族や公家ではとくにめずらしくもないことであり、それが原因で久光らが朝彦と疎遠になるとは考えられない。

攘夷の主張は当時の政治状況を左右する要因のひとつであるのは確かだが、これだけですべてが決まるわけではない。じつは久光も西洋嫌いだったことは、明治になって天皇に、官吏の洋服を禁止しろといった時代錯誤の建言をしたことが示しているが、そういう感情だけに左右されて事にあたるほど、幕末の彼は愚かではなかった。かりに朝彦が頑迷固陋(がんめいころう)な攘夷論者だったとしても、同時に幕府との融和を優先すべきと唱えている以上は、久光が彼を見捨てて他の皇族をかつごうとするなど、まずありえない。そして、晃にしても攘夷をまったく否定する開国派だったわけではなく、朝廷内の多くの公家たちよりは少し現実的に状況を見ることができたくらいのことだった。要は程度の問題なのである。

宮を以て宮を制す

ここで着目しなければならないのは、久光が晃への接近を考え出した十月中旬という時期ではなかろうか。

前節の最後に述べたように、このころ朝彦についての不穏な噂が流れ始めた。八坂神社などに張り出された朝彦攻撃の文書は十月晦日(みそか)付だったが、忍海が非業の死を遂げたのはもう少し前であり、彼が朝彦の頼みで孝明を呪詛する祈禱(きとう)をしているとの噂は、さらにその前から出ていた可能性が高い。そして、このころ薩摩藩が京市中に張りめぐらせていた情報網には、必ずそれがひっかかってきたであろう。

久光がその噂をすべて信じたとは思えない。しかし、春嶽がそうだったように、彼も朝彦にたいし、なにがしかの疑念を抱くようになることは十分にありうるだろう。

まさか朝彦に皇位簒奪の野望があるとは考えないにしても、〝八・一八政変〟で大成功をおさめた朝彦が一挙に自信を増し、朝廷内で自分たちもコントロールできないような力をもってしまうことへの警戒心、そのようなものを久光は抱いたのではなかろうか。そして、それを防ぐための手段として、勧修寺にいた晃に着目した。つまり久光は朝彦を牽制するために晃を引き出そうとしたと考えられる。

当時、朝廷内で朝彦に対抗できるような皇族はいなかった。皇族で国事御用掛となっているのも朝彦ただひとりである。その兄に晃という人物がいて、なかなかの見識の持ち主だという。それを聞かされた久光は、ひそかに膝を打ったのではないか。朝彦の還俗に際しても久光の政治的な意図をこめた動きがあったが、彼は皇族を現実的に利用するのをためらわなかったのである。

また春嶽や宗城、あるいは慶喜にとっても、朝彦が朝廷内で突出した力を振るうようになるのは、けっして好ましいことではない。せっかく長州勢や三條らを京から追い払ったのに、自分たちに対抗するような勢力が朝彦を中心につくられるようなことが万が一にもあったりすれば、事態はいっそうやっかいになる。こうした懸念が以心伝心で共有され、晃復権の請願につながったとの推測は十分に成り立ちうる。

経済的にも逆らえず

朝彦はこのような久光らの意図を敏感に察知したと思われる。

そもそも長い間謹慎、蟄居状態にあった晃の還俗、親王復帰を彼らが急に言い出すのも奇妙なことである。そこに晃を利用して自分を掣肘（せいちゅう）しようとの思惑をかぎつけるのは容易だったろうし、その結果、当然、久光らへ不満をもったはずだ。それが晃の還俗は認めるが、親王への復帰は許さず、四位あたりに叙し、大納言くらいにすればいいとの、姑息ともいえる提案への賛同につながったのだろう。

ただし、久光らにしても朝彦の排除を考えることなどはありえない。なんといっても朝彦は宮廷クー・デタの功労者であり、天皇の絶大な信頼も得ている。彼のいない朝廷は当面はありえないのである。そこで晃復権への工作をすすめるのと並行して、久光らは噂におびえている孝明を安心させるために、朝彦には皇位簒奪の邪心などないと保証する上書も差し出した。

この上書がなければ孝明との仲がどうなったかわからないことは、孝明の宸翰によってその心情を十二分に思い知らされた朝彦には理解できる。ここまで周到な手はずが整えられたからには、もはや朝彦が久光らと張り合うことは不可能であった。

そしてここでもうひとつ付け加えておけば、当時の朝彦の家、つまり賀陽宮（かやのみや）家が経済的に武家側に依存していたという事実も見逃せない。還俗し、宮家を立ててから朝彦には幕府から一千五百石の家禄が支給され、所領としては井伊家の領地だった近江国神崎郡の澄田村など四カ村の一部があてられた。

当時、世襲親王家の家禄を見ると、桂宮家は三千六石だが伏見宮家は一千二十二石、有栖川、閑院宮は一千石にすぎない。一千五百石は相対的に恵まれていたのだが、朝彦の生活ぶりは派手でとうていそれでは足らない。〝八・一八政変〟のあと、朝彦が幕府から二千石の禄を献上されたため転向したとの噂が流れたが、その背景にはこのような事情もあったのである。

そこで、幕府、薩摩や会津などが多額の金品をたびたび献上し、さらに薩摩、会津は宮家の家政にたずさわるために家臣を何人も派遣していた。こうである以上は、朝彦があくまでも久光らに抵抗するのは無理だった。

山階宮晃親王誕生

かくして文久四年（一八六四）一月九日、晃に左のような勅旨が伝えられた（以下の事実関係は『山階宮三代』による）。

多年謹慎、かつ今度、一橋中納言已下（いか）段々建言の次第もこれあり、誠に黙止され難き間、格別の思し召しを以てお咎（とが）め勅免せられ、伏見家へ復系、還俗仰せ出だされ

候事

とりあえず勘当されていた伏見宮家への復籍と還俗が天皇により認められたわけだが、この日、朝彦は高崎左太郎を、また翌日には春嶽の側近、中根靱負（ゆきえ）（雪江。『続再夢紀事』などの筆者）を招き、宮家新立についての準備をするように指示している。晃が単に旧に復するだけではないのは既定のことなのだ。

そして十一日、晃は久光のもとに使いを出し、還俗に尽力したことへの礼を伝えるとともに、屛風一双、釜、硯などを贈っている。さらに宗城にも同様のことをしているが、薩摩藩士の小松帯刀（こまつたてわき）、高崎左太郎、高崎猪太郎（前出の五六（ごろく））、井上石見にも礼物を届けさせ、また、井上に晃の英明さを教えた国分文友を家臣としているのが注目される。自分の還俗にもっとも力があったのは薩摩だということを、晃ははっきりと認識していたのである。左太郎、石見は晃の〝付き人〟とされ、とくに左太郎は親王家の家政の責任者ともいうべき諸大夫（しょだいぶ）格とされた。

次いで十七日に晃は孝明から山階宮（やましなのみや）と称するように命じられ、二十七日には孝明の猶子として親王宣下を受けた。そして名前も晃とするように定められる。正式にはここからが山階宮晃親王である。一字の名前は近世の皇族としてはめずらしいが、晃がみずからいくつか候補をあげたものから天皇が選んだのだという。

ついで二十八日、元服の儀式をおこなう。朝彦も前年に三十九歳にして元服しているが、晃はなんと四十八歳になる直前での元服である。言うまでもないが、それまでは二人とも僧侶だったため、極端に元服がおくれた。

そしてこの日、晃はいよいよ御所で孝明に拝謁した。例の事件を起こすまで晃はたびたび参内していたから、幼少のころの孝明にも会ったと思われるが、なにしろ二十年近く昔のことだから、おたがい顔さえはっきりと憶えていたかどうか。それに孝明は晃の復権を喜んでいない。感激の対面と言うわけにはいかなかったろう。

しかし、それはそれとして、孝明は晃を常陸(ひたち)大守に任じる。常陸（現在の茨城）は上野(こうずけ)（群馬）、上総(かずさ)（千葉）と同じく、古来、親王が長となる親王任国(しんのうにんごく)とよばれる国であり、晃が晴れて親王に復していなければこの任命はありえない。もっとも〝常陸大守〟は江戸時代では名前だけの虚官だが、晃が同時に任じられた職はそうではなかった。それは国事御用掛。晃は朝廷で朝彦と肩をならべ、国事に参与することとなったのだ。

邦家復飾と山階宮家の家計

しかし、晃には国事にかかわると同時に、さっそくやらなければならないことがあった。父邦家親王の復飾願いである。邦家が落飾したのは「家政不取締」、息子への監督不足を問われたからであるが、その息子当人が罪を許された以上は、父親への処分も解いてもらいたいとなるのは自然で、二月七日、その願いは容れられた。

そして復飾勅許とともに邦家は伏見宮家の家督を再継承した。前にした説明をくりかえせば、かつて邦家親王のあとを継いだ貞教（さだのり）親王は文久二年（一八六二）十月に死去していたが、そのあとは邦家の第十四王子で妙法院門跡だった貞愛（さだなる）（敦宮）が復飾して宮家を継いだ。貞教と同じく正妃が産んだ王子なので、何人かの異腹の兄たちを越えて二十二代の当主となったのである。ただ、このとき貞愛はわずか四歳であり、父邦家復飾時でも五歳。世情不穏の折柄、幼児ではいかにも頼りないということで邦家が再継承する運びとなったのであろうが、それにしてもまさに異例中の異例であった。

その間も時勢の動きは急である。二月八日夕刻から二條関白邸で開かれた長州藩処分を議する会議に晃も出席した。これは朝彦、近衛忠熙、忠房、内大臣徳大寺公純（とくだいじきんいと）、慶喜、春嶽、宗城、山内容堂（やまうちようどう）（前土佐藩主、豊信（とよしげ））、久光らに在京の幕府老中なども入った、当時の京政界では最高レベルの集まりだが、晃にこれへの参加を勧めたのは久光である。じつは晃は正式に国事御用掛となる前に、制度改革や時局への対処についての百六十三カ条にもおよぶ意見書を久光に示している。『島津久光公実記』にはその項目が列挙されているが、「攘夷の事」から始まり、皇室、朝廷、公家、将軍、さらには新田開発や防火、果ては「姦夫（かんぷ）の事」にまでいたる多種多様の提言であった。久光も晃のやる気をよく知っており、これでこそ自分たちが晃を復権させた甲斐もあったと思ったにちがいなく、重要会議への出席も勧めたのだろう。この会議では長州藩に強硬姿勢をとること、もし長州がしたがわなければ征討軍を出すことが決められた。

以後も晃はたびたび参内し、関白たちと重要な朝廷での会議（朝議）に加わる。『徳川慶喜公伝』には、開港している横浜をふたたび鎖すことを主張する慶喜と、それに反対する久光、宗城らが対立した際、晃が慶喜の肩をもったといった挿話も紹介されているが、この段階ではまだ公武合体派の結束は固く、朝廷と幕府の関係もよかった。

ただ、晃の足元にはひとつ問題があった。それは山階宮家の家計のことである。晃の復権工作をおこなう過程で、久光は春嶽に、〈晃が宮家を新立した場合、幕府がしかるべき領地（家領）を世話してほしい〉と頼んだ。春嶽はそれを慶喜に伝え、慶喜も承知した。新宮家の財政基盤の確立を幕府が保証したわけだが、山階宮家創立のあともこれがいっこうに実現しない。五月七日（すでに元治と改元）に所司代が家領千石と決めたと通達してくるが、どこの土地をあてるのかは未定だから、まるで〝絵に描いた餅〟である。

困った宮家の家臣が朝廷と幕府の連絡役である武家伝奏に、〈幕府に三千両を献上するように伝えてくれ〉と頼みこみ、幕府はやっと千五百両を出した。そのほか天皇から三百両が下賜され、また、高崎左太郎を宮家の諸大夫格として派遣している薩摩も当然、援助をおこなっていただろうが、固定した収入がない以上、山階宮家は自転車操業をせざるをえない。勧修寺からの援助などもあったが、けっきょく、王政復古までこの状態が続いた。

どう考えても幕府にたかが一千石の土地を世話することができないはずはない。また久光らが早く家領の場所を決めろと幕府に催促をした形跡もないから、ここには宮家の経済状態を不安定にすることで、コントロールしようとの意図があったとさえ勘ぐれる。朝彦の賀陽(中川)宮家の財政も武家に依存していたが、このことは幕末の皇族と幕府、雄藩の関係を考えるうえで、興味深い点であろう。

象山暗殺と禁門の変

このころ、晃との交流が生じたひとりに佐久間象山(さくましょうざん)がいた。かねて象山の高名を聞いていた晃が、屋敷(このころは当主不在の閑院宮邸に仮住まいしていた)に招いたのである。二人は意気投合し、感激した象山は親戚にあて、「(晃の)御才断などは中川宮様の御上と申す事、此節、京師に於いて第一等の御人物と申す御事に候」と書き送った(『山階宮三代』元治元年四月十日)。また実現はしなかったが妹の夫である勝海舟を晃に会わせようともしている(『海舟日記』元治元年四月二十日条)。

象山はこの後も世界地図などを持参して何度も晃を訪れたが、七月十一日、三條木屋町の路上で尊攘過激派の浪士によって暗殺された。この日も象山は閑院宮邸を訪ねたが、あいにく晃は不在で会えなかった。殺されたのはその帰途のことである。

象山暗殺直後の七月十五日、ふたたび京郊外までやってきて陣を張っている長州勢の処置を検討するための朝議が開かれ、晃も出席した。晃を含む多くのものは討伐を主張したが、二條関白と長州に同情的だった有栖川宮幟仁(ありすがわのみやたかひと)、熾仁(たるひと)父子が平和的解決を主張したため、結論は出なかった。『徳川慶喜公伝』によると、長州藩家老の福原越後(ふくはらえちご)を晃が呼び、撤退を命じるようにしようとの意見も出たという。けっきょく、それは実現しなかったが、ここからも朝廷内で晃の存在感が増していることがわかる。

朝議は十七日にも開かれ、徹夜の議論のすえ、長州勢に陣を引き払うように命じ、聞き入れないときは討伐することに決した。しかし、長州勢は逆に京都守護職松平容保を討つとの名目で、洛中へ進撃する構えを示した。そしてついに七月十九日早暁、御所を守っていた会津、薩摩、越前などの軍勢と長州勢が衝突、いわゆる〝禁門の変〟(蛤(はまぐり)御門(ごもん)の変)が始まった。

戦いは数刻にして長州の完敗で終わったが、大きな火災が起こり、閑院宮邸も焼失し、晃は近衛邸などを転々とした末、八月末に三本木の宮津藩主本庄伯耆守(ほんじょうほうきのかみ)邸に落ち着いた。しかしその間も毎日のように参内し、朝議に参列している。そこでは長州追討軍の派遣、有栖川宮父子や長州に同情的だった中山忠能(なかやまただやす)などの公卿の処分といった重要事がつぎつぎに決められた。

また八月十五日の『朝彦親王日記』には、晃が、〈半年か一年後には摂海（大阪湾）に外国軍艦が襲来するとの噂なので、いまのうちから和戦どちらにするか決めておいたほうがいいと薩摩の小松帯刀に言われた〉との話を披露したとある。晃は真剣な検討に値する情報と思ったのだろうが、それを聞いた朝彦の反応は、「さてさて苦々（にがにが）しき次第」というもので、けっきょく、このことは朝彦、晃、関白、内大臣の四人以外には伝えないことになった。晃と朝彦兄弟のあいだには、時間が経つにつれ、徐々に政治的な溝が生じてくるのだが、このできごとはその兆しのひとつといえるかもしれない。

3 対立する兄と弟

隆子の名誉回復

翌元治二年（一八六五、四月七日に慶応と改元）一月二十八日、朝彦（あさひこ）が孝明（こうめい）に、「故幾佐姫の籍を伏見家に復す」ように願った。万延元年（一八六〇）六月に死去していた隆子女王の名誉を回復していただきたいということである。邦家復飾の願いは長男晃（あきら）から申し出たが、まさか隆子の名誉回復を晃が願うわけにはいかないから、朝彦がしたのだろう。

孝明はこれを認めたくなかった。隆子の処分も父仁孝がおこなったものだからである。しかし、「昨年、常陸宮（晃）も武家の挙奏にて免ぜられ候先例もこれあり」との理由で、けっきょくは承知せざるをえなかった（『孝明天皇紀』同日条）。

『朝彦親王日記』（一月二十九日条）によれば、朝彦は勅許の知らせを聞いてすぐに孝明に御礼の言葉を伝え、二条関白には尽力への謝礼として塩引きの鮭を贈っている。もちろん、晃もほっとしたろうが、孝明にしてみればまたもや不本意な思いをさせられたことになる。

もっとも、外ではこのような九重の奥でのできごとは知られなかったであろう。朝廷のなかでも、あの二十年以上も前の醜聞についてどれだけの人が憶えていただろうか。このノンビリしたともいえるできごとをよそに、幕末の歴史はいよいよ終幕に向けての激しい流れを始めていた。

「薩説家」への嫌悪

〝禁門の変〟のあと、長州征討の軍が出され（第一次長州征伐）、長州藩は恭順の意を示し、家老の福原越後などの首を差し出す。しかし、高杉晋作らの巻き返しが功を奏し、藩論はまたしても反幕へと一変する。

一方、朝廷と幕府の関係も、将軍家茂の上洛などをめぐってギクシャクしだす。さらには再度の長州征討についても、公武合体派のなかでの意見対立が顕在化してきた。晃は久光や春嶽らに手紙を送り、公武一和のために尽力するように頼むが、長州再征をおこなおうとする幕府と、これに反対する薩摩、越前などの主張は平行線をたどった。

そして慶応元年（一八六五）九月二十日に開かれた国事御用掛の朝議では、朝廷首脳たちの意見も真っ二つに割れた。二條関白や朝彦が慶喜の要請を容れて長州再征の勅許を出すべきだと主張したのにたいし、晃や内大臣近衛忠房、議奏正親町三條実愛などは、薩摩の大久保利通の説得によって、再征への慎重論を唱えた。かつて晃の皇族としての復権に反対した実愛も、いつのまにか晃に同調するようになっていた。議論は翌日早暁まで続いたが、けっきょく、幕府の願いどおりに長州征伐の勅許が出されることが内定した。

しかし、ここで大久保が巻き返しを図り、関白や朝彦を訪ねて考えなおすように迫る。ぐらついた朝彦たちは晃や近衛とともに慶喜に会って再考をうながすが、慶喜は断固として拒否し、また、孝明も朝議の結果を変えるのを好まず、長州再征に正式に勅許がくだされた。

この混乱する状況からは、剛腕を発揮する慶喜や大久保と、確固たる見識をもたずに右往左往する晃、朝彦を含む朝廷首脳たちとの政治的力量の差がはっきりとうかがえるが、それとともに二人の親王の立場のちがいが一段と明らかになったこともわかる。

『島津久光公実記』には、まだ朝議で最終的な決定が出る前の九月八日に晃が久光にあてて書いた長い手紙が収録されているが、そこで晃は「一会桑」、すなわち一橋慶喜と会津の松平容保（守護職）、桑名の松平定敬（京都所司代、容保の実弟）が思うままに行動することに不安をもらすと同時に、彼らに同調する朝彦らが、「内府公（忠房）、晃、正三（実愛）あたりを薩説家と称せられ、大いに大いに忌み悪み」と憤懣をぶちまけている。

晃、朝彦のあいだには感情的な齟齬も生じていたのである。そしてこれから王政復古にいたるまで、晃が薩摩などの肩をもち、朝彦が幕府の主張を支持するという図式はついに変わらなかった。

朝彦逆上

ただ、朝彦も完全に幕府に同調していたというわけではなかった。

長州再征が決まったあとの重要課題は、長いあいだ棚ざらし状態となっていた各国との通商条約問題であり、幕府は条約締結と、各国が要求している兵庫開港への勅許を求める。十月四日にはその可否を決める朝議が開かれたが、朝彦は幕府の意向に反し、勅許に反対した。しかし、孝明は兵庫開港は認めなかったものの、条約締結には許しを与えた。頑固な攘夷派である孝明も、幕府との全面対決などできないことはわかっていたのである。

怒った朝彦は六日、国事扶助の任を辞すことを申し出る。二條関白や松平容保らは必死に慰留するが、朝彦は、幕府を助けるのは攘夷貫徹のためのはずなのに条約勅許など言語道断と口走り、ついには「胡服停止、蘭医停止、献物、進物、新渡の分、すべて停止のこと」がおこなわれなければ、辞表は撤回しないとの書面まで差し出す（『朝彦親王日記』慶応元年十月六日条）。

洋式の軍服を着ることやオランダ式医術をほどこすこと、また舶来品を献上することを全部やめろというのだから、まさに現実離れしたガチガチの攘夷派である。それどころか『朝彦親王日記』十月七日条によれば、朝彦は説得に訪れた容保にたいし、「大樹（将軍）の胡服を着して城外を乗り廻すが如きは、全く彼の正朔を受くる（西洋諸国の属国となる）に等し。宜しく大樹の首をはねて天下に謝す」ことまで要求した。容保も困り果てただろう。また朝彦は、内大臣となっていた近衛忠房が日ごろから薩摩べったりなのはけしからん、朝議のときに途中退席したのも許せないと、その罷免を関白に迫る。朝彦の腹立ちはもちろん〝薩説家〟の晃にも向けられていたにちがいない。

もっとも、七日、孝明が辞表を撤回するように言うと、朝彦はあっけなくそれにしたがう。大山鳴動してネズミは一匹も出なかったわけだが、このときの一連の言動をみるかぎり、朝彦からは複雑な政治状況に冷静に対処する姿勢が失われつつあったといわざるをえない。

一方、晃は六日、福井へ帰っていた松平春嶽に書簡を送り、条約勅許に肯定的な意見を伝え、久光と協力して国事を周旋するように勧めた。『山階宮三代』によれば、晃はこのあともしきりと春嶽らと通信しあい、情報、意見を交換している。こうなると、かつては朝彦と主張を同じくしていた久光、春嶽らの気持ちが晃に移っていくのもやむをえないだろう。

長州征討中止

さて、長州再征の勅許は出ても、すぐに征討軍が出されたわけではない。幕府は老中小笠原長行（おがさわらながみち）（唐津藩世子）を広島まで派遣して長州藩に帰順を要求したりするが、長州は拒否し、勅許から半年以上が経った慶応二年六月七日、幕府の奏請を受け、ようやく第二次長州征討軍を発するとの天皇の沙汰が下された。晃はこのことをすぐに春嶽、伊達宗城に書簡で知らせている。

しかし、この年の一月に長州とひそかに倒幕のための同盟を結んでいた薩摩は、征討軍派遣に反対する建白書を朝廷に提出した。一貫して公武一和を主張してきた薩摩は、完全に反対方向に舵（かじ）を切っていた。いまでは小説などによってすっかり有名になっているこの〝薩長同盟〟の成立を朝彦や晃が知っていたかどうかはわからないが、薩摩の動きにたいする二人の反応はまったく分かれた。朝彦は二條関白とともに征討断行を主張し、晃は正親町三條らとともに中止を要求したのである。

けっきょく、将軍家茂の急逝（七月二十日）、さらには小倉口における征討軍の敗北などもあって、慶喜はにわかに変心、八月十六日、征討軍を解兵し、諸侯会議によって長州の処分を決めることを願い、天皇もこれを認めた。

朝彦はこれに大きな不満を抱いた。十八日にやってきた春嶽にたいし、〈節刀（出陣に際し天皇が与える刀）まで賜りながら出兵をやめるとは何事か〉と慶喜への不平を語り、また、久光の態度の変化にたいしても、〈以前とは雲泥の差ではないか。自分は薩摩のおかげで還俗できたのだから悪くは思いたくないが〉と嘆息した（『続再夢紀事』）。先の通商条約承認のことといいこんどのことといい、あれほど固い絆で結ばれていたはずの実力者たちがみな自分を裏切り、しかも天皇もそれにひきずられている。朝彦の孤立感は深かったであろう。

岩倉の影

もちろん、反幕派には朝彦の失望などどうでもいい。長州征討中止に勢いを得て、同月三十日、中御門経之、大原重徳、岩倉具定（具視の子）など二十二名の中級、下級の公家たちが連れ立って参内（列参）し、孝明に拝謁、朝彦、二條関白を弾劾し、〃禁門の変〟のあと謹慎を命じられていた有栖川宮父子などの処分の解除や、朝廷の主導による諸侯会議の召集などを建言した。

列参公家たちの鼻息は荒かった。当時、京にいた勝海舟の日記（九月二十日条）には、柳川藩家老の十時摂津から伝え聞いた孝明の面前での二條、朝彦と彼らのやりとりが記載されている。やや時間の経った情報ではあるか、なかなかリアルなので問答風になおして紹介しよう。

公家　世上、当時に及びしは、禁中、事を誤られし人あるに因れり。

二條　我なるか。

公家　否、殿下のみならず。この御座中、いまだ一人おわしませり。

朝彦　我なるや。

公家　恐れながら君なり。

また、朝彦の列参当日の日記によれば、中御門ほか数名の公家は、「きこみに身を固め」ていた。衣の下に防御具を着けていたというのだ。日記は、「さてさて虎口を逃れ候事也」と続くが、ここまで脅されれば朝彦も二條も平然とはしていられない。辞表を提出した。

朝彦の日記には、「今日大変、実に山階、正三、薩など申談に及ぶ。この義、誠に天下の危急」とも記され、列参が晃（山階）、正親町三條実愛（正三）、薩摩の謀ったことだと決めつけている。

しかし、朝彦も薄々は気づいていたであろうが、晃たちのさらに背後にいたのは、当時、勅勘（ちょっかん）をこうむって洛北の岩倉村で蟄居していた岩倉具視だった。岩倉は薩摩藩から山階宮家に出向していた高崎左太郎や井上石見らを通じてしきりと晃にも接近し、ついに味方につけていたのである。幕末朝廷で権謀術数のかぎりをつくした怪物と晃が結びついた。

このころ慶喜は家茂の喪に服し、参内も控えていたが、列参の結果、二條や朝彦が引責辞職を願うような状況となったことに危機感を強め、勅命により喪を解き（除服）、参内できるようにしてほしいと願い出た。晃は薩摩などの意を受け、これに反対する意向を慶喜側に伝える。また、この間の経緯を国許にいる春嶽に伝えたりしている。晃の政治的立場はますます明瞭になってきた。

晃、蟄居を命ぜらる

以上のような状況は、孝明にとって必ずしも歓迎すべきことではなかった。そもそも朝廷内の秩序を重んじる孝明には、朝議に参加する資格もない身分の公家たちが大挙してやってきて、意見を奏上するという行為は許しがたいものである。また『朝彦親王日記』からの引用となるが、列参公家を代表するかたちで大原が意見を述べるのを聞く孝明のようすは、「殊の外、御気色よろしからず、後日と御沙汰」（ことのほか不機嫌で、あとで返事をするとの仰せであった）。

　そして、十月二十七日、ついに孝明は中御門以下の列参公家にたいし、「不敬」を理由に閉門、差し控えを命じた。さらに正親町三條には二十二名を助ける言動があったとして遠慮、閉門を、晃には「行為、制規を違へるを以て」国事掛の罷免と蟄居を命じたのである。

　これらの処分理由は『孝明天皇紀』同日条の本文が記すところだが、別に引用されている「非蔵人日記」からは、晃の場合、「従来の不行跡」もあらためて指弾されているのがわかる。これは言うまでもなく例の一件をさしており、孝明は父仁孝の逆鱗に触れた晃の行状を依然として忘れていなかったのである。

『続再夢紀事』にある春嶽から伊達宗城にあてた十一月十二日付の書簡には、処分のことを聞いたときの晃のようすが記されている。この日、晃は自邸で近衛忠熙、忠房父子や、権大納言一條実良、三十歳年下の異母弟純仁親王（当時、仁和寺門跡。のちの小松宮彰仁）と酒宴を開いていた。そして御所に呼び出されて処分を申し渡された家臣からそれを伝えられても、平然として宴を続けたという。晃は確信犯であり、そこには孝明への反抗心さえうかがえる。

また、同じ春嶽書簡によれば、この処分があることは二條関白にも知らされなかった。さらに、それがおこなわれたのは、朝彦が親しい女官を通じて孝明にはたらきかけたためだという。春嶽が耳にしたこれらの情報が正しかったとすれば、朝彦は自分のかつての盟友である勢力と手を組む晃への巻き返しを図り、成功したことになる。

晃処分直後の二十八日、朝彦は晃の行為は自分の「平常の説諭の致し方が不行き届き」だったためとして、進退伺いを出したりもしているが、これは伏見宮一門のひとりとしての形式的なものであり、孝明はすぐに「その儀におよばず」と応えた（『孝明天皇紀』十月二十七日条）。

二十九日、近衛忠房は薩摩藩の頼みで晃への処分の再考を二條関白に願う。二條も関白の自分を無視して処分がおこなわれたことに釈然としなかったにちがいないから、それを孝明に取り次いだが、孝明は許さなかったばかりか、かえって忠房の行為を戒めた（『孝明天皇紀』同日条）。たぶん、晃には意外なことではなかったろう。

ついでに紹介しておくと、晃が処分されたのは有名な花街だった三本木の料亭で芸妓を呼び二晩にわたって遊んだことを咎められたからだ、との噂も流れたという（『山階宮三代』）。さらに同書によれば、処分後の晃が薩摩藩士らをつれて祇園の茶屋「一力」で宴を張り、その帰途、幕府の手のものの追跡をくらまして姿を消したとの浮説もあった。なにやらチャンバラ小説の〝勤王の志士〟たちを思わせるような話だが、当時の京には晃を皇族らしからぬ豪放な人物と見る空気があったことがわかる。

孝明崩御

かくして晃は復権から約二年九カ月で、ふたたび蟄居の身となった。祇園に出かけたかどうかはともかく、国事御用掛を罷免されたからには朝議にも参加できない。十二月九日に勧修寺でおこなわれた曾祖父伏見宮邦頼親王の妃昌子の三十三回忌法要にも加われず、香料を供えただけだった。

一方、『朝彦親王日記』によれば、朝彦のところには佐幕派の大名らの使いなどが毎日のように訪れ、さまざまな品や金子を献上している。ただの儀礼にすぎないものもあったろうが、朝彦を囲む空気がまた変わってきたのも確かであろう。おもしろいのは、晃処分の翌々日、朝彦のもとに山階宮家から使いが来て、〈蟄居と国事御用掛罷免を申し渡されたのでお受けした〉と伝えていることである（『朝彦親王日記』十月二十九日条）。政治闘争の最中でも、朝廷ではこういう形式は重んじられなければならない。

朝廷内も表面的には平穏な日々が続く。十二月五日には家茂死後、徳川家の家督だけを継いでいた慶喜が征夷大将軍となった。その礼を孝明に言上するため、慶喜は十二月十三日に参内することとなったが、その前日に孝明が発熱したため、参内は延期となった。発熱は初め感冒によるものとされたが、熱はいっこうに下がらず発疹も見られるようになったので、十六日にいたって医師たちは疱瘡と診断した。十七日の『朝彦親王日記』には、「天皇御疱瘡御治定の旨、議定より口上書をもつて達せられぬ」とある。

孝明は感染を心配し、皇太子の睦仁親王には見舞いに来ないように言ったが、睦仁は幼時、母慶子の実家で養育されているときに、外祖父中山忠能の計らいで、ひそかに蘭方医により種痘を受けていたため、感染の恐れはない。その旨を告げられた孝明は安心した（『明治天皇紀』慶応二年十二月十七日条）。

もっとも孝明の治療にたずさわる多数の医者はすべて漢方医であり、西洋式の医療などは知らない。また、彼ら以外の頼りは、例によって多くの寺社での祈禱である。それでも孝明の病状はしだいによくなり、慶喜は二十一日、松平容保や定敬などをしたがえて参内し、見舞いの言葉を伝えてもらった。朝彦も二十二日に見舞いに行きたいと申し入れるが、〈容態はよろしいのでそれには及ばない〉と言われた。

ところが、十二月二十五日未明、孝明は急死してしまうのである。

周知のように、孝明の死については古くから毒殺説がある。幕末史研究の専門家のあいだではそれを否定する意見のほうが多いが、肯定説も根強く、また、資料的な制約もあって、論争の決着が完全についたとは言いがたい。いずれにしろ、孝明崩御があまりにも急であったことだけは確かであった。

崩御は数日の間秘せられた。朝彦のところにもなかなか正式な知らせが来なかったようで、二十六日の『朝彦親王日記』には、〈桂宮淑子(すみこ)内親王も二條関白も容保（京都守護職）も慶喜（十二月五日、征夷大将軍となる）も参内しているようすだが、自分には誰も知らせてこない。『不審々々、実に不忠の人々と存じ候』〉と苛立ちの言葉が記されている。けっきょく、崩御についての確かなことを朝彦が知ったのは、容保がよこした使いによってであった。このようになったのは、誰かが意図的に朝彦を情報から疎外した結果と考えられないこともないが、しかし、当時の朝廷内における朝彦の存在感は、まだそれを許すほどには衰えていない。むしろ、急の崩御で朝廷内が混乱をきわめていたからと解釈すべきだろう。

喪が正式に発せられ、すぐに年があらたまるが、明治以降と異なり、天皇が替わっても元号はすぐには変わらない。慶応三年（一八六七）が始まった。十四歳の皇太子睦仁親王が践祚(せんそ)したのは一月九日である。

晃赦免

一月十二日、朝彦は前年秋にも願っていた国事についての天皇への扶助の任を解かれることをあらためて申し出る。『朝彦親王日記』によれば、〈眩暈(めまい)の持病がいっこうによくならず重任に耐えないから〉との理由である。この辞表は天皇の代替わりにともなう形式的なものともみられるが、朝彦が長年の政治闘争に疲れていたのも確かであった。辞表提出の前、慶喜や容保から参内するようにうながされても面倒を恐れて応じなかったこと、さらに慶喜に辞表を出さないように頼まれても容れなかったことからもそれがわかる（『京都守護職始末』）。また、長年の「同志」であった孝明の急死から受けた衝撃も、当然大きかったろう。

孝明崩御、新帝践祚により、朝廷内の勢力地図が一気に変わるようなことはなかったが、朝彦が辞表を出した直後に、有栖川宮幟仁、熾仁父子など、孝明の時代に謹慎などの処分を受けていた人びとへの処分が解かれる。その多くは反幕府派であり、すくなくとも朝彦の味方ではない。

さらに二月十日には朝彦のもとに容保からの使者が来て、容保が守護職を辞し、会津へ帰ることとなったと告げる。実際には容保の辞職、帰国は慶喜らの必死の慰留によって実現しなかったが、朝彦が大きな衝撃を受けたことは、同日の日記に「残念々々々々」と記していることからうかがえる。このころ、会津は薩摩に代わり、賀陽宮家の世話を全面的にするようにもなっていた。

朝彦の辞表への朝廷の対応は孝明の大喪などによって大幅に遅れ、五月十二日になって、摂政となっていた二条斉敬から、〈叡慮扶助は免じるが国事御用掛はもとのまま〉との達がきた（『朝彦親王日記』同日条）。ただし、朝彦が朝議に復帰したのはもっと前だった。二条が再三説得したため、二月十一日には参内、朝議に加わっている（『京都守護職始末』）。

一方、晃はどうしていたか。蟄居の身だから、孝明が崩御したからといって参内はできない。しかし、二月二日には鹿児島にいた島津久光に手紙を書いている（『山階宮三代』）。手紙の内容は定かではないが、久光との文通自体、晃が蟄居中も外の状況に目を配っていたことのあらわれである。

このころ、宮中では崩御、践祚にともなう儀式や仏事が連日のようにおこなわれるが、そのような中、将軍慶喜は親幕府のフランス公使レオン・ロッシュとしばしば会見し、政局の主導権を握る策をめぐらす。これにたいして西郷隆盛、大久保利通らは久光、松平春嶽、山内容堂、伊達宗城が京に集まり一致協力して国事に当たることをくわだて、土佐や宇和島に飛ぶ。こうした動きもおそらく晃の知るところだったろう。

そして三月二十九日、晃への処分はわずか半年で解かれた。前述のように、孝明は先帝仁孝によっておこなわれた処分の解除を「不孝」として渋りに渋ったが、践祚したばかりの少年天皇には、父孝明のようなこだわりはなかったことになる。いや、かりにあったとしても、おそらく二条摂政らが解除を進言すれば、反対はできなかったろう。

自由の身となった晃は、さっそく、久光に連絡をとる。久光は四月二日に鹿児島から大坂に来ており、晃は高崎左太郎に書簡を届けさせたのである。さらに四月六日には参内して朝議に連なり、十一日にはやはり処分を解かれた正親町三條と時局を談じる。次いで二十二日には上洛している春嶽と対面といった具合で、まさに水を得た魚のようである。

薩長立ち上がる

以後、政局は慶喜、会津、桑名（一会桑）と、薩摩を中心とする四雄藩の対抗というかたちで動いていく。四月十二日に京に入った久光は朝廷の人事の刷新をはかり、中山忠能や列参の首謀者だった中御門経之、大原重徳らを議奏などの重職に起用して、国事に参与させるように主張した。晃はこれを支持するが、二條摂政や朝彦などは反対し、朝議はまとまらない。この間、慶喜らの巻き返しも激しく、状況は混迷を極めるが、晃が終始、薩摩に同調し、朝彦が幕府側に立つとの構図は変わらない。

五月二十三日夜、慶喜の要請で長州藩処分と兵庫開港を議する朝議が開かれた。久光らは長州藩の処分を緩和することが先決で、開港のことは後にするように主張したが、慶喜は両方を同時に決めるように粘り、二日がかりの議論の末、慶喜の意見が通った。

久光はことが慶喜のペースで進んだこと自体に不満で朝議にも参加しなかったが、それが慶喜の勝利に終わったのを見て、いよいよ倒幕を決意した。五月九日、事情探索のために藩命で上洛していた長州藩士の山懸狂介（有朋）と品川弥二郎を呼び、長州藩主父子（毛利敬親、元徳）に自分の意のあるところを伝えよと言う。『防長回天史』によれば、このとき久光は山縣に六連発の拳銃を与えたという。勇躍した山縣と品川が国許に帰ったのは六月二十二日、久光も八月十二日に病気を理由に京から大坂に移り、九月十五日、海路、鹿児島に向けて出発した。

そして九月十九日午後、山口城下において薩摩の大久保利通、大山綱良と長州の宍戸備後介（璣）、木戸孝允、柏村信、広沢真臣、御堀耕助が会見し、倒幕の手はずを細かく取りきめた「条約書」を取り交わした。このことは早くも二十日に山口にやってきた芸州藩（広島藩）の池田礼次郎に伝えられ、同藩も幕命に応じて上京する長州藩の家老を誘導するとの名目で、藩主の世子浅野長勲が兵を率いて京にいくことが決まった（『防長回天史』）。

また大久保はすぐに三田尻から船で大坂に向かい、京で西郷や小松帯刀と打ち合わせたあと、十月六日、岩倉具視の別荘で密かに岩倉、中御門と会い、薩長の合意について報告する（『大久保利通日記』同日条）。さらに八日、大久保、長州の広沢らは中山、中御門に、薩長芸三藩にたいし幕府を倒せとの勅語を賜るように頼む。倒幕への動きは着々と進む。

一方このころ、武力による倒幕を否とし、慶喜に自発的に大政を奉還させようとの動きも進んでいた。中心となったのは土佐藩の後藤象二郎である。山内容堂も後藤の意見を容れ、十月三日、慶喜に大政奉還を勧める建白書を提出した。さらに後藤の説得を受けた芸州藩の執政辻将曹（つじしょうそう）も藩主浅野茂長（もちなが）（長訓（ながみち））を説き、茂長も同趣旨の建白書を出す。辻の動きは先述の長州藩との連携とは矛盾するようだが、当時、各藩の藩論は必ずしもまとまっておらず、土佐藩でも板垣退助などは後藤らに反対していた。薩摩でさえ、たとえば小松は大久保、西郷の急進路線に全面的に同意していたわけではなかった。

以上のような動きを受け、慶喜は十三日、京にいた十万石以上の諸藩の重臣たち五十余人を二条城に集め、大政奉還の是非についての意見を述べさせた。多くのものは黙っていたが、小松、後藤、辻などは慶喜に勇断を下すように説き、ついに十四日、慶喜は大政奉還を願う上書を天皇に差し出した。

討幕の密勅

ところが同日、薩長両藩にたいし〝討幕の密勅〟が下されるのである。伝達したのは正親町三条だが、密勅の日付は前日の十三日となっており、すでにその日、岩倉がひそかに大久保と長州の広沢真臣を呼んで内容を伝えていた。慶喜が平和裡に大政奉還をおこなう前に〝朝敵〟としてしまおうとの露骨な意図が明白である。

しかもこの勅書に副署しているのは正親町三条と中山、それに中御門の三人で、二条摂政の名はどこにも記されていない。明らかに〝偽勅〟であった。そしてこのことは明治二十四年（一八九一）にいたって正親町三條（すでに嵯峨と改姓）が認めている。この年の六月におこなわれた聞き取りにたいし、勅書は自分や岩倉、中御門が画策して出されたもので、文案を書いたのは岩倉の側近である玉松操（たままつみさお）（のちに王政復古の勅書草案も書き、〝官軍〟に下された〝錦旗〟の図案も描いた公家出身の国学者）であり、二條摂政にも「親王方」にもまったく相談しなかったと述べているのだ（この聞き取りの記録は『大久保利通文書』第二巻にも引用されている）。まさに「密勅」は大胆不敵な陰謀の産物であった。

ただ、ここでひっかかるのは、正親町三條たちが「親王方」にも相談していなかったという点である。もちろんここで問題となる親王は晃だが、それまでの晃と薩摩、そして岩倉、正親町三條（正三）との深い関係からすれば、彼らがこの陰謀を晃にまったく知らせなかったとは考えにくい。しかし残念なことに、『山階宮三代』などにもその疑問に答える手がかりはまったくない。また、例の二十二名の公家列参のとき、朝彦は晃が加担していると決めつけていたが、こんどの一件でもやはり晃が一枚かんでいると疑ったことだろう。ただこれも残念ながら、『朝彦親王日記』が慶応三年九月で途切れていることもあって、やはり疑問は解けない。

それはともかくとして、この〝偽勅〟と〝大政奉還〟のぶつかり合いの結果、岩倉らのたくらんだ情勢の急展開は実現しなかった。十月十五日、二條摂政以下、左大臣近衛忠房、右大臣一条実良、朝彦、晃、有栖川宮熾仁らの朝廷首脳らが慶喜の上書について の朝議をおこない、大政奉還の願いを認め、重要な事柄については摂政以下の公卿や十万石以上の諸侯の会議に諮ることなどを決めた。

しかし、国の内外に多くの問題が山積している折、幕府からすべての権限を取りあげることなどできるはずもない。慶喜は朝廷の足元を見透かすかのように、〈急を要する大事件や外国との交渉などは諸侯たちが京に集るのを待ってはいられないのでは〉といった質問書を提出する。また、大政奉還に反対する幕臣のなかには、朝彦に進言して幕府の権力を回復しようとする動きもあった（『明治天皇紀』慶応三年十月十九日条）。

朝廷でも朝彦、晃、あらたに国事御用掛となった有栖川宮父子も加わった摂政以下の朝議がたびたび開かれ、大政奉還にともなう政治体制の確立などについての議論がおこなわれるが、明確な結論は出ない。政権を還（かえ）されても、公卿たちにそれを運用する能力などないのである。けっきょく、事態を大きく動かしたのはやはり雄藩の武力だった。

王政復古の大号令

十一月下旬、久光の息子で薩摩藩主の茂久（忠義（ただよし））が、続いて芸州藩世子の長勲が兵を率いて入京する。そして十二月初めには長州藩世子元徳が千二百の兵とともに西宮に到着した。言うまでもなく、三藩がしめし合わせての行動である。佐幕派の中心である会津、桑名両藩は長州の出兵に怒り、二条摂政と朝彦に長州勢の撤退とこれを助けた芸州藩の糾問を迫るが、摂政も朝彦もなすすべはない。逆に十二月六日、朝議は長州藩主父子の官位を復し、入京を認めることを内決した。

大久保利通たちも裏面で活発に動く。大久保は〝偽勅〟の陰謀に加担したのにまだ武力倒幕を逡巡している中山、正親町三條、中御門を訪ねて説得をおこなう。中山邸を訪問した十二月一日の大久保の日記には、「御趣意相伺ひ候処、因循の御論相立ち居り候に付、反復御議論申上げ、数刻に及び候処、御了解あらせらる」とあり、腰の定まらない中山らへの大久保の説得が執拗をきわめたようすがわかる。さらに六日、大久保は岩倉とも協議して最後の詰めをおこない。九日の決行を決めた。

そして十二月八日、夕刻からの二條摂政以下の公卿や、松平春嶽ら在京の武家の大物数名が参加した朝議で、長州藩主の赦免が正式に決定する。この場では岩倉ら参内を禁じられていた公家たちの処分が解かれることも決まったが、『明治天皇紀』同日条によれば、朝議が終わったのは翌九日辰の刻（午前八時ごろ）だったという。

そして、早くもこの日の昼、王政復古の大号令が発せられた。『徳川慶喜公伝』は、「焉ぞ知らん、驚天・動地・一世を震撼せる未曾有の大政変は、此日を以て行はれんとは。而して摂政も宮も近衛前関白以下の諸公卿も皆予知せざりしなり」と、それがいかに秘密裡に準備されていたかを記すが、じつは晃は八日にそれを知らされていた。

『山階宮三代』には左のようにある。

この日（八日）、鹿児島藩士大久保一蔵（利通）は、親王の侍臣高崎左京（左太郎）及び井上石見を通じて、明日王政復古の大変革を断行することを親王に密報し、参朝、御尽力を請うた

このことは同日の大久保の日記によっても裏づけられるが、それによれば、大久保は高崎らに晃と同時に「仁門公」にも知らせるように命じている。この「仁門公」とは晃の弟で、晃が蟄居処分を聞いたときの宴席にもいた仁和寺門跡の純仁親王である。晃はこの弟をかわいがり、一時は養子にしようとまで考えていたから大久保も気を許したのだろうが、もちろん、同じ弟でも朝彦には秘密は打ち明けられるはずがなかった。大久保が十二月七日に岩倉にあてた書簡（『大久保利通文書』所収）には、摂政、朝彦などへ秘密が漏れるのを警戒する文言がある。

小御所会議

そして、九日朝、朝議に出席していた二條以下の公卿や朝彦たちが引きあげた。晃もいったん帰邸したようだ。残ったのは中山、正親町三條、長谷信篤（ながたにのぶあつ）、そしてこの日の大

事をすでに知らされていた春嶽、前尾張藩主徳川慶勝、浅野長勲である。そこに参内を許されたばかりの岩倉が、かねて用意した王政復古の大号令その他の文案をおさめた箱をたずさえてやってきた。待ちかねた中山、正親町三條はすぐに天皇の前に出て、王政復古を断行するように奏上した。

そのころ晃はふたたび参内していた。朝議には加わっていなかった有栖川宮熾仁、純仁、大原重徳、容堂、島津茂久らも同時に召集された。そして天皇は彼らの前で王政復古の大号令を発した。〈徳川内府（慶喜）の大政返上と将軍職辞退の願いを容れ、王政を復古し国威を挽回し、神武創業の始めにもとづいて庶政の改革を図る〉という宣言の後、旧来の摂関、国事御用掛、守護職、所司代などの職をすべて廃し、かりに総裁、議定、参与の三職をおいて政務を担当させることが発表されたのである。

岩倉らの周到な根回しの結果、三職の顔ぶれも以下のように決まっていた。

総裁……有栖川宮熾仁親王

議定……仁和寺宮純仁親王（任命とともに還俗、嘉彰（よしあきら）と改名。のちにさらに彰仁（あきひと）と改める）、山階宮晃親王、中山忠能、正親町三條実愛、中御門経之、徳川慶勝、松平春嶽、浅野長勲、山内容堂、島津茂久

参与……大原重徳、万里小路（までのこうじ）博房（ひろふさ）、長谷信篤、岩倉具視、橋本実梁（はしもとさねやな）

そして、この夜に開かれたのが有名な〝小御所会議〟である。そこには三職に任じられたものたちと、大久保、後藤、辻ら薩摩、土佐、安芸、越前、尾張藩の重臣十一名が列席した。席上、慶喜をこの場に加えよと主張する容堂が、〈二、三の公卿が幼い天子を擁し、陰険の挙をおこなわんとしている〉と激語し、それを咎めた岩倉が一気に会議の主導権を握るにいたったことは有名な事実だが、その結果、慶喜に内大臣などの官位辞退と、幕府の治める土地、人民の朝廷への返納を命じること（辞官納地）が決まった。

晃、外国事務総督に

このあと年が明けたばかりの慶応四年（一八六八、九月八日に明治と改元）一月三日に鳥羽伏見の戦いで幕府軍が敗退、大坂城にいた慶喜が江戸に海路逃げ帰って謹慎、四月十一日には〝官軍〟の江戸入城となるわけだが、こうしたなかで皇族たちも目立つ役割を与えられる。

その一部を紹介すると、まず議定にもなった嘉彰（彰仁）が鳥羽伏見の戦いがあった日に新政府の軍事総裁となり、翌日、征討大将軍として大坂方面に敗走した幕府軍の討伐に向かった。また一月九日には晃のすぐ下の弟で聖護院門跡だった嘉言親王が還俗し、議定となる。さらに嘉言は二十三日、内国事務総督を兼ね、二月九日には海軍総督となる。そして同日、熾仁が総裁兼務のまま東征大総督に任じられる。言うまでもなく、江戸を攻める〝官軍〟の最高司令官であり、〝トコトンヤレ節〟と俗称される日本最初の軍歌では〽宮さん宮さんと唄われた。

まさに華々しい活躍ぶりと見えるが、これらの皇族たちが軍の先頭に立って指揮をしたり、あるいは新政府首脳として実務に腕をふるったわけではない。皇族たちの栄職への登用は、王政復古を世に知らしめる、すなわちこれからの日本を支配するのは誰あろう天皇だということを誇示するための方策であった。

もちろんそのためには皇族たちの権威も上昇しなければならない。一月十六日に布告された「親王を三公の上に班す」との太政官の決定はそのことを示している。「三公」とは太政大臣、左大臣、右大臣の総称であり、その地位には摂家（いわゆる藤原北家流の近衛、鷹司、九條、二條、一條家）を中心とする上流の貴族たちが就いた。そして、それまでの朝廷では、親王であっても儀式や法要では摂家の下に座るのが例であり、また路上で両者の行列が出会えば、親王のほうが譲ることになっていた。つまり、皇族よりも摂家の貴族のほうが上位とされていたのである。しかし、王政復古となった以上はそういうわけにはいかず、親王が朝廷ではもっとも上位に位置することとなったのだ。

議定となった晃は一月十七日、外国事務総督を兼ねる。同日、嘉彰も海陸軍務総督となっているが、これらの総督職はのちの大臣といったものではなく、同じポストに議定などを兼ねる大物公卿や武家が複数就いた。しかも、このころの新政府は機構を頻繁に変え、それにともなって職の名称も始終改まるからややこしいのだが（たとえば外国事務総督も二月二十日には外国事務局督となる）、いずれにしろ、皇族たちがこういう職に就いたからといって、政権の運用に深くかかわったとはいえない。しかし、まったくのお飾りだったわけではなく、たとえば晃は有名な〝堺事件〟の処理にたずさわっている。

堺事件

この事件は慶応四年二月十五日、堺港に入港したフランスの軍艦デュプレー号の乗組員と、港の警護にあたっていた土佐藩兵のあいだに争いが起き、フランス兵十一名が殺されたという衝撃的なできごとである。フランス側は犯人の処罰と多額の賠償金の支払いを要求するとともに、「親王のうち、朝廷の外国事務第一等の執政たる人」が、フランス公使ロッシュの乗艦ウェヌス号までやってきて謝罪することを求めた。

フランスは幕末、一貫して幕府寄りの姿勢を示していたから、王政復古後の新政府にとっては気になる存在だった。そのため皇族が謝罪にやってこいとの高飛車な要求も無視できず、事件にかかわった土佐藩士たちが切腹させられた二月二十三日の翌日、外国事務局督の晃が、外国事務局輔だった伊達宗城とともにロッシュのもとを訪れ、謝罪した。

堺事件を扱った文学作品としてもっとも知られているのは森鷗外の歴史小説「堺事件」（大正三年）であろう。しかし、鷗外はこのなかで晃が謝罪をおこなったことには一言も触れていない。同じくこの事件を題材に『堺港攘夷始末』を著した大岡昇平は、これを「皇室に体裁の悪いことを書かない」誤った態度と、舌鋒するどく糾弾している（「『堺事件』の構図」『歴史小説論』所収）。後世からすればそのような批判もありうるだろうが、優れた文学者であったと同時に、山縣有朋に近く、帝国陸軍の高級軍医（大正三年当時は陸軍省医務局長）でもあった鷗外にしてみれば、皇族である晃の謝罪は触れたくないことであったろう。そして、晃本人にとっても、このような任務はできれば避けたい、屈辱的なものであったにちがいない。

しかし、災難はこれで終わらず、フランス公使への謝罪から一週間後の二月晦日には、晃はふたたび面倒な思いをすることになる。天皇への拝謁に御所に向かう途中のイギリス公使ハリー・パークスが暴漢に襲われたため、その見舞いに宗城らとともに訪れなければならなかったのである。気の毒なことだが、しかし、晃が対外関係部局の最高責任者であった以上、これはやむをえない任務であった。

明治以降、晃のように高齢のものは別として、男性皇族たちの多くは陸海軍いずれかの軍人となり、皇族であるがゆえに昇進、地位などにおいてきわめて優遇された。ところが、彼らが階級、地位にふさわしい責任を果たしたとはとても言えない。一言で言えば、皇族は甘やかされたのである。そして、こうした傾向は時代が下るにつれてひどくなっていった（くわしくは拙著『闘う皇族』、『皇族と帝国陸海軍』など参照）。

それを思えば、王政復古直後の晃がこのように国のために屈辱を忍んだのは、まことに健全なことだったと言えよう。皇族も新しい国をつくるために、率先して汗を流すのが当然とされていたのである。

デッチあげられた書状

さて、ここで朝彦に目を移す。

慶応三年十二月九日に摂政、関白、国事御用掛などの職が廃止され従来その職にあった朝彦をふくむ人びとは、晃など新政府の要職に登用された少数を除いて免職、参内停止となった。しかし、それは懲罰を意味するものではなく、要するに政治の大改革にともなって、多くの公卿たちが従来の地位を失ったというだけにすぎない。このとき、豊岡随資（とよおかあやすけ）、伏原宣諭（ふせはらのぶさと）、裏辻公愛（うらつじきんよし）という三人の下級公家だけは「御不審の筋」があるとの理由で謹慎も命じられているが（『復古記』慶応三年十二月九日条）、『山階宮三代』によると、豊岡は翌年四月初めには晃にしたがって大坂に行っている。彼らの謹慎処分もたぶんに形式的なものだったようだ。

ただ、だからと言って、失職したものたちが大手をふって歩けたわけはない。とくに政争の敗者である朝彦においてをやである。あとで触れる行政官の朝彦への「達(たつし)」(『復古記』慶応四年八月十六日条)には、朝彦も謹慎となったとあるから、豊岡たちの後であらためて処分された可能性もある。しかし、残念ながら本人の日記が慶応三年九月で終わっているため(それ以降のものもどこかに存在する可能性が皆無ではないが、すくなくとも公表はされていない)、その点も含め、王政復古からしばらくのあいだの朝彦の動静について明らかにできる手がかりはあまりない。ただ、『徳川慶喜公伝』に、「宮(朝彦)は謹慎して京都の郊外なる粟田村に閑居し給ひて」とあるので、処分の結果か、自発的にかはともかくとして、自邸を出て身を慎んでいたことは確かだろう。

またこの時期、伏見宮家の王子たち同士が盛んに往き来していることが、『山階宮三代』によってわかるが、そこにも朝彦の名はまったく登場しない。肉親との交わりも控えていたと思われる。

『徳川慶喜公伝』が言う「京都の郊外なる粟田村」とは、おそらく粟田口の青蓮院か、あるいはその近辺のどこかを指しているのだろうが、同地で朝彦がどれほどの期間過ごしたかは、同書にも記されていない。しかしそこでの謹慎生活はそれほど長くはなく、慶応四年八月ごろまでには朝彦は御所の南にある下立売御門内の自邸に帰っていた。佐藤虎雄「朝彦親王の御遺蹟」(『朝彦親王景仰録』所収)によると、この邸宅は文久三年八月末に還俗した直後に下賜されたもので、それ以来、朝彦の住まいとなっていたのである。

そこが突然、芸州藩兵によって取り囲まれたのは、慶応四年八月十六日明けがたであった。そしてしばらくして、勅使として議定徳大寺実則（西園寺公望の兄）、刑法官知事大原重徳、同判事中島錫胤らがやってきた。彼らは幕府再興を企てる前田播磨守という元高家の男を捕らえたところ、朝彦が書いた陰謀への協力をほのめかす手形つきの書状が出てきたと言い、それを示した。もし書状が本物ならば朝彦は新政府への謀反をたくらんだことになるが、その筆跡は朝彦のものではなく、捺されていた手形も実物よりはるかに小さかった。つまり書状は真っ赤な偽物であるのが一目瞭然だった。

徳大寺らは朝彦に広島へ移るように申し渡せと、新政府の議定兼輔相となっていた岩倉具視に命じられていたが、書状が偽物なら朝彦に罪があるはずはない。困ってあらためて岩倉の指示を仰ぐと、岩倉は怒って、〈とやかく詮議などしないで広島藩にお預けするとだけ言えばいい。あの方がいては御維新の邪魔になる〉と言い放ったという。勅語さえ偽造した岩倉たちのことだから、書状をデッチあげることくらい朝飯前だったろう。

芸州藩お預け

以上の経緯は、東久世通禧『竹亭回顧録　維新前後』に引用されている中島の回顧談などによるが、要するに岩倉らはなにがなんでも朝彦を罪に落として京から追放しようと決めていたのだ。当時、江戸にいた大久保利通は、朝彦が広島に流されたことを聞き、「早々御処置にて大慶仕り候」と小松帯刀らにあてた書簡（『大久保利通文書』所収）に記しているが、新政府の朝彦への警戒心はつよかった。その結果、朝彦は冤罪（えんざい）をこうむったのである。

勅使たちは朝彦にすぐに広島に向けて発つようにうながした。この場で読みあげられたかどうかはわからないが、新政府の行政官（慶応四年閏四月二十一日に立法を司る議政官、司法を司る刑法官とともに設けられた行政機関。岩倉が就いた輔相は行政官の最高責任者）の朝彦への「達」には、親王、弾正尹の称号、二品の位、仁孝天皇養子の身分をすべて取り上げて安芸少将（浅野茂長）へ預ける旨が記され、宮邸の前には芸州藩の家老のひとりが藩士二十名を率いて待っていた。用意周到、しかも朝彦を乗せる駕籠（かご）には青い網がかけられ、すでに罪人の扱いである。

中島の回顧によれば、朝彦は湯漬けを二杯食べてから出発したという。先ほど朝彦の日記は慶応三年九月で終わっていると述べたが、正確には朝彦は「芸州御下行御日波類」と名づけられた、慶応四年八月十六日から翌年初冬にわたる断続的で短い記録も残した。それによれば、十六日は淀に泊まり、翌日、翌々日は大坂西本願寺に宿泊、十九日、広島に向け出航、二十一日には上陸した。

同じ二十一日、明治天皇の即位礼が八月二十七日におこなわれることが決まった。当日、新天皇の座す高御座(たかみくら)の左右には、侍従として有栖川宮幟仁と晃が立った。この役目は古代には皇族がつとめたが、時代が下るにつれ公卿が任じられた。それがまた古式に戻ったわけで、言うまでもなく王政復古、皇族の権威上昇を象徴することである。

さらに九月八日には明治と改元、二十日、天皇は東京に向けて出発した。この年の七月十七日、「江戸を称して東京と為す」との詔書が出されたが、これは単に江戸を西の京とならべて東の都とするとの意味で、江戸を正式に東京と改称し、日本の都としたということではない。以後も江戸を東京と名づけ、日本の首都とする法的な措置はとられていないのだからおもしろい。

東京へ向かう行幸の列がまだ近江水口にいた九月二十二日、一カ月にわたる攻防の末、会津若松城が開城した。幕末、朝彦のもっとも信用する盟友だった松平容保も、ついに〝官軍〟に降伏した。また、この日は天皇の誕生日（新暦では十一月三日）でもあった。「芸州御下行御日波類」には、安芸藩主が、「予（朝彦）にも祝へてと御酒恵まれければ」との前書きつきで、歌が何首かならんでいる。

帰京がかなうまで

広島で朝彦が受けた待遇はそれほど酷(ひど)いものではなかったようだ。二千両の手当も芸州藩を通じて下賜されている。しかし罪人は罪人だから、朝彦が鬱々とした日々を送ったことは言うまでもない。「芸州御下行御日波類」には、都への切々たる思いをこめた歌が多くあり、また、残してきた妻子（正妃はいないが側室泉亭静枝子とのあいだに邦憲王が生まれていた）の夢を見たといった文章も綴られて哀れである。

しかし、罪が許されるのは案外早かった。明治二年三月六日、天皇は特旨をもって朝彦の罪一等を減じ、現米（手取りの意味）三百石を支給したのである（『明治天皇紀』同日条）。広島に来てから七カ月足らず、また現米三百石は中級の公家だったものたちに与えられた家禄と同程度だから、けっして少ない額ではない。朝彦が謀反などたくらまず、かけられた嫌疑がまったく事実無根だったことは、ここからも断定できよう。

ただ、罪は減じられても、朝彦が京へ帰ることはなかなか認められなかった。新政府首脳の間にはまだ朝彦への警戒心が残っていたし、さらに一挙に帰京まで認めては朝令暮改もはなはだしく、新政府としても体裁が悪かっただろう。一年半近くが過ぎても、許しは出なかった。朝彦はついにたまりかねて、浅野長勲（父茂長は隠居）と三條実美に手紙を書いた。明治三年八月二十六日のことである。

『明治天皇紀』（同年閏十月二十日条）には、「書を同藩知事浅野長勲に寄せ、其の冤を訴へ、尋いで又、哀を右大臣三條実美に請ふ」とあるが、長勲はともかく、実美は政治的には朝彦の宿敵ともいうべき存在である。その相手に「哀を請ふ」のだから口惜しさは察するにあまりあるが、屈辱を忍んだ甲斐はあり、閏十月二十日、天皇は朝彦が京の伏見宮邸へ帰ることを許し、さらに年三百石の終身禄を下賜した。

実際に朝彦が京に帰還したのは十二月五日。すぐに伏見宮邸に入ったが、新政府は、「尚其の人心に影響する所、尠（すくな）からざらんことを慮（おもんぱか）る」との理由で、朝彦の同邸での謹慎を命じ、他人との面会を禁じた（『明治天皇紀』同右）。新政府はまだ完全に朝彦に心を許したわけではないのである。

けっきょく、朝彦が謹慎を解かれたのは明治五年一月六日である。独立した宮家を立てることは許されず、依然として伏見宮家の一員という扱いではあったが、賀陽宮を名乗れることとなり、かつてよりは一段下ではあるが三品にも叙せられた。この日、〝朝敵〟とされた松平容保、定敬兄弟や榎本武揚（えのもとたけあき）も赦免されているが、朝彦と彼らが罪を許されたことで、新政府による戊辰戦争の戦後処理も一段落したといえよう。

第四章　繁栄する伏見宮一門

1　急増する宮家

還俗する王子たち

古来、家を継がない宮家の王子と、皇族、名門の公家、大名家などに嫁がない王女は出家するのが例だった。宮家系図の類のなかでもっとも精密といわれる清水正健編『皇族世表』によると、創立から王政復古前後までの四百七、八十年のあいだ、伏見宮でも約四十名の王子と十五名ほどの王女が出家している。先に述べたように、このなかには還俗(げんぞく)したものも若干いたが、それはあくまでも例外で、ほとんどの王子、王女は一生結婚もせず、仏に仕えたのだった。ところが、幕末になるとようすが変わったことも、これまで述べたとおりである。

次ページの表③は伏見宮の王子で出家し、王政復古前後に在世していたものの一覧である。守脩(もりおさ)だけが第十九代貞敬(さだよし)の、あとは第二十代邦家(くにいえ)の王子であった。なお、おのおのが僧としての名前を有したが、ここでは還俗後の名を記した。

重複をいとわずに説明すると、表にある王子のうち、晃(あきら)、朝彦(あさひこ)、貞愛(さだなる)は幕末のうちに還俗している。晃、朝彦の還俗はいわば政治的理由からであり、貞愛は若死にした同母

表③　出家・還俗した伏見宮の王子たち

名前	生年	入った寺
晃親王	1816	勧修寺
守脩親王	1819	円満院　三千院
嘉言親王	1821	聖護院
朝彦親王	1824	一乗院　青蓮院
彰仁親王	1846	仁和寺
能久親王	1847	輪王寺
博経親王	1851	知恩院
智成親王	1856	照高院
貞愛親王	1858	妙法院
家教（六十宮）	1862	仏光寺
載仁親王	1865	三宝院

兄貞教の跡を継ぐために還俗した。つまり、かつては朝廷で「前例がない」と非難がましい目で見られた皇族の還俗も、時代とともに異例ではなくなってきたのである。幕府も晃還俗の直後、皇子・皇女の出家剃髪の慣習をあらためるように奏上し、孝明もこれを許している（『明治天皇紀』元治元年四月二十日条）。

そして王政復古がなると、出家していた伏見宮家の王子たちは、次々と俗人に戻った。はじめに慶応三年（一八六八）十二月九日、彰仁が新政府の議定に任じられるとともに還俗する。さらに同四年一月九日、嘉言が還俗、やはり議定となった（ただし八月十一日に死去）。次いで同じころ、博経も還俗、会計事務総督となる。そして守脩と智成は閏四月十五日に還俗、といった具合である。

表に名がある王子のなかでこの時期に還俗しなかったのは、能久、家教、載仁の三人だが、その理由はそれぞれ異なる。

まず能久だが、輪王寺宮と称されたこの親王は、よく知られているように戊辰戦争のなかで反新政府勢力にかつがれて東北地方を転々とし、〝朝敵〟とされた。明治元年九月二十日に降伏するが、その後約一年間、京の伏見宮邸で謹慎を命じられたのである。降伏したときに差し出した待罪書では「拙僧」と自称しているが、謹慎中も僧侶として扱われたのかどうかはわからない。明治二年九月二十八日に謹慎を解かれ、伏見宮家の王子に戻り、伏見満宮と称された。『明治天皇紀』や鷗外森林太郎の編んだ伝記である

『能久親王事蹟』などでも還俗という言葉は使われていないが、このとき名実ともに俗人にも戻ったとされたのだろう。

次いで載仁は明治四年六月に三宝院から伏見宮家に帰っている。たぶん、王政復古当時はまだ幼かったので、還俗が遅れたのだろう。そして、明治五年一月、長い間、当主を欠いていた閑院宮家に入って家督を継いだ。

奇妙な家教のケース

奇妙なのは家教の場合である。おそらく父邦家が六十歳のときに誕生したため六十宮（六十麿とも）と称されたこの王子は、慶応四年六月、六歳で浄土真宗の仏光寺を相続した。真宗には門跡寺院はなく、仏光寺も東西本願寺と同じく准門跡と称されたが、その住職は代々、摂家二條家の猶子とされるのが例であり、家教もこれまで本書に何度も登場した二條斉敬の猶子となった。これにより臣籍降下、つまり皇族ではなくなったわけである。仏光寺代々の渋谷の姓も称した。

宮家の王子は門跡寺院に入り、天皇や上皇の猶子や養子、親王とされるのがふつうであることからすれば、あきらかに格落ちの待遇であるが、家教がそうされた理由はわからない。生母も智成、載仁と同じだから、出自が問題とされたわけでもなさそうである。

『山階宮三代』によれば、明治元年十月に、晃が家教を養子にして山階宮の跡取りとしたいと願ったが、これも認められなかった。そして明治五年三月に、家教は仏光寺住職のまま、ほかの浄土真宗の名門寺院の住職とともに華族とされた。伏見宮の兄弟たちのように還俗できず、また皇族にも戻れなかったのである。

家教は不満だった。『明治天皇紀』には、「宮門跡還俗して文武の官職に就き、皇族に列せらるるもの多し、家教また密かに帰俗の望を抱きしも、故ありて果さず」と、家教の心情が書かれている。

「故ありて」が具体的にどういうことなのかは『明治天皇紀』にも明記されていないが、伏見宮家では同情があったらしく、兄の貞愛は天皇に家教の伏見宮への復帰（還俗）と、一家を立てさせることを願い、天皇もそれを許した。明治二十一年六月二十八日である（家教の不満もこの日の『明治天皇紀』に記されている）。ただ、一家を立てるといっても、宮家の新立ではなかった。いったんは伏見宮家に復帰させ皇族としたが、すぐに清棲（きよす）という新しい華族の家を立てさせたのである。同時に伯爵に叙し、家門保続のための三万五千円と、邸宅建設資金としての一万円が天皇から下賜された。

このわざわざ皇族に戻したうえで、ふたたび華族とするという措置も奇妙だが、それを説明する鍵は明治二十一年六月という時期かもしれない。あとでくわしく触れるが、このころ天皇も臨席しておこなわれていた枢密院における皇室典範草案審議で、皇族の扱いをどうするか、具体的には永世皇族制度をとるか、天皇から血統の隔たったものは臣籍降下させるかという問題が、重大な争点となっていた。そのことが家教の処遇にも影響した可能性はあるが、確実なことはわからない。

清棲伯爵となった家教は、貴族院議員となり、山梨、茨城、和歌山、新潟各県知事をつとめ、さらには宮中顧問官に任じられ、大正十二年（一九二三）に死去している。

新宮家創立

さて、かくして出家していた伏見宮家の王子たちのほとんどが還俗したが、そもそもそれはなぜなのか。『明治天皇紀』（慶応四年四月十七日条）は、次のような記事がある。

> 従来、宮・堂上の子弟は、世嗣の外、多くは仏門に入るを例とせしが、是の日、其の器に応じて登庸すべきを以て、僧徒となすを禁ず

要するに皇族は新政府で人材として用いたいので僧侶になってはいけない、ということだ（ほぼ同文の布告が『法令全書』慶応四年の部に第二百四十二としておさめられている）。たしかに俗界から離れたものが、政治の世界ではたらくのは建前として具合が悪い。だからこそ、朝彦も晃も還俗した。ましてや王政復古がなり、祭政一致、神仏分離が国の方針となった以上は、出家した皇族も俗人に戻って天皇のために尽くすべきだという理

屈である。実際にはこのような布告が出る前にすでに何人もの皇族が還俗しているのだから、いささか後づけめいた感じもあるが、これが新政府の説明した皇族還俗の理由である。

ただし、ここには「宮・堂上」とあるが、実際には明治になって公家華族と称されるようになった堂上の子弟で、出家したものはいくらもいる。しかし、明治以降に皇族で出家した例は皆無である（久邇宮邦英王のように臣籍降下〔東久邇伯爵〕した後に僧侶となったものはいる）。この結果、男子皇族たちの進路は軍人に限定されることとなり、そこからさまざまな悲喜劇が生じるのだが、それは後の話としよう。

こうして還俗した王子たちはあたらしい宮家を立てた。宮号は初め門跡時代の寺の名称をそのまま付して呼ばれたが、左のように徐々に新しいものに変わる。

守脩　梶井宮（三千院は梶井門跡とも称された）→梨本宮（明治三年十一月三十日）

嘉言　聖護院宮（そのまま死去。系譜上は北白川宮初代）

彰仁　仁和寺宮→東伏見宮（明治三年一月十九日）→小松宮（明治十五年十二月二十八日）

能久　伏見満宮（謹慎解除後）→北白川宮（明治五年三月二十二日。智成死去で相続）

博経　知恩院宮→華頂宮（慶応四年？）

智成　照高院宮→北白川宮（明治三年十一月三十日）
載仁　三宝院宮（こう呼ばれなかった可能性もある）→閑院宮（明治五年一月十日相続）

念のために言えば、昇は明治になっても山階宮、朝彦は謹慎中は宮号使用も停止されたが、謹慎解除後、従来どおり賀陽宮を名乗り、明治八年五月二十日に久邇宮と改称、貞愛は一貫して伏見宮である。

また、あたらしい宮家名は、梨本が三千院の別名のひとつ「梨本御房」に、華頂が知恩院の山号「華頂山」に、小松が仁和寺の所在地の旧名「小松郷」に、北白川は照高院の所在地「愛宕郡白川村」に由来する。

一代宮家

さて、新政府がこれらの皇族たちの処遇を制度化したのは、慶応四年閏四月十五日のことだった。この日に発せられた太政官布告（『法令全書』慶応四年の部、第三百九）の内容をわかりやすく整理すると、以下のようになる。

まず布告の冒頭に、〈親王と称するのは天皇の皇子、兄弟のみとし、それ以外は王とするが、親王から五世以下は王を名乗っても皇親とはしない〉とある。皇親という言葉はいまでは耳慣れないが、おおざっぱに言えば、皇族中で天皇に血縁が近いもの（五世以内）、天皇の親族という意味である。

つまりこの規定は皇族のなかにも二種類あるということを明確に述べている。天皇から血縁が隔たったものは、格が下ということだ。

しかし例外がある。〈伏見、有栖川宮の嫡子は皇親ではなくとも天皇の養子とし、親王宣下をおこなう〉としたのだ。続いて、〈いまは当主がいない閑院宮も養子が入ればやはり天皇の養子とし、親王宣下をする〉と定める。従来からあった世襲親王家（四親王家）は特別扱いになったのである。桂宮については触れていないが、おそらく同宮家が女戸主だったためであろう。

そして注目すべきは以下の規定である。

〈賀陽宮、山階宮、聖護院宮、仁和寺宮、華頂宮はすでに親王宣下を受けているので、親王号はこれまでのとおりとするが、嫡子は姓を与えて臣籍に列する〉

〈梶井宮も同じとする〉

〈照高院宮は聖護院宮を相続させるが、嫡子は姓を与えて臣籍に列する〉

まとめて言えば、王政復古前後に還俗し宮家を立てた伏見宮家の王子たちは、すでに親王宣下を受けているので親王号は名乗ってもいいが、子どもたちは臣籍に降下させるということだ。最後の宮家名で言えば、久邇、山階、北白川、小松、華頂、梨本宮は、世襲親王家とは異なり、還俗した親王一代限りの宮家（以下、一代宮家、一代皇族と記す）と決められたのである（厳密には北白川宮家は二代宮家となるが、おそらく嘉言親王の健康状態が理由で智成親王が早くから跡を継ぐとされていたから、実質的にはほかの一代宮家と同じ扱いである）。

財政事情が最大の理由

なぜ、このような制度が定められたのか。その最大の理由は新政府の当時の財政事情であると思われる。

王政復古の大号令から四日後の慶応三年十二月十三日、岩倉具視が戸田忠至（幕府の山陵奉行、下野高徳藩主）を呼び、大坂城にいる徳川慶喜に会い、新政府に献金するよう説得しろと命じた。

岩倉は、〈慶喜は尊王心の篤かった水戸斉昭の息子だから、拒絶はしないだろう〉などと虫のいいことを言ったが、慶喜は大坂にやってきて〈若干万両の献金を〉と頼む戸田に、〈大坂城中の幕臣たちは激昂しているから、まことにむずかしい〉と渋る。たしかに小御所会議で幕府から領地、領民を取り上げると決めながら大金を出せというのだから、幕臣たちが黙っているはずはない。慶喜が躊躇するのはあたりまえだが、戸田が必死に口説いた結果、慶喜は千両と、京に保管してある天領からの貢納金を新政府に引き渡すことを承知した――。

以上は具視の伝記『岩倉公実記』にある挿話だが、ここからもわかるように、発足直後の新政府の財布のなかは、恥も外聞もかまわず、〝敵〟に援助を乞わなければならないようなありさまだった。

このあとも新政府は本願寺などの大寺院や三井などの豪商に献金させたり、貨幣の改鋳、紙幣の発行をおこなったりして、財政基盤を安定させようとしたが、期待するような成果はあがらなかった。

となれば、あたらしい宮家が立てられても、それを支える資金などはどこにもない。しかし、現に伏見宮の王子たちはつぎつぎに還俗してきてしまう。もっとも、新政府が大胆な策をとるとすれば、その王子たちを皇族とせず、宮家を立てさせないという選択肢もありうる。現に六十宮家教はそうされたのである。

そしてじつは皇族からも、そのようにせよとの提案がなされたことがあった。王政復古直後の慶応三年十二月十六日、晃が、〈親王は天皇の皇子だけとし、その子どもたちからは姓を与え臣籍に降下させるべきだ〉と建言したのである（『山階宮三代』同日条）。

これが容れられれば、伏見宮の王子たちが宮家を立てることはもちろんできない。晃がなぜこうした大胆な建言をしたのかはわからないが、晃自身や朝彦がすでに新宮家を立てており、また皇族の権威上昇も目に見えるかたちでおこなわなければならない。そうである以上、新政府としてはよほどの事情がないかぎり、やはりほかの王子たちにも宮家を立てさせないわけにはいかないと判断せざるをえなかった。そこで苦肉の策として考えられたのが〝一代宮家〟だったのではなかろうか。

もし、将来、政府や皇室の財政に余裕ができれば、そのときは制度を変えればいい。しかし、当面は皇族たちの数が増えないように、世襲親王家以外の新宮家は一代限りとすることになったのであろう。

山階宮家の窮状

当時の各宮家の経済状態はあまり明らかではないが、山階宮については『山階宮三代』に断片的であるが興味深い情報が記されているので、それを見ていこう。

幕末に山階宮の石高が千石とされながら、家領の場所がいつまでも決まらなかったことは先述したが、王政復古後も同じ状態がつづいた。もちろん無収入というわけではなく、千石からの宮家の取り分（現石）が〝四公六民〟で玄米四百石と算定され、その代金一千四百十九両一分一朱と銀三匁九分三厘八毛が年末に支給された。もっとも、慶応三年分の支払いは分割で、同年末に千両が、年が明けた一月十二日に残りが山階宮家にもたらされた。これも新政府の財政窮乏のあらわれであろう。

一月からはそれ以外に晃の議定などとしての〝給与〟五百両が与えられた。支給は遅れて三月三日になったが、ベースアップもおこなわれ、二月から四月分は毎月八百両、五月以降は毎月一千二百両となった。これらも合わせた収入のうち四分の三が晃の生活費、宮家の運営費にあてられ、残りが家臣に分配された。ただし、晃は五月二十日には議定と外国事務局督を辞任したから、給与はなくなったと思われる。そのためか七月になって晃は、〈勝手元難渋、宮邸の建設も中途で滞り、諸事不都合が生じている〉との理由で一万両を拝借したいと政府に願い出るが無視され、しかたなくさらに八月になってもう一度願うが、けっきょく、却下されてしまった。

一方、家領の場所は正式には決まらなかったが、一月に暫定的に勧修寺の所領（一千十二石余）をあてることになった。新政府としては困った挙げ句の措置だろうが、寺を運営しなければならない勧修寺にはいい迷惑で、同寺と宮家とのあいだで諍いがたえず、困り果てた晃は九月になって勧修寺領を返上し、その代わりに毎年玄米四百石を下賜してくれと頼み、これは認められた。しかし、支給は翌明治二年からということだったようで、勝手元が苦しい晃は、早くもらえるように特別の配慮をしてくれと願った。

嘆願の結果がどうだったかは『山階宮三代』にも記されていないが、おそらく認められなかったようで、山階宮の家計はいっこうに改善されなかった。そのため、明治三年の初めには、晃は各宮家などに、〈勝手元が不如意なので本年から三年間、交際上の儀礼を簡略にする〉と申し入れることとなった――。

以上が『山階宮三代』が記す王政復古からしばらくのあいだの山階宮家の家計の状況だが、これによれば山階宮家はまさに破産寸前といった感じさえ受ける。皇族中では王政復古の最大の功労者というべき晃にたいして、あまりにつれない仕打ちと見えるが、財政窮乏にあえぐ新政府としてはやむをえなかったのだろう。もっとも『山階宮三代』には、晃が養子にした末弟で幼少の依仁(よりひと)親王（定麿王）を養育してもらう費用として、伏見宮家に毎月八両払っているとか、当時はめずらしかった写真撮影を九両一分もかけておこなったといった記事もあり、「勝手元不如意」といっても、世間とはかけ離れたレベルでのことだったのかもしれないが。

永世禄支給

晃が各宮家などにかなり体裁の悪い申し入れをした明治三年の暮れ、皇族と旧公家（明治二年六月に旧大名とともに華族という身分になっていた）たちにたいして永世禄（家禄）が支給されることになった。

それに先立つ一年半前の明治二年六月、版籍奉還という一大改革を実現させていた新政府は、各藩の知藩事(ちはんじ)（旧藩主）に禄制改革をおこなうよう命じ、士族となっていた旧武士たちは、従来支給されていた石高に応じてあらたに決められた家禄をもらうこととなった。この変革は士族たちに大きな経済的打撃を与えたが、同じ措置が皇族や公家華

表④　皇族、主要公家に支給された永世禄

皇族		摂家		清華家	
桂宮淑子内親王	1015石	近衛家	1469.5石	菊亭（今出川）家	691.4石
有栖川宮熾仁親王	520石	九條家	1297.9石	久我家	483.1石
伏見宮邦家親王	559.2石	二條家	818石	広幡家	475.3石
山階宮晃親王	431.3石	一條家	665.4石	花山院家	470石
小松宮彰仁親王	431.3石	鷹司家	526.76石	徳大寺家	381石
梨本宮守脩親王	431.3石			三條家	375.4石
華頂宮博経親王	431.3石			大炊御門家	357.6石
北白川宮智成親王	431.3石			西園寺家	465.8石
閑院宮	530石			醍醐家	322石

族たちにも及ぼされることとなり、明治三年十一月、彼らにも江戸時代の石高に応じて算定された額の永世禄を支給することが決まったのである（以上については深谷博治『改訂増補　華士族秩禄処分の研究』にくわしい）。各皇族（宮家）や旧公家への支給額は、上の表④のとおりであった。

また旧大名たちの家禄は版籍奉還と同じころに決められたが、その額は〈元治（げんじ）元年から明治元年までの五年間の藩の物成（ものなり）（租税収入）を平均した額の十分の一〉であった。たとえば物成一万石の藩の大名には、年に一千石が家禄として保証されたのである。もう少し細かく説明すると、物成一万石ならば、領内の米の収穫高は五公五民として二万石、四公六民として二万五千石となる（これを現高とも称する。実際には米以外の作物や木材などの生産にともなう租税収入も含まれる)。

この基準を皇族たちにあてはめてみると、皇族の永世禄は、最高額である淑子内親王へのものでも現高二万から二万五千石の大名クラスのものと同程度であり、晃たちへのそれは一万石クラスのものと同じくらいということになる(ちなみに旧大名の家禄の最高は旧加賀藩主前田慶寧の六万三千六百八十八石、次いで旧肥後熊本藩主細川韶邦の三万二千九百六十八石、旧薩摩藩主島津忠義の三万一千四百石など)。

つまり、経済的な処遇からすれば、皇族たちは旧公家ではおおむね摂家と清華の間あたり、また旧大名では小大名のなかでも石高のすくなかったものと同じランクに位置づけられたといえる。王政復古以後、朝廷内での親王の席次があがるなど、皇族たちの権威は上昇したのだが、経済面ではとくに優遇されたわけではなかったのだ。

皇族の永世禄の年額を合計すると四千七百八十石余になるが、当時の政府の財政状況からすれば、このくらいの支給がせいぜいだったのではなかろうか。幕末期、朝彦が幕府や雄藩などから多くの経済的援助を受けていたことは先述したが、程度の差こそあれ、他の宮家も同じだった。それを考えれば、むしろ王政復古がなって、皇族たちの経済状況は悪化した可能性さえある。

しかし時代が下るとともに、皇族、宮家の経済的待遇は、急速によくなっていく。その理由はなによりも皇室が豊かになっていったためであるが、皇族たちもいつのまにかそれに慣れ、その結果、天皇や宮内省当局を怒らせたり、悩ませたりするようになるのである。

2 なし崩しになる定め

弟から兄へ――北白川宮家の場合

くりかえすが、慶応四年閏四月十五日、久邇(くに)、山階(やましな)、北白川、小松、華頂、梨本の六宮家を一代宮家とすることが定められた。別の言いかたをすれば、これらの宮家は世襲されることはないとされたのである。そしてこのことは明治三年十二月十日の太政官布告により再確認された。念のためにそれを引いておく(『法令全書』明治三年の部、第九百六)。

四親王家の外、新たに御取建に相成り候親王家の儀は、二代目より賜姓華族に列せられ候事

ところがこの定めは時間の経過とともに、どんどんなし崩しにされていった。『明治

天皇紀』によって、その様を見ていこう。

まず明治五年三月二十二日条には、次の記事がある。

故智成（さとなり）親王の遺言を聴納し、能久（よしひさ）王をして北白川宮を相続せしめたまふ。ただし第二世よりは華族に列せしめらる

北白川宮家は初代嘉言（よしこと）（聖護院宮（しょうごいんのみや））が死去したあと、弟の智成によって継がれた。これは慶応四年閏四月の太政官布告によって認められていたから問題ない。しかし、能久が明治五年一月二日に十六歳で死去した弟智成のあとを継いで北白川宮家三代目となるのは、あきらかに定めの趣旨に反する。智成の死により、跡継ぎがいない〝一代宮家〟北白川宮家は絶えなければならないのである。にもかかわらず、なぜこのような事態が起きたのか。その理由は、おそらく能久の皇族としての立場が不安定だったからだろう。

いったんは〝朝敵〟となった能久は、明治二年九月に謹慎処分を解かれた。そしてドイツ（プロシャ）への留学まで許され、三年十二月には日本を発つ。しかし親王号は依然として名乗れず（『明治天皇紀』でも「能久王」とある）、幼時と同じく伏見満宮と称され、身分はあくまでも伏見宮の一員である。事実上、復権を果たしてはいるが、多くの兄弟たちのような新宮家は立てられず、皇族としての立場は宙ぶらりんなのだ。

そんなとき、北白川宮家を継いだ智成が、〈兄の能久に家督を継がせてほしい〉と遺言して夭逝した。天皇や新政府の首脳たちは、これで能久も兄弟たちと同じように処遇できると思ったにちがいない。理屈を言えば遺言が国の定めに優先するはずはないのだが、天皇が「聴納」したとなれば融通無碍（ゆうずうむげ）である。弟の不幸は兄の幸運に転じ、能久は北白川宮を継承した。

ただ、やはり注目しなければならないのは、引用した『明治天皇紀』の一節の後半、「ただし第二世よりは華族に列せしめらる」との部分である。つまり将来、能久に王子ができても華族とし、宮家は存続させないことが念を押すように記されているのだ。能久による北白川宮継承は超法規的ではあったが、世襲親王家以外の新立宮家は一代限りとする原則が捨てられたわけではなかったのである。

天皇の特旨――華頂宮家の場合

ところが約四年後、その原則もあっけなく無視された。『明治天皇紀』明治九年四月二十一日条から引く。

博経（ひろつね）親王第一王子博厚（ひろあつ）を皇族に列したまふ

博経は知恩院門跡から還俗し、華頂宮家を立てた。新政府の会計事務総督にすえられたのち、明治三年七月、海軍軍人になる修業のためアメリカに留学するが、厳しい訓練などがわざわいして肺を病み、六年八月に帰国、帰国後、療養生活を送っていた。旧盛岡藩主南部家の娘郁子と結婚し、八年一月に博厚が生まれていたが、その一人息子が天皇の特旨によって皇族となったのである。

この背景には有栖川宮熾仁（ありすがわのみやたるひと）の嘆願があった。『明治天皇紀』によれば、熾仁は、〈博経親王は帰国後も病気の身でありながら西日本各地を視察するなど、国に報じようとしていた。一代宮家の嗣子は臣籍に降下させるとの定めには反するが、もうすぐ鬼籍に入ろうとしている博経に特別の思し召しを賜れば、博経は安んじて瞑目できるだろうし、ほかの皇族たちの忠誠心も鞭撻（べんたつ）されるだろう〉と、宮内卿徳大寺実則（とくだいじさねつね）を通じて願ったという。

天皇はこれを容れた。そして博経の名代として小松宮彰仁（あきひと）を呼び、「博経親王が病痾（びょうあ）のため其の素志を達するを得ざるを深く愍み（あわれみ）、特旨を以て第一王子博厚を皇族に列す」との御沙汰書を渡した。博経は明治九年五月二十四日に死去したが、華頂宮家は一代で絶えることなく、博厚が継いだ。

博経は嘉永四年（一八五一）生まれ、天皇は五年生まれの同世代。天皇には博経が幼い王子を残して早世することへの格別の同情があったのだろう。しかもその病気が外国留学中の無理がたたってのものとなれば、同情はさらに深まったにちがいない。そのことが天皇による博厚を皇族に列するとの特旨につながった。

ところが、博厚も明治十六年二月、ジフテリアにかかってわずか八歳で死去してしまう。もちろん、嗣子はいない。こんどこそ華頂宮家は定めのとおりに廃絶となったかというと、そうではなかった。伏見宮貞愛の庶長子博恭（当時の名は愛賢）が、これも天皇の特旨によって王とされ、家督を継いだのである。しかも、博厚は死去に際して特別に天皇の養子となり、親王宣下を受けた。定めにしたがえば臣籍降下しなければならない身が、皇族となったばかりでなく、最後は親王と称するまでに優遇されたのだ。

この優遇には華頂宮家の度重なる不運への天皇の同情もうかがえるが、じつは華頂宮家が博恭によって継がれたときには、一代宮家の定めは、事実上、完全に反故となっていたのである。明治十四年二月五日の『明治天皇紀』にはこうある。

嘉彰親王を世襲皇族に列し、晃親王を二世皇族に列したまふ

具体的に言えば、嘉彰親王（彰仁）は子々孫々まで皇族とし、晃親王は子どもの代まで皇族とするということだ。この結果、小松宮家（このときは東伏見宮）も山階宮家も一代宮家ではなくなったのである。重大な変更というべきだが、その理由については

『明治天皇紀』も「倶(とも)に特旨に出づるなり」と記すだけで、まったく説明していない。

あのときの貸しを返してくれ（?）――梨本宮家の場合

次いでこの年の九月一日、梨本宮守脩(なしもとのみやもりおさ)が死去する。守脩には実子がおらず、明治七年四月に、晃の子どもである菊麿(きくまろ)が養子となっていた。菊麿は晃の第一子として明治六年七月に生まれているが、晃がすでに明治二年二月に末弟の依仁(よりひと)を養子としていたため、大叔父にあたる守脩の養子となるという、ややこしいことになっていたのである。

もし、菊麿が山階宮家にとどまっていたら、晃が「二世皇族」となったときに菊麿も皇族となれた。しかし、梨本宮家に出ていたために、皇族となって山階宮家を継ぐのは養子の依仁であり、菊麿は養父守脩死去にともない賜姓華族となるはずであった。ところが、華頂宮博経が余命いくばくもなくなったときと同じように、皇族のひとりから嘆願がおこなわれたのだ。左は『明治天皇紀』明治十四年十月二十日条の一節である。

守脩親王の薨(こう)ずるや、養嗣子菊麿王は、明治三年十二月制定する所に拠りて賜姓華族に列せらるべきなり、然るに親王の義弟（実際は甥）朝彦親王、菊麿王を皇族の班に列せられんことを情願し、其の斡旋を右大臣岩倉具視に請ふ朝彦は明治五年一月に謹慎を解かれ、しばらくして以前住んでいた下立売御門内の屋敷の一部をまた拝領し、八年四月には一代皇族となった。さらに翌月、仁孝天皇養子に復し、あらためて親王宣下を受け、久邇宮と称することも認められた。賄料といわれるようになった永世禄も、ほかの皇族と同じ基準で与えられている。完全な復権をとげたのである。そうなると朝彦はまた活力を取り戻す。まさか昔のように政治に介入することはできないが、皇室がらみのことではまたいろいろと口を出したくなったらしい。

そしてこのような明らかに無理筋の嘆願もしたのだが、斡旋を頼んだ相手が、かつて自分を罪におとしいれた張本人の岩倉具視だったあたりがおもしろい。下世話な言いかたをすれば、〈あのときの貸しを返してくれ〉ということか。

しかし、岩倉もやわではない。唯々諾々と朝彦の意にしたがったりはせず、宮内少輔（次官）の山岡鉄太郎（鉄舟）らに密かに書簡を送り相談した。岩倉の意見は、〈彰仁、博経、晃親王らを定めに反して優遇したのは、これらの皇族に功労があったからで、病気で御奉公もままならなかった守脩親王にまで恩恵をおよぼすのはいかがなものか。皇族のなかには行動に問題のある方もいる。菊麿のこれからを見て、梨本宮家を継ぐのにふさわしいとなったら皇族にすればいいのではないか〉と、きわめて冷淡なものだった。

「然れども思ふ旨あり」

山岡たちは岩倉の意見を太政大臣三條実美（さんじょうさねとみ）に伝え、三條は徳大寺宮内卿から天皇に奏上してもらった。

天皇はすぐには応えず、しばらく考えたあとで徳大寺を呼んだ。そして、まず次のように言った（『明治天皇紀』明治十四年十月二十日条）。

守脩、不幸病体にして、博経・晃等の如く功労を尽す能はず、仍（よ）りて朝彦並びに嘉彰・貞愛の情願ありと雖（いえど）も、制規に拠りて嗣子菊麿を華族に列すべきなり

朝彦の嘆願には彰仁や貞愛も同調していたことがわかるが、いずれにしろ、天皇は岩倉の意見が正しいと認めたのである。ところが、続いて天皇はこう述べた。

然れども思ふ旨あり、特に之れを諸王に列せんとす

「思ふ旨」の内容は『明治天皇紀』にはない。単に「思ふ」だけではまさに君主の気まぐれだが、じつはこの簡略すぎる記事は、天皇が長じるにつれ、皇族の処遇についての自分の考えを徐々に固めていったことを示唆しているとも読める。

〝一代宮家〟を定めた太政官布告が出されたころ、天皇はまだ二十歳にもなっていない。

したがって財政への心配から宮家や皇族の数をあまり増やすまいとする政府の首脳たちの意見を、そのまま容れることしかなかった。しかし、皇室の長としての天皇には、別に考えなければならないこともある。この点については、またあとで触れるが、とにかくこのようにして梨本宮家も一代宮家ではなくなったのである。

桂宮家相続問題

ところで同じころ、朝彦と岩倉は別の件でも対立していた。それは、世襲親王家のひとつ桂宮家の後嗣のことである。前にも触れたが、この宮家では当主不在の事態がしばしば起きた。十八世紀後半から十九世紀初めにかけても約三十年間当主不在であり、文化七年（一八一〇）に、一歳の光格（こうかく）天皇第四皇子盛仁（たけひと）親王が第九代として家督を継いだが、八カ月で死去してしまう。そのあと、また約四半世紀のあいだ、当主不在となり、天保六年（一八三五）に仁孝天皇第五皇子の節仁（みさひと）親王が、これまた一歳で第十代となるが、半年で死去する。そして、また延々と当主不在が続いた……。

世襲親王家は当主不在となってもそのまま存続し、天皇家に適当な皇子が生まれたら継承させるという不文律があるため、そのような皇子がいなければ当主不在もやむをえない。しかし、いくらなんでも桂宮の場合は異常すぎる。そこで節仁死後、四半世紀以上が経った文久二年（一八六二）十二月になって、思いきったことがおこなわれた。それは皇室の歴史のなかでは例のない女性による宮家相続である。第十一代の当主となったのは、節仁の姉である淑子内親王（敏宮）であった。

『孝明天皇紀』（文久二年十二月二十三日条）に引かれている甘露寺勝長「勝長卿記」によれば、淑子の桂宮家相続は宮家の諸大夫が願い出たことだった。当主がいなくても宮家が存続する以上は桂宮家にも諸大夫以下の家臣たちはいるが、彼らにしても次代の当主は皇子であるのが望ましかったにちがいない。しかし、節仁死後、天皇家では皇位を継ぐ皇子以外の男子がいっこうに育たない。そこで痺れを切らした諸大夫は、とうとう前代未聞の皇女による相続を願ったということだろう。

　またこの少し前に、淑子の妹である親子（和宮）の将軍家茂への降嫁が決まったことがなんらかの影響があったとも考えられるが、推測を裏づける確証はない。とにかく、文政十二年（一八二九）生まれ、三十三歳の皇女が桂宮家を継承した。

　淑子は前に紹介した永世禄の額からもわかるように、王政復古後も先帝の姉として皇室内で重きをなしていたが、守脩の死と前後して危篤状態に陥る。淑子は生涯独身だったから宮家の跡継ぎはいない。そこで岩倉や皇后宮大夫だった香川敬三らが相談し、淑子死後は皇子による相続が可能となるまで桂宮家は当主不在のままにしておくことが決まった。つまり先例どおりにしようということである。

　ところがここで朝彦が動いた。みずからの三男である世志麿（のち邦彦王）に桂宮家を継がせてくれと、各方面に運動をしたのだ。その際、朝彦は岩倉にも接触したから、岩倉や香川が決めていた〈先例を守る〉との方針も聞かされたはずである。しかし、おそらく朝彦は、明治五年一月に伏見宮家の王子載仁（ことひと）が閑院宮家を相続したことを盾に取り、宮家の王子が他の宮家を継ぐのはかまわなくなったはずだと主張したのである。

岩倉はこれに猛反対した。香川にあてた書簡（明治十四年九月二十日付）では、〈載仁の閑院宮相続も元来不条理であるのはいうまでもない〉と一刀両断している。もともと彼には、自分たちが定めた一代宮家の原則が、どんどん有名無実化されていくことへの不満と不安があったにちがいない。さらには朝彦が、かつてのような目立つ振る舞いをしだしたことに、警戒心や不快感をいだいたかもしれない。けっきょく、朝彦の動きをつぶしてしまったのである（この一件については河村浩「宮家相続問題と岩倉具視」がくわしい。岩倉の香川あて書簡も同論文に引用されている）。

朝彦、〝二代皇族〟に列せらる

このように宮家をめぐる二つの対立の結末は、いちおう、朝彦と岩倉の一勝一敗ということになったわけだが、それから一年数カ月後の明治十六年七月十一日、皇族制度が岩倉たちの考えとは反対の方向に変わっていくことを念押しするようなできごとが起きた。朝彦が〝二代皇族〟にされたのである。

このころ、岩倉は死の床にあった。朝彦が二代皇族となった同じ日、天皇は侍従を岩倉邸に遣わして病状を尋ね、また十二日には美子皇后（昭憲皇太后）が病床を見舞った。さらに十三日には岩倉の孫で分家して平民となっていた具徳が、特旨をもって華族となっている。そして十九日、天皇は岩倉邸に行幸し、具視に最後の別れを告げた。言うまでもなく、いずれも具視の王政復古における偉大な功績に報いんがための恩典である。しかし、皮肉なことに、皇族制度については、天皇は岩倉の思いを容れずに、朝彦を二代皇族としたのだ。『明治天皇紀』（七月十一日条）にはこうある。

> 特旨を以て、朝彦親王を二代皇族に列せらる、親王は仁孝天皇御養子にして、年歯また耳順に届らんとす

「仁孝天皇御養子」はともかく、年が耳順、すなわち数え六十に達したことまでが特旨の理由とされているのだ。おそらく危篤状態だった岩倉は朝彦が二代皇族となったのを知らずに死んだだろうが（死去は二十日朝）、もし知れば、憮然としたにちがいない。

朝彦が二代皇族となった結果、久邇宮家も朝彦の王子により継承されることが確定した。こうして還俗した伏見宮家の王子たちが立てた新宮家、久邇、山階、小松、北白川、華頂、梨本の六宮家は、すべて一代限りではなくなったのである。

3　皇室典範制定

伊藤博文、宮内卿に

皇族制度について、天皇と政府、宮中の首脳たちとの考えが食い違っていることがより鮮明になったのは、皇室典範（以下、典範）制定の過程においてであった。

典範をはじめとする皇室関係法規の整備の必要性は、明治十年前後から岩倉らによって強調され、岩倉は十一年三月に、「帝位継承順序の事」などを検討する儀制調査局の設置を提案し、十五年二月には皇室財産に関する意見書を閣議に提出するなどしている。

そして、岩倉の死後は伊藤博文が中心となり、典範制定の準備がおこなわれた。

大久保利通が暗殺されたあと政府の主柱となっていた伊藤は、明治十四年十一月には参議のまま宮中庶務主管兼会計主管となるなど、皇室のことにも深くかかわっていたが、明治十七年三月には宮中に置かれた制度取調局の長官となり、さらに宮内卿を兼ねた。『明治天皇紀』（明治十七年三月二十一日条）には、このことについて、「立憲政治を創始する、先づ宮中諸制度を改め、其の規模を皇張し、其の基礎を鞏固にすると共に、宮中・府中（政府）の別を立つるを要するを以て、博文をして其の事に当たらしむるなり」とある。伊藤が政府の最高実力者だからこそ宮内卿に任じた、ということである。しかし、じつは明治天皇は伊藤を宮内卿とするのに消極的だった。『明治天皇紀』の記事は左記のように続く。

天皇、博文の材幹を愛すと雖も、其の洋風を好み、或は専ら宮中に洋風を輸入するに至らんことを虞れ、稍々其の任命を難じたまひ……

天皇は伊藤の外国かぶれを警戒していたのである。これに先立って、伊藤は欧州の制度を参考にした帝室官職令の草案を天皇に奉呈していた。ところが天皇は、「徒らに欧州諸国に擬し、我が国本を忘れ」たようなものを性急に制定すべきではないと、これを退けた。明治も時が経つにつれ、天皇と伊藤の関係は〝君臣水魚の交わり〟とも言うべきものになっていくのだが、このころはまだその域には達していなかったのである。

けっきょく、天皇は他の参議や宮中首脳たちにも諮り、伊藤の宮内卿就任を認めるが、政治や軍事の面では政府や軍の首脳たちの献策をほとんどそのまま容れた明治天皇が、皇室の問題についてはここでも自分の意志をおおいに主張していることには、注目すべきであろう。

草案には……

制度取調局は明治十八年十二月の内閣制度発足にともなって廃止されるが、初代総理大臣となった伊藤は依然として宮内大臣（宮内卿を改称）を兼ね、典範制定作業を指揮する。そして十九年九月、最初の草案というべき「帝室典則」（国会図書館憲政資料室所蔵「憲政史編纂会収集文書」所収）ができあがるが、その第十六項には、次の規定があった。

親王諸王の二男以下丁年（ていねん）（二十歳）以上に至れば、特旨を以て華族に列することあるべし

説明するまでもなかろうが、宮家の嫡子以外の男子が成人に達した場合、華族にすることがある、つまり臣籍降下させることがあるとの規定である。この規定がなければ、宮家に生まれたものは一生皇族とされ（これを永世皇族制と称する）、宮家の嫡子以外の皇族があらたに宮家を立てることがありうる。その結果、宮家、皇族の数が際限なく増える可能性がでてきてしまう。それを未然に防ごうというのが、この条項の狙いであることは明白であろう。

さらに伊藤のもとで制定準備作業にあたっていた柳原前光（やなぎわらさきみつ）（内閣賞勲局総裁。大正天皇

の生母愛子（なるこ）の兄）が作成した典範草案にも同種の規定があった。柳原も永世皇族制に反対であり、明治二十年三月二十日に高輪にあった伊藤の別邸で開かれた会議で、その旨を説明した。すると伊藤は、「世襲皇族もとより廃せざるべからず。其の事たる業、すでに余の胸算する所なり」と述べて全面的に賛成し、そして会議では、典範に「皇系疎遠なるものは逓次臣籍に降し、世襲皇族の制を廃すること」との規定をもうけることを確認したのであった（「憲政史編纂会収集文書」所収「皇室典範皇族令草案談話要録」）。

あらためて言えば、このころ存在した宮家はすべて明治天皇とは血縁的に疎遠である。当主たちは天皇の猶子となり、親王宣下を受けるというかたちで擬制的に天皇の近親とされているが、その子や孫はそうではない。となれば、この規定が典範にもうけられれば、宮家の男子は皇族の身分を失うことが確実となる。事実上空文化されてきた例の太政官布告が生きかえる、といっても過言ではないのである。

ところが、明治二十一年五月二十五日に始まった典範制定のための枢密院会議に諮られた草案には、このような条文はどこにも見当たらなかった。最終的な草案を作成したのは、柳原とともに伊藤のもとで法制局長官、枢密院書記官長として典範制定の準備をしていた井上毅（いのうえこわし）である。井上はもともと永世皇族制に賛成だったにもかかわらず、皇族の臣籍降下規定を盛りこんだ最終的な草案を作成し、伊藤に提出した。言うまでもなく上司である伊藤の考えにしたがったからだ。しかし、なんと伊藤は井上にその条文を削るように命じたのである。

その結果、草案で皇族の範囲と身分をさだめた条文（第三十三条）は、「皇子より皇玄孫に至るまでは生まれながら男を親王、女を内親王とし、五世以下は男を王、女を女王とす」となった。天皇からどれだけ血縁が離れていても、王、女王、すなわち皇族とすることとされたのである。

紛糾する審議

この条文が天皇も臨席する枢密院会議に諮られたのは六月四日のことである。会議の議長は四月末に総理大臣を退き（兼任していた宮内大臣は明治二十年九月に辞任）、枢密院議長に就任していた伊藤。五月二十五日からそれまで四回の典範草案審議がおこなわれていたが、原案への異論はそれほど聞かれず、議事は順調に進行していた。ところがこの日はようすが違った。草案第三十三条に反対し、修正を要求する意見が続出したのである。

審議も長引き、翌々日の六日にも三十三条が議題となったが、両日にわたり三條実美、土方久元、山田顕義、榎本武揚、佐野常民、吉井友実、寺島宗則、大木喬任が反対意見を述べた。かれらの反対理由は簡明で、〈永世皇族制度を採用すれば皇族はどんどん増え、費用も際限なくかかる。その結果、皇室の尊厳をそこなうことが起きる可能性がある〉というものだった。

このうち三条は内大臣、土方は宮内大臣、山田は司法大臣、寺島は枢密院副議長である。天皇のもっとも近くで輔弼（ほひつ）の任にあたるもの、宮中行政の最高責任者、国の司法行政を担当する閣僚、そして典範草案を審議している機関のナンバー2などが正面から異議をとなえたわけで、異常というしかない。彼らがこのような態度に出たのは、もともと永世皇族制に反対していたためでもあろうが、かねてから自分たちと意見を同じくしていたはずの伊藤が、なぜか態度を豹変させたことへの不満も大きかったと思われる。

反対意見にたいし、議長の伊藤は、〈条文に書かれていないからといって、皇族を臣籍降下させられないということではない〉などと言う。ずいぶん無理な説明で、これでは三條たちも納得するはずがない。さすがに伊藤本人もそう思ったか、続いてこんなあからさまなことを述べた。議事録から原文どおり引用する。

要するに此問題は典範中の難件にして、最初原案取調の際には五世以下人臣に下すの条を設け、漸次疎遠の皇族より人臣に下すことを載せたりしが、種々穏かならざる所ありて、遂に之を削除したりしなり

草案作成の裏側を露骨にあかしてしまったわけで、伊藤にしてみれば、〈ここまで正

直に話したのだから、反対する諸君もわかってくれよ〉といったところであろう。

さらに四日の会議が終わったあと、伊藤は妥協案も考えたようだ。具体的には、天皇に血縁の近い皇族（皇親）以外の皇族については臣籍降下させるとの修正をしようと思ったらしいが、井上毅が反対したこともあり、それも実現しなかった。その間の事情も、伊藤は六日の会議冒頭でしゃべってしまう。まさに破れかぶれとしか言いようがないが、しかし、この捨て身の姿勢が功を奏したか、採決の結果は賛成十四票、反対十票で、草案第三十三条は原案どおりに可決された。

天皇の確固たる意志

ここで不思議なのは、伊藤がなぜこのような苦労をする羽目におちいったのかということだ。年来の持説をとおすために面倒を忍ぶのならともかく、それとまったく正反対の内容の規定をつくるために大汗をかいたのはなぜか。

考えられる答えはひとつしかない。伊藤を超える存在、すなわち天皇がそれを強く希望したからである。

先に引用した枢密院会議における伊藤の発言のなかに、「種々穏かならざる所ありて」という、奥歯にものがはさまったような一節があった。伊藤が何年も前から準備し、断固実現を決意していた永世皇族制否定の定め、それを典範草案から削除したことへの弁明としてはなんとも曖昧模糊で、まるで説得力に欠ける言葉であるが、この一節にこそ、伊藤の苦衷が集約されている。

天皇から公式な沙汰があったわけではない。しかし、永世皇族制を否定するような規定を典範に明記するのは絶対に許さないという天皇の確固たる意志が、なんらかのかたちで伊藤には伝えられていたのである。しかしそれを会議の席上で明らかにしてしまえば、天皇と政府・宮中にわたる最高実力者である自分との意見対立が露呈してしまう。それを避けるために、伊藤は、「種々穏かならざる所ありて」などと、わけのわからぬことを言わざるをえなかったのである。

この推論を確実に裏づける資料はない。しかし、この間の事実関係をまとめて記した『明治天皇紀』五月二十五日条には、興味深い記事がある。六月四日、六日の会議における議論を黙って聞いていた天皇は、数日の後に永世皇族制反対論者のひとりだった土方宮内大臣を呼び、「前日の議は汝等の論ずる所、正鵠を得たり」と述べたというのだ。

これをもって明治天皇もじつは永世皇族制に反対だったと見る説もある。しかし、そうではあるまい。これは自分が無言の圧力をかけた結果、伊藤を窮地におとしいれてしまったことへの忸怩たる思いをそれとなく述べている発言と解釈すべきである。天皇が太政官布告をないがしろにする決定を何度もおこなったという事実は、天皇の永世皇族制への強い意志をなによりもはっきりと示している。天皇は典範制定にあたってもそれを断固としてつらぬいた。しかし、天皇は伊藤の持説も苦心も知らなかったわけではない。そのジレンマがこの土方への言葉からは読み取れるのである。

枢密院で可決された典範草案第三十三条は、明治二十二年二月十一日に大日本帝国憲法発布とともに施行された典範では左記のように文章がととのえられ、条も三十一条となった。

皇子より皇玄孫に至るまでは男を親王、女を内親王とし、五世以下は男を王、女を女王とす

これを皇族の範囲を定めた第三十条の「皇族と称ふるは太皇太后、皇太后、皇后、皇太子、皇太子妃、皇太孫、皇太孫妃、親王、親王妃、内親王、王、王妃、女王を謂ふ」とあわせれば、〈皇族の家に生まれたものは天皇から血縁がへだたるにつれ称号は変わるが皇族であることに変わりはない〉ということになる。かくして永世皇族制が法的に確定したのである（念のために言えば、非皇族と結婚した女性皇族、非皇族の家の養子となった男性皇族は、もちろん皇族の身分を失う）。

皇統維持への不安

さてここで考えなければならないのは、天皇が永世皇族制に固執した理由だが、それを直接に説明できる資料はない。しかし、これまで見てきた天皇の言動、近世の天皇家の歴史、それに明治四十年におこなわれた典範増補のことなどを考え合わせれば、合理的に推論することはおのずから可能であろう。

前にも見たように、江戸時代中期以降の天皇家は皇位継承に四苦八苦していた。そのようすをざっと追ってみよう。

宝暦十二年（一七六二）七月、桃園天皇が二十一歳で崩御するが、儲君の英仁はわずか四歳だったため、桃園の姉智子内親王が即位する（後桜町天皇）。

明和七年（一七七〇）十一月、十二歳になった英仁は後桜町から譲位される（後桃園天皇）。しかし、後桃園は病弱の身であり、安永八年（一七七九）十月、生まれたばかりの皇女（欣子内親王）ひとりを残して二十一歳で崩御してしまう。

そこで、閑院宮家から八歳の第六王子兼仁が後桃園の養子として天皇家に入り、皇位を継いだ（光格天皇）。光格は桃園の三代前の東山天皇の曾孫だから、後桃園にとっては父の又従兄弟ということになる。第一章で見た伏見宮家出身の後花園による後小松からの継承よりは、やや血のつながりの濃い皇位継承である。

光格はのちに後桃園の遺児である欣子を皇后に迎える。恵仁親王（仁孝天皇）に譲位したのは文化十四年（一八一七）三月。仁孝は光格の第四皇子であったが、それにもかかわらず践祚したのは、三人の兄たちがすべて幼時に死去しており、実際にはただひとりの皇子だったからである（四人いた弟も夭逝）。

仁孝が弘化三年（一八四六）一月に崩御したあと践祚したのが、第三皇子の統仁親王である（孝明天皇）。兄である二人の皇子とも二歳で死去していたため（四人の皇女も一、二歳で死去）、統仁が皇位を継いだ（二人いた弟も夭逝）。

そして孝明には二人の皇子と四人の皇女がいたが、最初に生まれた皇子は生後一日で死去したため、第二皇子の睦仁親王が儲君とされ、慶応二年（一八六六）十二月の孝明急死を受けて践祚した。これが明治天皇である。

女性天皇、傍系からの養子、そして三代にわたる事実上のひとりっ子の皇子による践祚と、皇位継承はきわどい綱渡りをつづけていた。明治天皇がそのことを知らないはずはない。一言で言えば、皇統維持への強い不安、それが天皇を永世皇族制に固執させたのである。

傍系による相続の可能性

また、天皇の不安をさらにかきたてたにちがいないのは、みずからの皇子、皇女のほとんども、やはり夭逝を重ねているという不幸な事実であった。

天皇の第一皇子は明治六年九月十八日に誕生したが、生母の葉室光子とともに即日死去してしまった。同年十一月、こんどは第一皇女が橋本夏子（はしもとなつこ）を母として生まれるが、難産のため母子ともに死去。

つづいて明治八年一月に皇女、翌々年九月に皇子が誕生するがいずれも満一歳になる前に死去してしまった。

そして明治十二年八月三十一日に柳原愛子（やなぎわらなるこ）が産んだ嘉仁（よしひと）親王はなんとか成長し、明治二十年には儲君とされたが、始終病気にかかり、天皇たちを心配させる。さらに嘉仁誕生のあと三人の皇女が生まれるが、全員が一歳前後で死去……。

こう見てくれば、天皇が自分の直系による皇位継承が危ういかもしれないと深刻に思うのは当然であろう。その目が傍系による皇位の継承に向くのも、また当然である。まだ嘉仁の生まれる前だが、明治十一年八月に起きた近衛兵たちの反乱〝竹橋騒動〟のあとに、天皇が退位をし、有栖川宮威仁（たけひと）親王に位を譲ったとの噂が流れたことがあった（クララ・ホイットニー『クララの明治日記』同年八月二十七日、三十一日条。クララは勝海舟の三男梅太郎の妻）。世間でも直系の皇子がいなければ宮家から王子が天皇家に入り、皇位を継ぐと思っていた。

嘉仁親王誕生のころの各宮家には、全部で十八人の男子皇族がいた。しかし、このうちで明治天皇よりも年長のものが皇位を継ぐことは、まずありえない。さらにこの時点で久邇宮家などはまだ一代宮家とされていたから、その王子たちはいずれ臣籍に降下するので、皇位継承はできない。そのため、十八人のうちで皇位を継ぎうるのは、噂が出た有栖川宮威仁、閑院宮載仁ら五人ほどしかいないのである。この数も天皇には安心できるものではなかったろう。その結果、太政官布告があるにもかかわらず、天皇は一代皇族制を事実上無視し、そして、ついに伊藤らに典範に永世皇族制を規定させることを断行したのである。

ただ、伊藤たちも皇位継承に関する天皇の懸念を無視したわけではない。それどころか、彼らも皇位継承に支障が出ないような措置が必要だとはっきり認識していた。たとえば柳原前光の作成したいくつかの典範素案のひとつには、〈皇位継承資格者を十人確保する〉という趣旨の規定があったし、伊藤も五世以下の皇族すべてを機械的に臣籍降下させるべきだとは考えていなかった。しかし、それでも彼らは天皇の不安をぬぐいきれなかったのである。

皇位の継承は皇室の家長でもある天皇にとって最大の重要事であり、その死命を制することを決められるのは自分しかありえず、臣下が口を挟むべき余地などないと天皇は思いさだめていた。かくして、天皇は意志をつらぬき、伏見宮家出身の多くの還俗した王子たちは、子々孫々にわたって皇族の身分を保つこととなった。

第五章　新時代の皇族たち

1　留学と軍人への道

皇族、海を渡る

皇族の身分が法的に固まるまでの経緯は前章のとおりだが、その間も皇族たちは新時代のなかでさまざまな姿を見せていた。いままでに触れたことも若干あるが、これから明治前半期の皇族たちがどんな立場で、どのように過ごしていたかを概観していく。

まず特筆されなければならないのは、還俗（げんぞく）した皇族やその王子たちの多くが、海外に留学していることである。次ページの表⑤はそのようすをまとめたものだが、留学先は主なところのみをあげ、滞在期間は日本出発から帰国までを指す。また宮号と名前は最終のもので、必ずしも留学時と同じではない。

よく知られているように、幕末に勉学や視察のために海外に渡った日本人はたくさんいた。幕府や薩長をはじめとする諸藩は多くの人材を欧米諸国に送り出したが、明治新政府も、王政復古後も帰国せずに海外に留まっていた留学生十数名に官費を支給したのを手始めに、積極的な留学生派遣策をとった（この時期の海外留学全般については石附実『近代日本の海外留学史』がくわしい）。「攘夷」のスローガンはさっさと放棄され、「五箇

表⑤　海外留学した皇族たち（親王・王号略）

皇族	留学先	滞在期間
華頂宮博経	アメリカ	明治3年10月～明治6年8月
小松宮彰仁	イギリス	明治3年閏10月～明治5年10月
北白川宮能久	プロシャ	明治3年12月～明治10年7月
有栖川宮威仁	イギリス	明治14年1月～明治16年6月
閑院宮載仁	フランス	明治16年？月～明治24年7月
東伏見宮依仁	フランス	明治17年4月～明治25年2月
山階宮菊麿	ドイツ	明治22年11月～明治27年11月
伏見宮博恭	ドイツ	明治23年9月～明治28年10月

条の御誓文」で高らかにうたわれた「智識を世界に求め大いに皇基を振起すべし」が、新時代の大方針となったのである。

皇族についても例外ではなく、若い皇族たちがつぎつぎに海を渡った。幼いころから寺で束縛の多い生活を送っていた彼らにとっては、まさに夢のような体験だったろう。とくに小松宮彰仁（こまつのみやあきひと）などは、すでに幕末に仁和寺（にんなじ）門跡（もんぜき）だった身で、側近たちと海外への密航をくわだて、王政復古の大号令直後には、海外留学の願書を天皇あてに差し出したほどだったから（『軍国の誉――故小松宮殿下の御事跡』）、その弾むような心のうちは容易に察せられる。

前に述べたように、彰仁は鳥羽伏見の戦いのころ、二十一歳で新政府の軍事総裁とされ、徳川慶喜（とくがわよしのぶ）征討の大将軍にも任命される。その後も越後方面の〝官軍〟の総督や、兵部卿となるなど、王政復古のシンボル的存在のひとりとなっていたために、海外留学はなかなか実現しなかったが、本人は引きつづき〝軍学修業〟のための留学を熱心に希望し、ついに明治三年閏十月に天皇の許しが出て、翌月イギリスに向かった。

留学費用

ところで、皇族たちの留学費用はどのくらいかかったのだろうか。当時、一般の官費留学生には年間一千ドル（当時の為替レートは一ドル＝一円）、また華族の留学生には一千四百ドルが支給されていたが、皇族への支給額は当然それ以上だった。具体的な金額については、『明治天皇紀』明治七年九月十日条に、「独逸国留学能久王の学資は宮内省別途支出と為し、従来年額五千円を支給」とある。

この「従来」が、能久の渡航当初からという意味かどうかは確定できないが、もしそうだとすれば、ほぼ同時期に渡欧した博経、彰仁、能久三人にたいしてだけで、年額一万五千円が支給されたことになる。また、三年十二月末に単身でフランスに向かった華族の西園寺公望には、一千四百ドルとは別に渡航費用として七百五十ドルが渡されているが（立命館大学編『西園寺公望伝』）、皇族の場合は随行の人員もいたから、渡航費もそれの何倍かは必要だったろう。

ただ、この費用も後年の皇族留学のためのそれにくらべれば、とくに高額というわけではなかった。何度も言うように、このころの政府、皇室の財政事情は苦しく、皇族の留学だからといって費やせる金には限度があるのだ。しかし皇族の体面を保ちながらの留学となると、どんな出費が必要となるかわからない。万一のときに皇族が恥をかいたりすれば、それこそ国の威信にかかわる恐れもある。このような不安を解消したのが、彰仁の場合は旧久留米藩主の有馬家だった。

有馬家は彰仁が明治二年十一月に結婚した頼子の実家である。この旧幕時代二十一万石の大藩の旧藩主家に、明治になって与えられた家禄は一万一千八百十九石で、小松宮家のそれの二十七倍。彰仁の留学費用の一部を負担するくらい、お安い御用だったにちがいない。第一次近衛文麿内閣の農林大臣、大政翼賛会事務総長などもつとめた有馬頼寧は頼子の甥だが、彼が残した手記には、「（有馬家が）小松宮へ妃殿下をさし上げたため相当多くの費用を使ったことは事実で、妃殿下のお里で面倒を見なければ、宮殿下の御洋行の費用など、出所がなかったのです」と書かれている（有馬頼義『母　その悲しみの生涯』）。

しかし、彰仁のように有力な後援者をもたない皇族は困ったようだ。先に引用した能久に関する『明治天皇紀』の記事は、「是の日、特旨を以て毎年金二千円を増賜せらる」と続いている。先述したように戊辰戦争で〝朝敵〟となり、謹慎処分は解けたものの独立した宮家も立てられず、留学中に弟智成の死によってやっと北白川宮家を相続できた能久は、まだ結婚していなかった。したがって有馬家のように援助してくれる姻戚もいない。そこで天皇に泣きつき、留学費を年二千円増やしてもらったのだ。

明治六年末で天皇の手許には五万九千二百余円が蓄えられており、そのほか、孝明の遺産が十万二千二百六十八円あった（『明治天皇紀』明治七年九月二十九日条）。もちろん、これらは天皇が自分で好き勝手に使える金ではないが、能久のために年二千円を出すくらいのことはできたのである。

能久の失敗

ところが、ドイツ（明治四年一月、プロシャを中心とするドイツ帝国成立）における能久の出費はかさむ一方だった。『明治天皇紀』（明治十年四月二十一日条）によれば、明治八年中のその額はなんと二万円に達していた。能久が長くドイツに滞在するあいだに、欧州各国の王族などとの交際も多くなったためだというが、それにしてもこのころの他の宮家、たとえば晃の山階宮家の年間収入が五千二百五十二円だったのとくらべても、二万円は突出して多かった。そしてそれはけっきょく、天皇の手許金や宮内省の金で賄うほかない。おりしも台湾出兵の戦費がかさんだりしたこともあり、天皇も黙止できなくなったのだろう、能久に明治九年中に帰国するように命じた。

しかし能久はこれにしたがわない。それどころか、〈私費に切り替えてもいいから留学を延長したい〉と願い出るありさまだった。私費といっても、能久に一年二万円もの金を工面するあてがあろうはずもないから、そんな願いが認められるわけはなく、天皇は明治十年の初めに、かさねて帰国を命じた。

すると能久は、右大臣岩倉具視や宮内卿徳大寺実則にとんでもないことを頼んできた。〈自分はドイツ貴族ブリタア家の娘と婚約した。文明の源は女性に発するとの欧州の常識にしたがい、その娘と結婚して皇室、国家に尽くすためには、なお二、三年の留学が必要なので、天皇に許してもらえるように斡旋してくれ〉というのだ。

岩倉らは愕然とした。天皇の意に反して帰国しないのみならず、外国人女性と結婚したいとは何事か。たしかに日本でも明治六年三月以降、法的には外国人との結婚が認められていた。現に能久のいるドイツに駐在している日本公使青木周蔵の妻はドイツ人である。能久はこのこともあげて、自分も外国人と結婚してもいいはずだと主張したのだが、皇族を公使とはいえ長州の産科医の息子である青木（のちには華族になるが）と同じに論じられるわけがない。太政大臣三條実美や岩倉が〈すぐに帰国されたし〉と電報を発し、また、天皇も徳大寺に三度目の帰国命令を伝えさせた。

こうなると能久もしかたなく帰国する。もっとも、帰国前に欧州上流階級のならわしにしたがって、現地の新聞に〈このたびブリタア家の令嬢と婚約した〉との広告を出しているから、あくまでも婚約はあきらめず、ひょっとしたらいったん日本に帰ったあと、またドイツにやってくるつもりだったのかもしれない。

しかし、明治十年七月にやっと帰国した能久を待っていたのは、天皇の激怒のさまを伝える岩倉たちだった。しかも、当時は西南戦争の真っ最中で、戦場におもむいている皇族もいた。さすがに婚約話どころではないことを能久も思い知り、当時、京都に滞在していた天皇のもとに駆けつけた。そして徳大寺を通じ、「軽卒の挙動を為し、慙愧に堪へず。日夜深く悔悟し、断然破約の旨を彼の女に通じたり」と平身低頭したが、天皇は許さない。けっきょく、能久は京都の梨本宮邸での謹慎蟄居を命じられ、死ぬまでドイツに戻ることもなかった(以上の経緯は『明治天皇紀』による。能久の伝記などの類にはこの件についての記述はまったく見られない)。

軍事修業

能久の場合は極端としても、まだ若く、つい数年前までは僧侶だった皇族たちが異国で羽を伸ばしたくなるのは当然かもしれない。実際に能久以外でも、女性とのつきあいに精を出したり、金を使いすぎて天皇の怒りに触れた皇族はいた。しかし、言うまでもなく、彼らの留学は遊ぶためではなく、れっきとした目的があった。それは軍人になるための修業である。

明治以降の男子皇族と軍の関係についてはすぐあとでくわしく述べるが、王政復古のあと、皇室は軍事へのかかわりを急速に深めていった。前にも見たように、戊辰戦争では有栖川宮熾仁（ありすがわのみやたるひと）や小松宮彰仁が〝官軍〟の総督などになったし、さらに新政府において、のちの陸、海軍大臣などに当たる職に熾仁、彰仁、聖護院宮嘉言（しょうごいんのみやよしこと）などが就いた。

もちろん、これらの皇族たちはそれまで軍事の経験はなく、その地位も天皇の権威の代行者としての〝お飾り〟的な意味合いがつよかったが、戊辰戦争が一段落してから海外に留学することになった皇族たちには、現地の軍学校で訓練を受け、専門的な軍事知識を習得することが期待されたのである。

ただ、明治三年に留学した三人の皇族のうち、彰仁だけは軍学校に入らなかったようだ。おそらく、〝お飾り〟とはいえ、政府における軍事の最高責任者である兵部卿の肩書まで帯びたものが、いまさら軍学校に入るわけにもいかなかったのではないか。

これにたいして華頂宮博経はアメリカの海軍の学校で学ぶ。しかし、きびしい訓練がたたって肺を患ってしまい、業なかばで帰国せざるをえなかった。それを天皇が深く哀れみ、博経早世後も華頂宮家を存続させたのは既述のとおりである。

一方、ドイツ（プロシャ）の能久は現地の連隊に勤務したり、陸軍大学校（陸大。軍学校の名称は国により異なるが、日本風に記す）で学んだりして軍人たるべき教育を受けた。もっとも、連隊勤務も陸大在学もそれほど長い期間ではなかったようで、そのかたわらヨーロッパ各国の王族たちやドイツ娘との交際に費やす時間は十分にあったのである。

特別待遇

三人に次いで海外に出た有栖川宮威仁は、日本で海軍兵学校（海兵。当時の名称は海軍兵学寮）に入っていたが、在校中に英国シナ艦隊所属の軍艦に乗り組んで一年以上の訓練を受け、さらに海兵も中途退学してイギリスへ向かい、海軍大学校（海大）で学んだ。まだ日本の海兵の教育機関としての水準が低かったため、このような変則的な経歴となったものと思われる。威仁の留学には海軍卿になっていた榎本武揚もおおいに賛成したが、大蔵省が財政上の費用で難色をしめしたため、費用はすべて天皇の手許金から出た。

威仁の留学期間は二年半と比較的短かったが、そのあとにヨーロッパに渡った載仁、依仁、菊麿、博恭は長期間にわたって軍事教育を受けた。載仁は日本の陸軍幼年学校（陸幼）を了えてからドイツの陸軍士官学校（陸士）、陸大で、あとの三人はいずれも日本の海兵を中退して、依仁はフランス、菊麿、博恭はドイツの海兵などで修業した。

彼らを受け入れた各国には政治的な思惑もあった。とくに英仏にくらべ日本との縁が薄かったドイツには、皇族留学を日本との関係強化に利用しようとの狙いがあった。菊磨、博恭の留学を受け入れることを大隈重信外務大臣に告げた駐日ドイツ公使の書簡には、〈ドイツの軍学校はもともと外国人の入校を認めていない。今回の措置はドイツ皇帝の日本皇室、日本帝国への友情の賜物である〉と書かれており（『博恭王殿下を偲び奉りて』二八ページ）、また、明治天皇はドイツ皇帝に礼の親書を送っている。

こうなると、現地に行ってからも皇族たちに特別の配慮が払われるのは当然である。戦前に出されたこれらの皇族たちの伝記などには、必ずと言っていいほど、〈皇族たちは一般の生徒と同じ訓練を受けた〉旨の記述があるが、これはもちろん信じられない。訓練を全面的に免除されるといった〝優遇〟はなかったとしても、皇族たちには日本の軍人が付き添い、軍服も日本のものを着用するなど、あきらかに特別待遇を受けていた。

軍人となる義務

このような海外で修業を了えた皇族たちは、日本に戻ってからも軍に属した。と言うよりも、明治以降、年長者と心身に問題のあるものを除き、男子皇族は陸海軍いずれかの軍人となるのが義務づけられていたので、それ以外の道はありえなかったのである。

明治六年十二月九日、宮内省は皇族たちにたいし、左記のような「達」を出した（『太政官日誌』）。

皇族、自今海陸軍に従事すべく仰せ出され候条、此の旨相達すべき事。但し、年長の向きは此の限りにあらざる事

『明治天皇紀』同日条には、これより前の同年十月に、彰仁、伏見宮貞愛両親王が軍人になりたいとの願いを出したことが書かれており、それがこの達が出されるきっかけだったと示唆しているが、しかし、より着目しなければならないのは、この年の一月十日に「徴兵令」が公布されたことであろう。両親王の願いもそれに触発されたものであることはまちがいない。

この法律により、日本国民の男子は二十歳になったら徴兵検査を受け、合格したものは籤を引き、当たれば三年間の兵役に服することが義務づけられたのである。官吏、戸主、一家の嗣子、嫡孫、ひとりっ子、官立学校の生徒は免除されるなどの抜け道も多かったが、とりあえずこれで〝国民皆兵〟の基礎ができた。

公布に先立って明治五年十一月二十八日、天皇は、〈武家政権のもとでは兵農が分かれていたが、これからは全国の丁壮（若者）を募って国を守っていた古に戻る〉との「全国徴兵の詔」を発し、さらにそれを受けて太政官は、〈四民平等の世のなかになったのだから、国民すべてが国を守る義務を負うべきだ〉との「徴兵告諭」を出した。となれば、皇族といえども例外ではありえない。

のちに内閣記録局が編纂した『法規分類大全　兵制門1』には、このころ書かれたと思われる、〈皇族が暖衣飽食に毎日を過ごすようでは、上は朝廷、下は万民にたいして如何(いかが)なものであろうか。皇族も四民同様、軍隊に入るべきではなかろうか〉という趣旨の一文がおさめられている。筆者は不明だが、政府部内のものであることはまちがいない。皇族を見る目は甘くなかったのである。

この文書は、〈皇族はおおむね深窓の育ちだから、体質軟弱で急に軍人になることはできないだろう。そこで現在十歳の皇族は十年のあいだ、国家の役に立つように努め、二十歳になったらほかの国民と同様に徴兵検査を受けさせろ〉との過激な提案にまでおよぶが、まさかそれは無理で、これから昭和の敗戦にいたるまで、軍人になるべく義務づけられた皇族たちは、国内の軍学校に無試験で入り、多くのものはさらに外国留学ということになる。

ほかに進む道なし

ただ、博経、能久が徴兵令制定のずっと以前から外国で軍事修業をしていたことからもわかるように、王政復古後に還俗した若い皇族が軍人となることは、徴兵令があろうがなかろうが、そもそも必然だったとも言える。なぜならば、出家が禁じられた皇族たちに、軍人以外にふさわしい職業はほとんどないからである。

たしかに新政府が発足した直後には、彰仁のような若者も含め、多くの皇族たちが政府の要職に就いた。しかし、それは〝お飾り〞としてかつがれているケースがほとんどであり、政府の機構が整備されてくるにしたがって、その地位は雄藩の下級武士出身のものたちにとって代わられることになる。

となると、皇族たち、とくに若い世代はなにをすればいいのか。まさか生き馬の目を抜くような連中がうようよしている政治や実業の世界に身を投じるわけにもいかない。さりとて〝学問専一〞では旧時代と変わらない。となると、身命を賭して国家、皇室に奉じ、なおかつ完全な階級社会で尊厳も保てる軍職くらいしか、皇族が進むべき道はないのである。

もっとも、宮内省の達が皇族に伝えられた時点で、すぐに軍人となれる皇族がそれほどいたわけではない。明治六年末に在世していた男子皇族は十五人。そのうち有栖川宮(ありすがわのみや)熾仁(たかひと)、山階宮晃(やましなのみやあきら)、久邇宮朝彦(くにのみやあさひこ)、梨本宮守脩(なしもとのみやもりおさ)は四十代後半から六十歳で、達にある「年長の向き」だから、軍人にはならなくてよい。また華頂宮博経は病気、有栖川宮威仁、閑院宮載仁、東伏見宮依仁、山階宮菊麿、賀陽宮邦憲(かやのみやくにのり)、久邇宮邦彦(くによし)はまだ幼少である。だから、天皇の命を受けてすぐに軍人になったり軍学校に入学したりできるのは、有栖川宮熾仁（三十八歳）、小松宮彰仁（二十七歳）、北白川宮能久（二十六歳）、伏見宮貞愛（十五歳）の四人だけである。

このうち能久は現にドイツで軍人修業中。そして、先述したように彰仁と貞愛は、達に先立って軍人になりたいとの願いを天皇に出していた。

彰仁は戊辰戦争で〝官軍〟の一方の長となり、兵部卿になったとはいえ、それ以降、軍職にあったわけではなく、階級ももたなかった。そこで、〈西洋では王族や貴族もまず下級将校として訓練を重ね、逐次昇進していく。自分はなにもわからぬ少年の身で重任を帯びてしまったが、これから一介の武弁として軍人としての初級の勤務から始めたい〉と願ったのである（『軍国の誉——故小松宮殿下の御事跡』）。天皇はこれを容れ、彰仁は明治六年十一月二十五日、陸軍少尉とされた。

また、おなじころ貞愛も陸軍軍人になりたいとの願いを出した。貞愛は父邦家が明治五年八月に死去したのにともない、かつて一度継承していた伏見宮家の家督をふたたび継ぎ、東大の前身である開成学校、外国語学校で学んでいたが、軍人を志望したのである。天皇はこれも認めたが、陸軍ではなく海軍に行くように命じた。彰仁が陸軍なので、その釣り合いからであろう。しかし、貞愛は、〈自分は体質的に海軍に向いていないし、フランス語を勉強したのでフランス式の兵制をとっている陸軍に行きたい〉と再度願った。体質云々とは船酔いをするということらしいが、天皇は承知し、貞愛は陸幼で学ぶこととなった。

ところが、前記四人の皇族のなかで熾仁だけは、宮内省の達が出たあともすぐには軍人にならなかった。

熾仁は戊辰戦争のとき、新政府最高位の総裁でありながら、江戸を攻める東征大総督を兼ね、〝官軍〟を率いた。皇族中で〝軍人〟としてもっとも華々しい存在であったのだが、奥羽地方が鎮定されたあと大総督を辞してからは、軍務との関係はいったんなくなった。そして明治三年四月に彰仁の後任として兵部卿となるが一年ちょっとで辞任し、こんどは紙幣贋造の騒ぎで揺れていた福岡県の知事に任命される。知事在職は九カ月、次はオーストリー博覧会御用掛という職に半年ほど就く（明治五年十一月辞任）。それ以降も、天皇の陸海軍部隊の観閲などに随行したりはしたが、軍務にしたがうことはない。徴兵令公布、彰仁らの願い出、宮内省の達なども、熾仁には関係がないかのようであった。

達が出されてすぐの明治七年初め、佐賀で江藤新平らが反乱を起こした。政府の最高実力者だった内務卿大久保利通はみずから佐賀に赴くが、彰仁も征討総督として出征する。反乱は彰仁が佐賀に着く前にほとんど鎮圧されていたが、大久保らにとっては、依然として不安定だった新政府の権威を示すためにも、皇族を征討総督にかつぐことが必要だったのである（彰仁はこのあと少尉から一気に少将となる）。

　このときも熾仁が佐賀に出征することが検討された気配は、すくなくとも各種の資料からは確認できない。皇族中では戊辰戦争最大の功労者だったはずの親王は、なぜ軍務から遠ざかったのか。明治四年七月に父幟仁親王から家督相続、五年一月には三年一月に結婚した貞子妃（徳川斉昭の娘）が死去、さらに六年七月に董子妃と再婚という具合に、身辺があわただしかったことが理由として考えられないでもないが、確証はない。

　しかし、明治十年二月、西郷隆盛ら旧薩摩藩士族らが「政府に尋問の筋あり」として起こした西南戦争は、この親王をふたたび戦地に送った。二月十九日、天皇は熾仁を鹿児島県逆徒征討総督に任命したのである。

　そして九州各地を転戦すること約七カ月、熾仁は勝利をおさめて東京に凱旋、十月十日、陸軍大将となった。それまで大将は陸海軍を通じ西郷隆盛ただひとり。言うまでもなく隆盛は鹿児島の城山で部下に首を打たせていたから、熾仁は文字どおり日本軍人の最高位に位置したのである。その後、熾仁は陸軍大臣、参謀本部長、参軍（陸海軍全体の統帥部長）などを歴任し、明治二十八年一月、日清戦争の最中に参謀総長のまま死去した。

　西南戦争中、熾仁以外に戦地に向かったのは少将小松宮彰仁（陸軍戸山学校長、東京鎮台司令長官）、陸士在校中だがすでに中尉になっていた伏見宮貞愛、熾仁の弟で海兵予科（当時は江田島ではなく東京築地にあった）在校中の威仁である。貞愛、威仁の二人は出征というよりも戦場見学といった趣だったが、彰仁は巡査を中心に編成された新撰旅団を率いていた。佐賀の乱にも出征し、皇族としてはただひとりの将軍だった彰仁は、おそらく征討総督には熾仁ではなく自分がなると予想していたはずである。それがはずれ、開戦から約五カ月が経過した七月末、やっと九州へ向かったのだ。

熾仁が現職のまま死去したとき、後任には彰仁が就いたが、天皇はそのことに必ずしも乗り気ではなかった。彰仁の能力をあまり評価していなかったのである。だからといって、すでに明治十年の時点で天皇が彰仁を買っていなかったとは断言できないが、いずれにしろ、政府を震撼させた西郷の反乱の鎮圧におもむいたのは彰仁ではなく熾仁だった。後述するように彰仁は自尊心の強い人物だったから、この人事には不満だったであろう。

2　その後の晃と朝彦

五十七歳にして父となる

このように若い皇族たちが軍人として活動していたころ、年長の皇族たちはどうしていたのか。とくに幕末の動乱期、皇族中で群を抜いて目立っていた山階宮晃(あきら)と久邇宮朝(あさ)

彦はなにをしていたのだろうか。

晃が新政府の外国事務総督となり、〝堺事件〟の処理にかかわったことは前述したが、晃はそれから間もなくの慶応四年五月二十日にすべての官職を辞し、以後、悠々自適の生活に入る。もっとも、そのために収入が減少し、手元不如意になってしまい、かなり体裁の悪い思いをしなければならなくなったのは前章第1節で見たとおりである。

そして明治四年十一月に、晃は病気を理由に孝明天皇猶子、二品などの皇族としての待遇をすべて返上し、隠居、帰農したいとの願いを太政官に出す。もし、これが認められれば、一代宮家である山階宮家は廃絶となり、養嗣子にしていた末弟の依仁も臣籍降下するはずだったが、天皇はこれを却下した。

晃がなぜこのような唐突とも思える行動に出たかはわからない。たしかに彼は王政復古直後から皇族の臣籍降下などを提唱しており、それを率先して実行しようとしたのかもしれないが、もしかしたら、手元不如意がいっこうに解消しないのに嫌気がさした可能性もある。

明治五年十月には東京へ移住する。その際、費用として五千両の拝借を願い出るが、これも認められなかった。晃は京都にいたころからひんぱんに寺社詣でなどで外出したが、東京でも同じだった。その際、わずかな供しか連れないことが多く、それを批判する声が聞こえてきたため、晃が宮内少丞の香川敬三に相談すると、香川は、〈いまの家禄ではしかたないでしょう〉と応えたという（『山階宮三代』）。当時の山階宮家の家禄は他の新立宮家と同じ四百三十一石三斗、晃は独身だが、男十八人、女九人の使用人もおり、費用もなにかとかさんだので貧弱な供回りしかととのえられなかったのだろう。

明治六年七月には侍女の中条千枝子が男子菊麿を産む。晃は五十七歳にして初めて父親となったが、すでに依仁を養嗣子としていたので、菊麿は梨本宮守脩の養子となり、京都に住むことになる。

菊麿誕生の直後、皇族たちの家禄が現金支給の賄料に変わり、増額もされた。『明治天皇紀』明治六年七月三十一日条によると、当時、各宮家に与えられていた家禄などの総額は年に七千九百七石二斗、金額に換算すると三万一千六百円余であったが、これでは皇族の体面を保つのもむずかしいので増額したのである。家禄と同じく、桂宮がもっとも多い年額六千八百円（静寛院宮［和宮］親子内親王にも同額支給）、次いで有栖川、伏見、閑院宮が六千六十円、小松、山階、北白川、梨本、華頂宮は四千六百五十二円。そのほか、隠居した有栖川宮幟仁と、謹慎は解かれたものの、まだ独立した宮家を立てるのは許されなかった朝彦には一千五百円が支給されるなど、皇族賄料の総額は六万四十円となった。

とにかく元気な老後であった

晃が京都への帰住を願い認められたのは、明治十年八月である。この年の初め、晃は天皇に供奉してしばらく京都にいたが、その間に里心がついたのかもしれない。折しも西南戦争の最中だが、もちろん晃には軍事的なつとめはないから、どこにいようが気楽である。また、帰住の表向きの理由は病気療養のためということだったが、健康に問題はなかったようで、京都でも連日のように寺社詣でや旧知の訪問などのために外出している。還暦も過ぎた老親王には、生まれ育った土地はやはり居心地がよかっただろう。

おもしろいのは、晃が京都に帰った直後、宮内卿徳大寺実則が、〈賄料四千六百五十二円と別途支給されている交際費六百円の合計五千二百五十二円のうち、東京の宮家費用に三千六百円をあて、京都での出費は一千六百五十二円とせよ〉と申し入れていることである。晃は京都へ移っても、東京には海兵に入校したばかりの養嗣子依仁がいるし、宮家の家臣たちも大勢いる。世帯が二つになっても余分な金は出せないぞと、宮内卿はクギをさしたのだ。西南戦争の戦費もかさみ、国も皇室もあいかわらず財政は苦しいのである。

京都には朝彦がいた。明治五年初め、朝彦が謹慎を許された直後に晃はこの政敵でもあった弟にひさびさに会っていたが、十年初めに帰洛したときも何回か顔を合わせ、こんども帰るとすぐに、下立売御門内の久邇宮邸を訪れた。その後もしばしばというわけではないが、年に数回は兄弟は訪問しあっている。

明治十二年秋には、京都にやってきた岩倉具視を晃、朝彦が梨本宮守脩とともに嵐山での舟遊びに招待するようなこともあった。水の上では幕末時の思い出話も出たかもしれないが、残念ながら記録は残っていない。

以後、八十一歳で死去するまで、晃の身に特筆すべきできごとは起きなかった。『山階宮三代』の記事でも、明治十八年十二月に梨本宮家を継いでいた実子の菊麿が山階宮継嗣となり、それまで養嗣子だった依仁が小松宮継嗣とされたことが、注意を引くくらいである。しかし、同書を読んで驚かされることもある。それは晃が年をとってもとにかく元気なことで、じつによく京都市中や郊外に足を運ぶのみならず、東京にも何度も出かけ、それ以外の地方にも旅行している。七十代なかばになっても、京都を一番列車で発ち、午前零時に新橋着というスケジュールをこなすのだから、並大抵の老人ではない。

病気で寝ついたこともほとんどなかったが、明治三十一年一月なかばごろから肋膜炎に黄疸、胆石などを併発し重態となった。それでも二月十三日に東京で待望の嫡孫が生まれたという知らせを受けるとみずから武彦（たけひこ）と命名し、命名書をもった使いを東京に行かせた。その後、病状が悪化し、二月十七日未明に死去した。

遺言に葬儀は仏式でするようにとあったため、山階宮家を継いだ菊麿王（海軍大尉（だいい））は、その旨を宮内大臣に申し入れたが、天皇は枢密院に諮問のうえ、王政復古以来の定めにしたがって神式で弔うように命じた。ただし、宮家で内々に仏事をいとなむのはかまわないとも侍従長から伝えさせたので、忌日ごとに法要がいとなまれた。場所はもちろん勧修寺である。

京都に住みつづける朝彦

朝彦は晃に先立つこと六年半ほど前に死去したが、その後半生は悠々自適の日々を送った兄のそれと異なり、けっして穏やかなものではなかった。

明治五年一月に謹慎がとりあえず解かれ、宮号（賀陽宮）復活、三品となったあと、天皇に礼を言うために上京、その際、ほかの皇族同様、家族とともに東京に移住するよう命じられたが、けっきょく、病気療養を名目に京都に住みつづけることを認められた。朝彦にしてみれば、自分に無実の罪をかぶせた連中のいる土地になぞ住みたくもなかったろうし、新政府のほうも、まだ幕末の記憶も新しい中、朝彦を敬して遠ざけたい気持ちがあったのかもしれない。

七年十一月にはかつて住んでいた下立売御門内の邸宅の土地、建物をあらためて下賜される。ここは朝彦が流罪となったあと、東京から帰ってきた静寛院宮（和宮）親子内親王が住んでいたが、親子がふたたび上京したため空き家となっていた。翌八年四月、一代宮家となり、他の一代宮家と同額の四千六百五十二円の賄料を下賜され、次いで五月、仁孝天皇養子に復し、親王宣下、久邇宮と称することとなった。皇族として完全復権である。さらに七月には神宮祭主に任じられた。この職は伊勢神宮神官の最高位であり、それまでは公家が就いていたが、明治になって皇族があたることとなり、朝彦が三條西季知（皮肉なことに朝彦が〝八・一八政変〟のときに京から追放した〝七卿〟のひとり）から引き継いだのであった。ただし、住まいは京都のままである。

注目すべきは、明治十二年四月に朝彦が神道教導職管長への就任を断っていることである。神道教導職というのは神道布教のため教部省がつくった組織だが、各宗派間の対立などからなかなか有効に機能せず、そんな事情もあって、当時、所管していた内務省は、天皇の裁可も得て、神宮祭主で皇族の朝彦をトップにかつごうとした。しかし、管長になると東京に住まなければならない。朝彦はそれを嫌がり、就任を拒否したのである（『明治天皇紀』明治十二年四月二十三日条）。

朝彦は明治五年に上京して以来、一度も東京に行っていない。明治八年夏に、左大臣島津久光が朝彦に上京を勧めたことがあったが、そのときも断っている（『明治天皇紀』明治八年七月三十一日条）。晃も京都に帰ってはいるが、時として東京に顔を出している。政府に朝彦を煙たく思うところがあったとしても、やはり皇族は天皇のお膝元に住むのが大原則であり、かたくなに東京にあらわれない朝彦の態度は好ましいものではない。ましてや先述したように、朝彦は明治十四年秋には梨本宮継嗣問題について口を出したり、息子に桂宮家を継がせるように運動したりしているのである。

おそらくそれやこれやで、明治十五年三月、天皇は朝彦に上京を命じた。こうなれば朝彦も観念せざるをえない。渋々とだろうが東京にやってきて、三週間ほど滞在し、天皇にも十年ぶりに拝謁した。しかし、朝彦はその後もまた長い間、東京に足を踏み入れない。明治十六年七月に二代皇族となったときも、十九年末に大勲位菊花大綬章をもらったときも、朝彦は天皇に礼を言うために上京したりはしないのである。

息子を京都に連れ帰る

さらにこんなこともあった。明治二十一年十月八日、天皇は京都の朝彦に以下のように命じる（『明治天皇紀』同日条）。

思召（おぼしめし）を以て、朝彦親王の王子邦彦（くによし）・多嘉（たか）両王及び安喜子・晴子・素子の三女王に東京に於て修学すべきを命じたまひ（中略）十一月十五日までに上京せしめたまふ

朝彦のもとにいる五人の子どもたちを勉学のため東京に来させよ、ということである。『明治天皇紀』によれば、学費の補助として年一千五百円、さらには上京の仕度費、旅費として三千五百円が支給されることも決まっていた。まさにいたれり尽くせりの恩典

つきの命令なのだが、朝彦はすぐにはしたがわなかった。まず十一月十五日までという期限を延長してほしいと言い、さらに、上京するのも健康に問題のない邦彦、晴子、素子の三人だけにしたいと願った。けっきょく、十二月八日になって東京に着いたのは、この三人だけだった。

そして、驚くべきことが起きたのは翌年六月である。上京した邦彦はかつて朝彦が桂宮家を継がせようとした三男の四志磨（よしまろ）だが、長男が夭逝、次男の邦憲（くにのり）が病弱だったので、久邇宮家の継承が決まっていた。上京後、学習院に入学する予定だったが、持病の膀胱カタルをこじらせるなどしてしばらく熱海で療養し、幸い快方に向かったので学習院にも入る。いよいよ東京での勉学開始のはずだったが、そこに朝彦がいきなり上京し、邦彦を京都に連れ帰ってしまうのである。

邦彦はそのまま何カ月経っても帰京しない。ところが、朝彦はまたやってくる。この年の十月には伊勢神宮の式年遷宮があり、それに神宮祭主として奉仕した朝彦は、十二月に天皇への報告のために上京したのである。東京滞在は一週間ほどだったが、その間、朝彦は天皇に拝謁すると同時に、在京の熾仁（たるひと）、貞愛（さだなる）、彰仁（あきひと）、能久（よしひさ）らの諸親王や、総理大臣を一時的に兼任していた内大臣三條実美、侍従長徳大寺実則らとも会った。

朝彦は天皇に伊勢神宮のことを話しただけでなく、皇族を集めて時事を諮問すべきだと言上するなどしたようだが、皇族たちにも、〈西洋の学問を学ぶより、いろいろの人間に会い聞き学問をせよ〉とか、〈世間には皇族を無用の長物とするものもいるが、これは皇族が国家の重大事にかかわろうとしないからだ〉と熱弁をふるった（『明治天皇紀』明治二十二年十二月十九日条）。まさに〝雀百まで踊りを忘れず〟の体であり、相手をした皇族たちも複雑な心境だったろう。

一方、息子の邦彦は体力の回復と増進に専念するとの理由で京都にとどまり、いっこうに上京しようとしない。じつは天皇は朝彦が上京する前に、徳大寺侍従長を通じ、〈いま京都にいる宮内次官吉井友実が帰京するときに邦彦もいっしょに帰らせよ〉と、朝彦に命じていた。このころ徳大寺が吉井に出した手紙によれば、天皇は邦彦が仮病をつかっていると疑っていたようである（『明治天皇紀』明治二十二年十一月十八日条）。となれば、朝彦が東京にいる間にもさまざまなルートから天皇の意が伝えられたはずだが、朝彦は京都に戻ってからも、邦彦をなかなか手放さない。

けっきょく、ようやく邦彦が上京したのは、朝彦が連れ帰ってから九カ月が経った明治二十三年三月二十三日であった。『邦彦王行実』によれば、わざわざ吉井が京都まで迎えにきたというから、ひょっとしたらまだ朝彦は息子を再上京させるのを渋り、天皇が強硬手段をとらせたのかもしれない。

続く反抗

ところが朝彦の反抗はまだ終わらない。こんどは上京した邦彦を学習院から退学させ、成城学校に入れるという挙に出たのだ。

たしかに成城学校は陸士に入るための予備校のようなところだから、軍人になることが決まっている邦彦にはうってつけの転校のように思える。だが、嘉仁皇太子が数年前から学習院で学んでいるように、皇族の子弟は同院に入るのが当然であり、おまけに朝彦は邦彦に学習院をやめさせた理由として、〈最近の学習院の風儀が悪いこと〉をあげたものだから（『明治天皇紀』明治二十三年五月二十日条）、硬骨をもって知られた学習院院長三浦梧楼（陸軍中将）は激怒し、〈こんなことをされては学習院は廃校にいたってしまう〉とまで記した意見書を宮内大臣土方久元に送りつけた。しかし、それも空しく、朝彦の我意はつらぬかれる。

そして朝彦の意気はまだまだ衰えない。この年の秋、天皇に抗議の上奏文を送ったのである。

きっかけは、熱田神宮が改修にそなえて宮内大臣や内務省寺社局長に出した、〈秘事である伊勢神宮の神殿の構造や、内部の装飾について知りたい〉との願いが認められたことであった。それを聞いた朝彦は、そんなことになれば伊勢と熱田を同列に扱うことになると激怒したのである。上奏文には、「そもそも天日の二なく、天皇の二なきが如く、神宮の神秘亦一ありて二あるべからず。速かに熱田神宮宮司等の拝観を止め、国家臣民の将来に於て、混乱迷暴の憂いあらしむべからず」と、激しい文言がならぶ。

天皇も辟易したろうが、熱田の神官に神殿の内部を拝観させても不敬にはあたらないし、装飾などは絵図を見せればいいと、ごく常識的な判断を下した。そして徳大寺侍従長に、〈この件については勅裁が下っているので上奏の趣旨はみとめられない〉と、朝彦に伝えさせた。さらに吉井宮内次官が京都まで出かけ、直接、その旨を朝彦に話した。朝彦の顔を立てるべく、天皇も宮内省も最大限の配慮をはらったことがわかる（以上の経緯は『明治天皇紀』明治二十三年十月五日条）。

ところが朝彦はそれでも納得しない。手紙ではラチがあかないと、いきなり東京に来てしまうのだ。十一月六日のことである。天皇が多忙だったため、拝謁が実現したのは一週間後だったが、天皇は初めから、〈伊勢と熱田を同等に扱うつもりはない。文書だけによったので行き違いが生じたのだ〉と、低姿勢に出た。これでは意気ごんでいた朝彦も、〈それならば、わざわざ上京するにはおよびませんでした〉と、穏やかに応えざるをえない。その後も天皇は、伊勢が唯一無二の神宮である所以を延々と説明する朝彦に辛抱強くつきあい、また数日後にも政務の合間をぬって、再度朝彦と会い、〈皇族が政治についての意見を述べやすくするために、天皇と皇族の茶話会のようなものを設けたらどうか〉といったことを熱心に語るのを黙って聞いていた（二人の会話の内容は

『明治天皇紀』十一月十三日、十九日条）。

時に天皇は三十八歳、朝彦は六十六歳。仁孝天皇猶子の朝彦は、形式的にではあるが天皇の伯父であり、また、父孝明天皇の〝寵臣〟でもあった。さらに例の冤罪への同情もあったかもしれない。だからこそこのわがままな親王におおいに気をつかったのだろうが、土方などは朝彦の態度を不快に思ったようで、〈宮内大臣の自分をとおさずに神宮のことを直接天皇に上奏したのは遺憾だ〉と、面とむかって抗議した。

〝勤王の志士〟だった土方は、あの〝八・一八政変〟のあと、三條実美らにしたがって長州に落ちている。朝彦はいわば〝旧敵〟であるし、また、邦彦の転校問題のときも、宮内大臣として苦い思いをさせられている。ついに腹にすえかねて文句をつけたのだろうが、『明治天皇紀』によれば、朝彦は土方を論破したという。

このように幕末期と同じような圭角の多い人生を送りつづけた朝彦だが、明治二十四年十月二十五日、神嘗祭に奉仕するために滞在していた伊勢で、大動脈瘤破裂により死去した。葬儀は神式だったが、宮家による内々の葬儀が相国寺でもおこなわれたという（『山階宮三代』）。

久邇宮は三男邦彦によって継がれたが、この二代目当主は、のちの〝宮中某重大事件〟のとき、主役のひとりとして、いかにも朝彦の息子らしい動きを見せる。

3　宮家の増加と皇室典範増補

伊藤博文の意見書

明治三十一年（一八九八）二月九日、晃親王が京都で死去する少し前、第三次内閣を組織したばかりの伊藤博文が、天皇に皇室についての意見書を提出した。『伊藤博文伝』では十カ条、『明治天皇紀』では七カ条とされ、各条の順番も異なるが、内容はどちらに引用されているものも同じである。

各項目のなかでもっとも重要なのは、『伊藤博文伝』では二番目、『明治天皇紀』では三番目にあげられている「皇族待遇の事」と題されたものである。非常に興味深い内容なので、やや長くなるが、その前半部分を『伊藤博文伝』から引く（下巻三三六～三三七ページ）。

皇室典範御制定の際に於ては、祖宗の遺法を斟酌して皇族を降下して人臣と為すの規定を設くるに至らざりしは、事情止むを得ざるに出たるも、皇族の繁栄に至るに従て、帝位に遠隔の数世を経るの後は降して人臣即華族と為すの制を立てられざるに於ては、帝位継承上の統属を増加し、随て非望の端も之より生ぜざることを保し難し。且帝室有限の財力を以て之を保護し、皇室至当の地位を永遠に持続せしめんこと、到底望むべからず。随て皇族全体の不利と為るは、其の原因枚挙に遑あらず。是れ其の制限の法を定むるは、今日の急務たる所以なり

一言で言えば、「止むを得ざる」事情から皇室典範に盛りこめなかった皇族の臣籍降下規定の必要性を強調しているのだが、注目すべきはその理由である。ひとつは皇位継承の資格をもつもの（「帝位継承上の統属」）が増加すると、皇位に分を越えた望み（「非望」）を抱くものがあらわれかねないこと、もうひとつは皇族が増えすぎると皇室の財力では支えきれなくなる可能性があることである。

後者は伊藤たち永世皇族制反対論者が以前も主張した点だが、前者は枢密院の典範草案審議の過程でも、もちだされなかった。と言うよりも、あまりに生々しいので、誰もが口にするのを憚ったのだろう。それを伊藤は正面から掲げたのである。伊藤の臣籍降下制（「其の制限の法」）への執念のほどがうかがえる。

伊藤は意見書提出の四カ月半ほどあとに総理大臣を辞任するが、皇室制度改革への意欲は変わらず、天皇にそのための調査機関設置の必要を内奏した。天皇はこれを容れ、明治三十二年八月二十四日、伊藤に帝室制度調査局の設置と、同局総裁への就任を命じ

る。このとき伊藤に下された詔には、「帝室の制度は、典範及び憲法に於てその大綱を掲ぐと雖も、その条章に基づき、永遠の規準を定むるを要するもの少からず。是れ朕が卿（伊藤）の啓沃に倚り、完成を期せんと欲する所なり」とある。〈皇室制度のおよそは憲法、典範にしめされているが、細かく規定しなければならないことも多い。その作業を卿（伊藤）にゆだねたい〉という意味で、伊藤は皇室制度整備についての大きな権限を手にしたのである。

また天皇は伊藤に十二項目の調査事項も指示したが、これは伊藤が意見書で検討の必要性を訴えたものとほぼ同じで、臣籍降下制についての項目もふくまれていた。天皇が臣籍降下制についても、以前のように絶対反対ではなくなっていたことがわかる（『伊藤博文伝』下巻四一七〜四一八ページ）。

帝室調査局総裁となった伊藤は、土方久元を副総裁、高崎正風、伊東巳代治、穂積八束らを御用掛とし、彼らを集めて訓辞をおこなった。そのなかで、臣籍降下制について次のように述べ、あらためて固い決意を示した（『伊藤博文伝』下巻四二三〜四二四ページ）。

今日の皇族はすでに九家の多きに及んで居る。（中略）将来、皇族の男女ともに人員の増加を見るは自然の理であつて、しかも皇室の経済には限りがある。（中略）

> 限りある皇室の財源を以て、窮り無き皇族人員の増加に伴ふことの出来ぬことはまた理の甚だ看易きものである。これ等に対しては勢ひ自ら彼の古制に基き、人臣に降るの制を立てねばならぬ

「勅旨又は情願に依り」

伊藤は明治三十三年（一九〇〇）九月に立憲政友会を組織して総裁となり、それにともなって帝室制度調査局の総裁は辞任したが、三年後、政友会総裁を西園寺公望に譲り枢密院議長となると、局の総裁に復した。そして三十八年十二月に韓国統監府統監に就任しても、総裁職を兼ねた。まさに皇室制度整備は、伊藤の畢生の事業だったのである。

ただその作業がとんとん拍子に進んだわけではない。事の重大性もあろうが、このころの日本が、ロシアとの戦いをはじめとし内外ともに多事多端であったことも影響しただろう。伊藤にしてもこれだけにかかわっているわけにはいかない。けっきょく、伊藤が臣籍降下制の規定を中心とする皇室典範増補案を天皇に提出したのは、明治四十年の初めであった。その際、伊藤はこれをまず内閣に審議させ、そのうえで枢密院に諮詢するように求めた。長年の懸案解決にあたり、慎重のうえにも慎重を期したのである。天皇もその手順を踏み、枢密院会議が増補案の審議をおこなったのは、明治四十年二月五日であった。

会議の出席者は少なかった。天皇は臨席したが、五名いた皇族議員（成年以上の親王）、総理大臣西園寺公望、内務大臣原敬、二十九名の枢密顧問のうち副議長の東久世通禧を含む十五名も欠席した。また、枢密顧問となっていた前議長の伊藤も姿を見せなかった。なぜかはわからないが、提案者であるがゆえに遠慮したのかもしれない。

議長は山縣有朋。開会は午前十時五十五分。案の説明などがおこなわれ、山縣が決を採ると出席者全員が賛成した。閉会は十一時七分、わずか十二分の審議だから、議論百出したあの典範草案審議のときとは大違いであった。

かくして成立し、二月十一日に公布された典範増補は全八カ条からなっていた。その第一条は左のとおりである。

王は勅旨又は情願に依り家名を賜ひ華族に列せしむることあるべし

以下、皇族は養子となって華族の家督を相続できる（第二条）、特権を剝奪された皇族は臣籍降下させることがある（第四条）、臣籍降下した皇族は皇籍に復帰できない（第六条）などの規定がおかれ、ここに王、つまり五世以下の皇族の臣籍降下制が定められ、永世皇族制は廃された。

ただ、この増補が具体的な定め、たとえばどんな血統の皇族が臣籍降下させられるのか、といった規定を欠いたため、のちのち厄介なことが起きるのだが、それについては次章で見る。

皇孫誕生——解消した天皇の不安

ここでの最大の興味は、なぜ天皇が臣籍降下制の制定、永世皇族制の廃止に賛成したのかということだ。前にも述べたように、天皇ももともと臣籍降下制に賛成だったという見かたもあるが、やはり、皇位継承に大きな不安を感じていた天皇は、皇位を継ぐ資格をもつ皇族を減らす臣籍降下制には絶対反対だったと考えるのが正しい。

となると、天皇が賛成に転じたのは、典範制定以後、その不安が解消したからだということになる。くりかえすが、近世の天皇家は綱渡りのような皇位継承をおこなってきた。後桃園には皇子がいなかったため傍系の閑院宮(かんいんのみや)家の王子だった光格が皇位を継ぎ、光格、仁孝(にんこう)、孝明の三代の天皇は、事実上ただひとりの皇子にしか恵まれなかった。そして明治天皇にも夭逝しなかった皇子は明治十二年生まれの嘉仁親王ひとりだけであり、しかも嘉仁は典範制定のころは病弱で、無事の成長を危ぶまれていた。

ところが侍医を漢方医から西洋医に代えた効果もあって、嘉仁も徐々に丈夫になり、学習院にも元気に通学し、明治二十四年ごろからは将来のお妃選びも始まる。加えて多くの宮家にも王子が誕生し、明治三十二年ごろには、嘉仁に万一のことがあっても、皇位を継ぐものには事欠かない状況となっていた。それが伊藤の意見を天皇が容れた最大の原因だろう。

さらに時間が経つほどに、天皇の不安をいっそうやわらげることが起きる。それは明治三十三年五月に結婚した嘉仁と節子妃（貞明皇后）のあいだに、裕仁（昭和天皇。明治三十四年生）、雍仁（秩父宮。三十五年生）、宣仁（高松宮。三十八年生）の三人の皇孫が次々に誕生したことであった（末子の三笠宮崇仁は大正四年［一九一五］生）。皇孫たちは元気に育ち、少なくとも次代、次々代の皇位継承への心配はない。

そしてもうひとつ、典範増補が制定されるまでのあいだに、宮家がまたいくつか増えたことも、天皇を安心させたろう。その数は五つ、いずれも伏見宮の血統につらなる賀陽、東伏見、竹田、朝香、東久邇の各宮家である。

このうち賀陽宮家を立てたのは朝彦の次男邦憲王である。邦憲は病弱だったため久邇宮家を継ぐことができず、明治二十五年十二月に父の旧称である賀陽宮を名乗ることは許されたが、依然として部屋住みの身であった。弟で久邇宮を継承した邦彦はそれを気にして、兄にも一家を立てさせてほしいと天皇に願っていた。そして、明治三十三年五月の嘉仁皇太子結婚祝賀の一環として、それが認められたのである。『邦彦王行実』（六五ページ）によると、そこには伊藤博文の斡旋があったとのことだが、あるいは伊藤には臣籍降下制とのかかわりで、天皇に配慮を示すとの意図があったのかもしれない。

東伏見宮家は伏見宮邦家の末子依仁（よりひと）親王が明治三十六年一月に立てた。先にも見たように、依仁は初め長兄の山階宮晃の養子となり、その後、やはり兄の小松宮彰仁（あきひと）の養子となった。そしてそのまま小松宮家を継承するはずだったが、小松宮家をはなれ、あらたに東伏見宮家を立てたのである。この背景には複雑な事情があったが、その内容は小松宮家廃絶にふれるところで述べる。

内親王の結婚相手

そして、この三宮家新立にもまして天皇を安心させたにちがいないのは、明治三十九年三月の北白川宮恒久（つねひさ）王による竹田宮、久邇宮鳩彦（やすひこ）王による朝香宮、同年十一月の久邇宮稔彦（なるひこ）王による東久邇宮新立だった。

これら三人の王に共通するのは、宮家新立後に天皇の皇女と結婚していることである。恒久は明治四十一年四月に第六皇女昌子（まさこ）内親王と、鳩彦は四十三年五月に第八皇女允子（のぶこ）内親王と、そして稔彦は大正四年五月に第九皇女聡子（としこ）内親王と婚儀をあげた。これを別の角度から見れば、三人の王は皇女と結婚するために宮家を立てたということである。

もっとも、『明治天皇紀』などの公的な記録にそのように書かれているわけではないが、王たち自身もそれを自覚していたこと、また宮中首脳などのあいだでもそれが自明のこととなっていたのは、たとえば鳩彦の娘である大給湛子（おぎゅうきよこ）の回想録『素顔の宮家』や、牧野伸顕の日記などからよくわかる。

天皇には十人の皇女がいたが、六人は誕生と同時か幼女のうちに死去している。天皇は無事に成長した四人の娘たちを皇族と結婚させたいと望んだ。そして、当時の宮家にいた皇女と年がつりあう何人かの若い皇族たちが配偶者候補とされたのである。そのうち北白川宮成久（なるひさ）王は、第七皇女の房子（ふさこ）内親王と結婚することになった。成久は宮家の当主である（父能久（よしひさ）親王が台湾で戦病死したあと、七歳で家を継承）。

ところが、ほかの候補者たちはそうではない。恒久は成久の兄だが、妾腹の出のため家督は継げなかったし、鳩彦、稔彦は久邇宮朝彦の八、九男だから（実際は稔彦が兄）、やはり家督継承はむずかしい。となると、彼らが結婚後もそのまま北白川宮、久邇宮家に属したままだと、皇女たちの身分にも微妙な差が出てきてしまう。それは天皇には避けたいことだった。そこで、三人の王にも宮家を立てさせることになったのである（くわしくは拙著『皇族誕生』、『不思議な宮さま――東久邇宮稔彦王の昭和史』）。

皇女たちの配偶者選びがおこなわれていたのは、伊藤が典範増補制定の準備をすすめていた時期と重なる。伊藤にしてみれば、皇女たちとの結婚という大義名分があるにせよ、若い皇族があたらしい宮家を立てるのは歓迎できないことだったにちがいない。しかし、天皇の気持ちを考えれば宮家新立をはばむわけにもいかない。

裏づける証拠はないが、伊藤が臣籍降下制をさだめた典範増補案を天皇に提出するのが遅れたのは、もしかしたらこのようなジレンマも関係したからかもしれない。つまり、増補が制定されてしまうと、恒久、鳩彦、稔彦は臣籍降下し、華族になる可能性が大となる。そこで、彼らが法的にも問題なく宮家を立てられるように、増補案提出を遅らせ、時間稼ぎをした——。

この推測が当たっているかどうかはともかく、三つの宮家ができたことで、皇女たちは終生にわたり皇族の妻、しかも独立した宮家の妃でいられることが確定した。そして彼女たちが男子を産めば、その子ももちろん皇位継承資格を有する皇族であり、外孫、すなわち女系とはいえ明治天皇の血を濃く継いでいることになる。天皇は二重に安堵したであろう。

久邇宮系統の繁栄と小松宮彰仁親王

このようにして明治後半になって、また宮家が増えた。ここで気づかなければならないのは、増えた五宮家のうち、三家が久邇宮系統だということである。明治になってからの朝彦が、大きな不平不満をかかえながら生きていたのは前節で見たとおりだが、朝彦の王子邦彦の伝記『邦彦王行実』や、稔彦の半自叙伝『やんちゃ孤独』などにも、久邇宮家がほかの宮家にくらべて冷遇されていたという意味の記述がある。この三宮家新立を見ても、誇張が過ぎると言わざるをえないが、しかし、本人たちがそう思いこむのを止めることはできない。その結果、邦彦や稔彦は、皇族としての矩を踰えるようなおこないをすることにもなる。

それについて具体的に見るのはあとにして、ここではやはり皇族としては異常と思える行動をした人物について触れておこう。それは小松宮彰仁である。

陸軍軍人となり、皇族だけの特権だった猛スピードでの昇進をとげた彰仁は、明治二十八年一月、日清戦争の最中に有栖川宮熾仁が死去したのを受けて参謀総長に就任する。じつはこのとき、総理大臣伊藤博文らが熾仁の後任として推したのは、現職の枢密院議長で総理大臣経験者でもあった山縣有朋だった。ところが、山縣による戦争指導への介入を参謀次長川上操六や海軍軍令部長樺山資紀らが嫌ったため、彰仁にお鉢が回ってきたのである（伊藤之雄『立憲国家の確立と伊藤博文』）。

しかし天皇は、彰仁起用に必ずしも積極的ではなかったようだ。『明治天皇紀』にはもともと天皇が彰仁にあまり好意的でなかったことをしめす挿話がいくつかある。

〈明治十九年末から約一年間、彰仁が頼子妃同伴で欧米を旅行した際、やたらと宝石や衣服を買ったことに天皇が怒った〉（明治二十二年二月十四日条）

〈親王が山縣と同時に陸軍大将になったとき、天皇は山縣の昇進はすぐに許したが、彰仁には山縣と同じような功績はないといって、大将にするのをなかなか認めなかった〉（二十三年六月七日条）

そして天皇は彰仁を参謀総長へは就任させたが、本人が希望したにもかかわらず、熾仁の兼ねていた神宮祭主になることは許さず、兄の賀陽宮邦憲を祭主とした。皇女たちの養育を任せられるなど天皇の信任が非常に厚かった佐佐木高行は、後年の日記にその理由について、「(彰仁は) 何分御不行跡の御事なれば斎(祭) 主はしかるべからず」と記している(『佐佐木高行日記　かざしの桜』明治三十二年一月二十一日条)。皇室の祖神である天照大神を祀る伊勢神宮の祭主に、身もちの悪い者をすえるわけにはいかないと天皇は考えたのである。

同じく佐佐木の日記の明治三十年十月一日条には、当時、宮内省調度局長兼宮内大臣秘書官だった長崎省吾の言葉として、「聖上 (天皇) の御厳格に反し、皇族方はとかく御品行よろしからず、恐れ入るなり。就中、小松宮彰仁親王は別けてのことなり。過日も高崎正風小松宮別当 (別当は宮家家政の最高責任者で、宮内官や軍人の大物がなることが多い) 来りて言う、とても御補佐は出来ず閉口なりと」とあるが、彰仁の素行の悪さは宮中では周知のことだったのがわかる。

常軌を逸した願い

佐佐木の日記は、彰仁が伏見宮家の当主である弟の貞愛と仲が悪いということを述べた土方久元の言葉も紹介している (明治三十二年一月二十一日条)。土方は、「伏見宮と小松宮はとかく御不和なり」」と言い、不和のわけを、「小松宮は庶兄につき、伏見宮御相続できず、維新前は御出家にあらせられ候ところ、その頃より今日に至るまで大不平」と説明した。さらに土方は、「小松宮は一体嫉妬深く、有栖川宮熾仁親王御在世の御時も、御上席なれば、何につけ不平にてありし」とも言う。彰仁は朝彦などとはまた別の理由から、長い間、不平不満を心のなかに抱いてきたということである。

それが異様なかたちで露呈したのが、明治三十五年四月のことだった。『明治天皇紀』明治三十六年一月三十一日条には、そのさまが大略、次のように記されている。

〈彰仁は皇族が養子をとるのを禁じた皇室典範（「皇族は養子を為すことを得ず」）制定前に弟の依仁を養嗣子としたが、いまは依仁に小松宮家を継承させる意思はなく、前から養子同然にしていた北白川宮輝久に遺産を継がせたいと願っている。しかし、自分が皇族でいるかぎりは輝久を養子にはできないので、臣籍に降下して華族となり、そのうえで輝久を養子として家督を継がせたいと、宮内大臣に願った〉

彰仁がなぜ依仁に宮家を継がせたくないと思ったのか、また、なぜ華族となってまで輝久に財産を渡したいと思ったのかは、『明治天皇紀』や、彰仁の伝記『軍国の誉―故小松宮殿下の御事跡』、依仁の伝記『依仁親王』などを読んでもわからない。しかし、その願いがふつうでは理解しがたいものであることは、誰でもわかろう。

天皇も宮内当局（当時の宮内大臣は田中光顕）も驚き、呆れたにちがいない。しかし彰仁の願いを一蹴したりすれば、一大騒動が起こりかねない。そこでまず、事実上〝廃嫡〟された依仁に新宮家を立てさせることにした。海軍軍人として日清戦争にも従軍したこの親王にはなんの罪もないのだから、当然の措置と言うべきだろう。依仁が彰仁のかつて名乗っていた宮号と同じ東伏見宮家を立てたのは、明治三十六年一月三十一日である。

この半月後、彰仁は死去する。くりかえすが典範では皇族が養子をとるのを禁じているから、嗣子がいない小松宮家は廃絶となることが決まった。これで彰仁の願いが実現したことになるが、しかし、実際には彰仁は本心からそれを望んでいたかどうかは疑わしいとも考えられる。つまり、あの願いはブラフだったかもしれないのだ。

と言うのは、彰仁死後、頼子妃と、北白川宮能久の妃富子（輝久の生母ではない）が相談し、輝久を皇族のままにし、小松宮家を継がせてほしいと天皇に願ったからである。もし彰仁が本気で華族となってもかまわないから輝久に家督を継がせたいと思っていたのなら、二人の妃がその遺志に反する願いをすることは、まずありえないだろう。

この願いがいつ出されたのかははっきりしないが、皇室典範増補が制定された直後の明治四十年二月二十六日、天皇はこれについて伊藤博文に諮問した。伊藤は、〈輝久王が彰仁親王の跡を継ぐのはけっこうでしょうが、典範の規定がある以上、王が皇族のまで小松宮家を継ぐことはできません。増補の規定にしたがい、勅旨か情願によって王を臣籍に降して公爵か侯爵とし、適当な資産を下賜されてはいかがでしょうか〉と答えた（『明治天皇紀』同日条）。

天皇はこれを可とした。輝久が実際に華族となったのは明治四十三年七月二十日。前年に海兵を卒業した輝久が臣籍降下を情願し、天皇が皇族会議と枢密院に諮るという手順を経て、輝久は侯爵の位と小松の家名を与えられた。

明治十七年七月に爵位制度ができたときにつくられた「叙爵内規」によれば、臣籍降下した皇族は公爵に叙せられることになっていたが、この後も臣籍降下した皇族はすべて侯爵か伯爵とされ、公爵となった者はいない。

また、輝久には「家門保続」のために十二万円が下賜された。それまで輝久は皇族として年四千八百円の賄料を給付されていたから、その二十五年分にあたるわけだが、昭和になって臣籍降下した皇族にはすべて百万円が下賜されたことを思えば、すくない金額である。輝久が小松宮家の財産を引き継いだことが考慮されたのかもしれない。

輝久は勉強のできる少年だった。学習院初等学科（のち初等科）に入ったとき、同時に兄の成久、有栖川栽仁（たねひと）（熾仁の弟威仁（たけひと）の王子）、後年、皇女と結婚する鳩彦、稔彦も入学した。輝久はこの四人よりも一歳年下だったが、成績はもっともよく、学習院から海兵に行くときも、皇族としてはまったく異例なことに入校試験を受けて合格している。海軍では中将まで昇進したが、戦後、部下の戦中の行為の責任を問われ、戦犯として巣鴨プリズンで服役するという不運な目にあった。釈放後は、平安神宮宮司をつとめている。

有栖川宮家の断絶と高松宮家新立

ここで時間的には先取りとなる部分もあるが、小松宮以外の廃絶した宮家についてまとめておこう。

孝明天皇の妹である淑子（すみこ）内親王が女性でありながら継いでいた桂宮は、明治十四年十月、淑子が死去すると廃絶した。朝彦が息子に継承させたいと運動し、岩倉具視らがそれに反対したのは先述のとおりだが、けっきょく、世襲親王家のうちでも伏見宮家に次いで古いこの宮家はなくなったのである。

江戸時代の例にならえば、淑子死去後も当主不在のまま存続させ、天皇家に皇子が生まれたら継がせるということもありえただろうが、世襲親王家以外の宮家が激増した以上、そのようなやりかたも意味がなくなったのだろう。

その次に廃絶したのが小松宮家、そして桂宮家と同じく世襲親王家のひとつである有栖川宮家である。明治十一年夏の〝竹橋騒動〟のあと、天皇が有栖川宮威仁親王に譲位するとの噂が流れたことには第四章の終わりで触れたが、有栖川宮家は十七世紀末に霊元天皇の皇子職仁親王が養子となって家督を継いだため、世襲親王家のなかでは明治天皇と血縁が相対的に濃いことになる。そこで天皇家に跡継ぎがいないときは、有栖川宮家から天皇が出ることになっていたのである（ほかの世襲親王家にも霊元より後代の天皇の皇子が入っているが、第一章の最後で見た伏見宮家の場合のように、またもとの血統に戻ったり、閑院宮家のように伏見宮家から養子を迎えたりしたため、有栖川宮家よりも明治天皇との血縁は薄くなっていた）。

明治天皇はこの宮家の熾仁と、その弟で宮家を継いだ威仁を、多くの皇族のなかでもとくに信頼していた。参謀総長だった熾仁が病のためにたびたび辞職を願っても許さなかったこと、皇太子嘉仁の輔導を威仁にゆだねたことがそれをしめしている。また、威仁が拝謁にくると、天皇は用件が終わってもなかなか帰さずに話しこんだというし、あまり体が頑健でなかった威仁のことを妃の慰子（加賀前田家出身）が気づかわないのを、天皇がしきりに憤慨していたといった微笑ましい挿話（侍従だった日野西資博の『明治天皇の御日常』）もある。有栖川宮家は天皇にとって、もっとも親しみをもち、かつ大切な宮家だったのだ。

ところが、この宮家も後継者に恵まれなかった。威仁にはただひとりの王子として栽仁王がいたが、海兵在校中の明治四十一年四月、二十歳で死去してしまう。栽仁はもともと父に似て体が丈夫ではなかったようだが、心身によほどの障害がないかぎり軍人となるのは皇族の義務である。そこで正式に入校する前にとくに二年間の準備教育を海兵で受け、きびしい訓練などに備えていたのだが、不幸な結果となってしまった。

栽仁死去のとき、母の慰子妃は四十四歳であり、これから後嗣となりうる王子を産む可能性は低かった。そのため、威仁に側室をもつように勧める動きもあったというが、威仁は承知しなかった。しかし、やはり有栖川宮家が絶えることには耐えがたい気持ちをもっていたようで、伊藤博文に苦衷を訴え、〈なんとか先例どおりに天皇家の皇子によって継がせてもらえないだろうか〉と頼んでいる。言うまでもなく、典範第四十二条がある以上、この望みは無理なのだが、伊藤もおおいに同情し、〈典範の規定に反しないような策を考えたい〉と返事をしている（『威仁親王行実』下、二二七〜二三〇ページ）。

その策が実現したのは、伊藤がハルビン駅頭で暗殺されてから約四年後、そして明治天皇崩御のちょうど一年の後、威仁が危篤におちいっていた大正二年（一九一三）七月六日のことだった。大正天皇の第三皇子宣仁（のぶひと）親王が、有栖川宮家の旧称と同じ、高松宮という宮家を立てたのである。宣仁はまだわずか八歳、兄の雍仁（やすひと）もまだ宮家を立てていない（雍仁の秩父宮家新立は大正十一年六月二十五日）。それにもかかわらず、この時期に高松宮家が立てられたのは、あきらかに威仁死去と、それにともなう有栖川宮家断絶にそなえてのことである（厳密に言えば有栖川宮家は大正十二年六月に慰子妃が死去するまで存続する)。

もちろん、高松宮家新立だけでは威仁の願いがかなうことにはならない。宣仁は七月十日の威仁親王死後、有栖川宮家の祭祀を継ぐとされたのである。かくして典範の規定には反せず、しかも有栖川宮家は実質的に皇子によって継承されることとなった。慰子妃が死去したとき葬儀の喪主は宣仁とされたたし、『熾仁親王行実』や『威仁親王行実』も高松宮家が刊行した。

華頂宮家廃絶と博恭王の伏見宮家復籍

このあと廃絶となった宮家は華頂宮家である。当主の博忠(ひろただ)王が死去したのは大正十三年三月二十四日。博忠は海兵を卒業したばかりの二十二歳、まだ独身だったので後嗣はおらず、華頂宮家は廃絶した。博忠も有栖川宮栽仁同様に、必ずしも頑健でなかったのに海兵に進み、そのために健康を損ねてしまったのだ。

伏見宮邦家の王子博経(ひろつね)親王に始まるこの宮家が、天皇の超法規的な特旨によって存続したのは第四章第2節で見たとおりだが、とくに皇族とされ、三代目を継いだ伏見宮貞愛親王の庶長子博恭(ひろやす)王(愛賢(なるかた))は、明治三十七年一月、実家の伏見宮家に経子(つねこ)妃(徳川慶喜(よしのぶ)の娘)と長男博義(ひろよし)王を連れて復籍した。そのため博恭の次男である博忠が華頂宮家を継いだのだが、早世してしまったのだ。

博恭が実家に復籍したのは、伏見宮家を継ぐことになっていた弟の邦芳王（母は有栖川宮家の王女利子妃）が極端に病弱であり、また利子妃が邦芳の次に産んだ昭徳王も幼時に死去してしまったので、代わって家督を継承するためだった。江戸末期の伏見宮家当主だった貞敬、邦家は多くの子女に恵まれたが、その跡を継いだ貞愛には三人の王子しかいなかったため（女子も庶出の禎子女王ひとり）、このような異例の方法がとられたのである。もし博恭がいなければ、最古の世襲親王家である伏見宮も桂、有栖川宮のように断絶してしまったのは言うまでもない（博恭王の家督継承は貞愛親王没後の大正十二年二月）。

なお、東伏見宮依仁も大正十一年六月に後嗣がないままに死去しているが、岩倉具視の孫である周子妃が長寿を保ったため（昭和三十年三月死去）、東伏見宮家は昭和二十二年十月十三日まで存続した。

第六章　ゆれる皇室

1 降下準則と反対する皇族たち

降下準則制定

前に述べたように、明治二十一年（一八八八）六月に伏見宮家教が清棲伯爵となっているから、北白川宮輝久が小松侯爵となったのは、王政復古以後、二例目の皇族臣籍降下、皇籍離脱ということになる。家教の降下の事情はよくわからないが、輝久のそれは典範増補制定を受けてのものであるのはまちがいない。「王は勅旨又は情願に依り家名を賜ひ華族に列せしむることあるべし」との規定がなければありえないことであった。ただし、読めばわかるように、この規定はかなり曖昧なものである。「華族に列せしむることあるべし」だから、理屈を言えば〝列せしめない〟こともありうるわけで、この規定があっても、天皇から五世以上隔たった皇族たちが必ず臣籍降下するとはかぎらないことになる。しかし、明治四十三年三月に公布された皇族身位令第二十五条で、「皇室典範増補第一条の規定に依る情願を為すには王満十五年以上たることを要す」と具体的に規定されたことなどからすれば、典範増補はやはり王の臣籍降下を促進するために制定されたのは明白である。そこで増補の運用をもっと細かく定めた規定をつくろうとの動きが、政府や宮中で始まった。

昭和十四年五月に宮内省が作成した「皇族の降下に関する施行準則」と題する部外秘文書（国会図書館憲政資料室所蔵「牧野伸顕関係文書」［以下、「牧野文書」］所収）の「準則制定の経過等に就きて」という部分には、この間の経緯が述べられている。それによると、大正七年（一九一八）、宮内大臣波多野敬直が、未制定の皇室関連法規などをつくるために設置されていた帝室制度審議会に、「皇族の降下に関する施行準則」の立案をおこなうように求めた。審議会では総裁の伊東巳代治以下、倉富勇三郎（帝室会計審査局長官、のち枢密院議長）、平沼騏一郎（検事総長、のち総理大臣）、岡野敬次郎（行政裁判所長官、東京帝大教授）、石原健三（宮内次官）らの大物が検討を重ね、大正九年二月に成案を波多野に提出した。

一見して順調な経緯をたどったようだが、宮内省幹部のなかには、あまり細かく臣籍降下について規定すると皇族たちが反発するとの懸念から、準則制定に消極的な声もあった。それに悩んでいた波多野の心境を、倉富は日記（大正八年四月十六日条）に左のように赤裸々に記している（「倉富勇三郎日記」［以下、「倉富日記」］は国会図書館憲政資料室所蔵。この詳細を極め、読みにくいことでも有名な日記には、宮中のさまざまなできごとについても多くの記事があるので、これからもたびたび引用する。なお、現在すすめられているこの日記の刊行という大事業の中心でもある永井和氏が、最近、興味深い論文、「波多野敬直宮内大臣辞職顚末」を書かれた。参照をお勧めする）。

波多野は、実は現在の宮家にても、伏見宮などは御続き遠きにつき、自覚して臣籍降下を情願せらるる様になれば宜しきも、なかなか右様の御自覚はなし。勅旨に依り降下せらるる規定あるも、先帝の時なればともかく、今日にては仮りに勅旨の形式となるも、事実は然らず。元老か宮内大臣の考へなりとの推測を受け、今日にては到底降下を実行し難しと云ふ

〈天皇との血縁の薄い皇族は自発的に臣籍降下を申し出ればいいのだが、そうはしてくれない。典範増補にもとづき、勅旨によって降下させることもできるが、明治の時代ならともかく、いまは勅旨のかたちをとっても、天皇の意思ではなく元老や宮内大臣の差し金だと勘ぐられてしまうから、けっきょく、降下は実行できない〉

こうボヤく波多野に、倉富が、「皇室典範増補のとき、今一歩を進めて降下のことを明定し置けば何事もなかりしに、惜しむべきことを為したり」と言うと、波多野は、「その通りなり」と応じた。

波多野も倉富も、典範増補が制定された結果、北白川宮輝久以外の皇族たちからも、臣籍降下を情願する動きが出てくると期待していたのであろう。伏見宮邦芳（くにか）、久邇宮多（くにのみやた）

嘉、邦久、山階宮芳麿、藤麿の各王などは、大正七、八年ごろには、皇族身位令でさだめられた臣籍降下を情願できる年齢に達している。しかし情願はない。

また、やはり倉富の当時の日記（八年四月二日条）によれば、嗣子のいない東伏見宮家に、久邇宮の王子邦英王を養子として入れたいと希望する皇族まであらわれた。増補どころか典範の規定さえ軽視されているのである。

波多野はこのような皇族たちの態度にいらだち、また迷いに迷っていたのだが、けっきょく、倉富の言う「降下のことを明定」する規定をつくるべきだと決断した。もっともそれは波多野の独断ではなく、その背後には伊藤博文亡きあと、宮中にも大きな影響力をもっていた山縣有朋の意思がはたらいていたことは、このあとの山縣の言動から確実に推測できる。

現実的な付則

帝室制度審議会が作成した原案は、まず天皇から枢密院に諮詢され、大正九年（一九二〇）三月四日の同院会議で審議がおこなわれた。枢密院議長は山縣だったが、当日は欠席し、会議の議長は清浦奎吾副議長がつとめた。出席者は顧問官十八名と総理大臣兼司法大臣の原敬以下閣僚七名であり、すでに心身ともに衰えの見られていた天皇の臨御はなく、皇太子裕仁など四名の親王も欠席した（枢密院会議には成年に達した親王が出席できる。当時、資格のあったのは裕仁のほか伏見宮貞愛、閑院宮載仁、東伏見宮依仁の三親王。なお皇族の成年は一般と同じ満二十歳だが、天皇、皇太子、皇太孫は満十八歳である）。

議事は順調にすすみ、帝室制度審議会の原案に枢密院の審査委員会が名称などに若干の修正をくわえた「皇族の降下に関する内規施行準則」が、出席者全員の賛成で可決された。その第一条にはこうある。

> 皇玄孫の子孫たる王、明治四十年二月十一日勅定の皇室典範増補第一条及び皇族身位第二十五条の規定に依り情願を為さざるときは、長子孫の系統四世以内を除くの外、勅旨に依り家名を賜ひ華族に列す

増補の規定との違いは一読して明らかだろう。天皇の玄孫の子孫、つまり「五世」以下の王で、「長子孫の系統四世以外」の皇族は、自発的に情願しなくても天皇の命で臣籍に降下させると定めているのである。皇族たちにはたいへんに厳しい規定であった。ところが、ここに抜け道が用意されていた。可決された準則案には以下の付則があったのだ。

> 第一条に定めたる世数は、故邦家親王の子を一世とし、実系に依りこれを算す

あらためてくりかえすまでもなかろうが、このころ存在していた宮家は高松宮家を除いてすべて伏見宮系統である。いてすべて伏見宮系統である。そして伏見宮は五百数十年前に在位した北朝三代の崇光天皇から発しているから、大正時代の皇族たちは、大正天皇の皇子以外すべてが「皇玄孫の子孫たる王」に該当し、「長子孫の系統四世以内」にもあたらない。

となると、この規定をそのまま適用されると、大正天皇の皇子を除く皇族全員が臣籍降下しなければならないことになり、高松宮を除く宮家も全部消滅してしまう。そこで、「邦家親王の子を一世」とするとの現実的な付則がもうけられた。

これによって王政復古前後に宮家を立てた晃、朝彦などが一世となるから、たとえば久邇宮を継いだ邦彦は二世で、その子、孫までは皇族であり、久邇宮家もすくなくともその代までは存続できる。

さらに付則では、華頂宮から伏見宮に復籍した博恭王は「長子孫の系統」とみなすこと、体が弱かったために独立の宮家を立てられず、〝部屋住み〟のまま四十四歳と三十九歳になっていた久邇宮多嘉と伏見宮邦芳は準則第一条の適用外とし、皇族でありつづけることを保証した。皇族たちにも十分な配慮がはらわれたのであった。

多くの皇族が納得せず

ところがこの配慮にもかかわらず、多くの皇族たちは納得しなかった。皇位継承順変更や摂政設置、皇室典範改正増補など皇室の重大事に関する決定は、枢密院とともに、成年以上の男子皇族と内大臣、枢密院議長、宮内大臣、司法大臣、大審院長からなる皇族会議への天皇の諮詢が必要だったが、従来、この会議では枢密院の出した結論を追認するのが例だった。しかし、今回はそうはいきそうもなかった。会議前から枢密院の議決した案に難色を示す皇族が多かったのである。

根回しの段階でそれを知った波多野宮内大臣は、一計を案じる。皇族会議令第九条に、「皇族会議員は自己の利害に関する議事に付き表決の数に加はることを得ず」との規定があるのに着目し、準則案を皇族会議に諮詢はするが、皇族たちの利害に関することだから採決はしないとしたのである。

かなり強引なやりかただが、波多野は会議の開かれる前に、皇族中の長老である伏見宮貞愛や閑院宮載仁に会って了承を取りつけていた。また、皇族たちは原案に賛成すべきだと思っていた山縣有朋は、波多野から議決は採らないと報告されると不機嫌になったが、波多野は押し切った（「倉富日記」同日条）。

そして大正九年五月十五日に皇族中最年長の貞愛を議長として皇居内で開かれた皇族会議は、波多野の思惑どおりに採決なしで終わったが、審議のなかでは皇族たちから原案への異論が続出した。そのことについても説明のために会議に陪席していた倉富は、日記に以下のようにくわしく記している。

出席した皇族は皇太子裕仁以下、成年に達している親王、王のうち十二名。官報によって裕仁、貞愛以外の名を記すと、閑院宮載仁、東伏見宮依仁、伏見宮博恭、博義、山階宮武彦、賀陽宮恒憲、久邇宮邦彦、梨本宮守正、朝香宮鳩彦、北白川宮成久である。

まず成久が、〈労働争議などが頻発し民心が動揺しているときに臣籍降下などをしてはいけない〉と言い、次いで邦彦が、〈皇統断絶の危機が生じる〉と主張、さらに鳩彦や博恭が、〈典範増補に〝降下させることもある〟とあるのと矛盾する規定だ〉と述べた。

これにたいし波多野や倉富などが答弁し、なおいくつかの質疑がおこなわれたのち、載仁が議長の貞愛に、〈この問題は皇族会議員の利害に関することなので、自分は採決に参加しない〉と言うと、成久は賛成したが、邦彦、博恭は反対した。すると波多野が、〈第九条の趣旨は載仁親王のおっしゃるのとは少し違うのでは〉と言いながら、〈皇族会議で決を採らないと決するのなら、宮内当局としても反対しない〉と述べた。このあたりの運びも貞愛、載仁と波多野は打ち合わせておいたのだろう。なかなか芸が細かい。この発言を受け貞愛が、〈載仁親王の意見を容れ、採決はしないこととする〉と宣言し、準則案は枢密院から送られてきた案のとおりに決した。

兼任する司法大臣の資格で会議に出席していた原総理大臣は、この日の日記（『原敬日記』〔以下、『原日記』〕）に左のように記した。

議長は採決せずしてその事に取り計ふべき旨宣告せられ、それにて終決したり。皇太子殿下も御出席あり、伏見宮議長の職を執らる。是れにて甚だ面倒なりし皇族降下令準則決定せられたり

原にも準則制定に多くの皇族たちが反対しているとの情報はとどいていたのだろう。ここからは安堵の気持ちがはっきりとうかがえる。

賜餐ボイコットに怒る山縣

ところが、原が安堵したのとは裏腹に、皇族たちの多くは不満だった。そして、まるで示し合わせたかのような大胆な行動に出た。会議のあとに皇太子も出席しておこなわれた天皇の賜餐（しさん）を、山階宮武彦、朝香宮鳩彦以外は欠席してしまったのである。会議の結果にいかに不満であろうが、あきらかに天皇や皇太子をないがしろにする〝不敬〟な所業であり、これが山縣有朋を激怒させた。そして彼もまた大胆な行動におよんだのである。

会議から三日後の五月十八日の「倉富日記」によると、この日、山縣、皇族会議にも内大臣として出席していた松方正義、それに西園寺公望の三人の元老が、「皇族会議の結果は必ずしも聖意に合ふものに非ざるべしと思惟す。これ臣等が尽力の足らざる所にして、恐懼に堪へず」との「待罪書」を、侍従長を通じて天皇に提出した。

いったい、山縣たちは皇室会議の結果のどこが「聖意」に合わないと考えたのか。五月二十二日の「倉富日記」には、波多野の話として、三元老は「皇族会議にて議決せざることとなりたる」ことにたいして「恐懼」し、待罪書をたてまつったのだと記されている。

しかし、まちがいなく山縣が主導したこの待罪書提出は、そのような理由からではなく、あきらかに皇族たちへの怒りをこめておこなわれたものである。会議で採決が省略されたのは、たしかに異例のことにちがいない。しかし皇族会議令を根拠に議長が採決はおこなわないと決め、宮内大臣もそれに異議をとなえなかったからには違法ではありえないし、それまでの慣例からしても、枢密院、皇族会議の双方への諮詢の結果に天皇が異をとなえることなど、またありえないのである。現に会議のあと、天皇から侍従長などを通じて山縣らに「聖意」がもたらされた形跡などはない。

山縣も採決がなされないことに不満だったのは先述のとおりだが、それはあくまでも準則案がそのまま皇族会議で承認されることを前提としたものであり、皇族たちの不満とはベクトルが逆である。そしてなによりも皇族会議の結果として、長年の懸案だった準則問題が解決されたのだから、採決のことだけでわざわざ元老が待罪書を出す必要などない。

それをあえて事を荒立てるような真似をしたのは、山縣が皇族たちの賜餐ボイコットという〝不敬〟行為に我慢できなかったからであるとしか考えようがない。宮内次官の石原健三も、「皇太子殿下の御臨席あるに、多数退出せられたるは不都合なりと山県公は云ひ居りたり」と倉富に語っているように（「倉富日記」五月十八日条）、山縣の皇族たちの暴挙への怒りは大きかった。

宮内当局も困り果てたが、けっきょく、待罪書は侍従長を通じ、そのまま山縣たちに返された（「倉富日記」五月二十二日条）。一場の空騒ぎだったわけだが、このことも含めて準則制定前後の一連のできごとからは、いくつかの興味深い点が浮かんでくる。

苦労知らずの〝新世代〟皇族

一つは皇族、とくに王政復古以後に生まれた皇族たちが、自分たちの特権に固執する意見を主張するのをためらわなかったことである。

彼らはいわば〝生まれながらの皇族〟である。もちろん、それまでも宮家の皇族たちはほとんどが終生皇族の身分を保てたが、それは〝出家〟という代償を払ったうえでのことだった。また、京の朝廷において皇族たちは摂家の風下に立つなど、ずば抜けて高い権威をおびていたわけではなかったが、しかし明治以降はそうではない。新立された宮家に生まれた皇族たちは、生まれたときから永世皇族制のもと、非皇族とは隔絶した立場を享受してきたのである。

それがいかに恵まれたことであるかを、伏見宮貞愛や閑院宮載仁などの王政復古以前に生まれた長老皇族たちは、実感としてわかっていただろう。そのため、皇族制度などについて、元老、政府首脳、宮内当局者らが検討、提案してくることにも、なるべく理解しようとする態度をとった。しかし、〝新世代〟の皇族たちは、そうではなかったのである。

二つ目は皇族たちの天皇軽視の態度である。幼少時の大正天皇（嘉仁親王）は病弱だったが、年とともに徐々に健康となり、とくに結婚してからは公私にわたってふつうの生活をいとなみ、四人の皇子も生した。しかし、即位後しばらくすると、また心身の不調に悩まされるようになる。それにともない宮中の内外で天皇の権威を失墜させるような噂などが飛び交ったのは、よく知られているとおりである。先に引用した「倉富日記」にある波多野宮内大臣の「先帝の時なればともかく」との苦渋に満ちた言葉は、明治時代にはありえなかったそのような状況を言外にあらわしているのだ。

皇族は天皇の〝藩屏〟でなければならない。しかし、多くの皇族たちによる皇族会議後の賜餐ボイコットは、すくなくともこの時点では、皇族たちからそのようなモラルが失われていることをあきらかにしているのである。結婚後の節子妃（貞明皇后）が華族の出だとの理由から（と言っても摂家九條家の娘なのだが）、女性皇族から軽んじられたこと（「倉富日記」大正十三年四月二十二日条）、少年時代の東久邇宮稔彦が嘉仁皇太子に悪さをしかけ、後年にいたってもそれを自慢げに語っていること（『やんちゃ孤独』）なども、皇族たちの大正天皇軽視をあらわす証拠である。

第三は元老山縣有朋が、以上のような皇族たちの姿勢に激しく反発していることである。山縣のライバル伊藤博文もそうだったように、山縣は国家、皇室のためならば、皇族の特権に手をつけることをためらうべきではないとの態度を崩さなかった。山縣、伊藤のみならず、維新の修羅場をくぐってきた明治の元勲たちには、皇族であれば無条件に尊崇すべきだといった考えはない。皇族が問題を起こせば遠慮会釈なしにたしなめ、皇族たちのわがままなど歯牙にもかけなかった例もこれまでいくつか紹介した。いまでさえ社会の一部で見られる皇族への事大主義など、彼らには無縁だったのである。

それが待罪書提出というかたちでもあらわれたわけだが、山縣たちにそれなりの遠慮があった長老皇族たちはともかく、新しい世代の皇族のなかには、逆に反発する者もいた。それが皇室の内外を大騒ぎさせるかたちで顕在化したのが、大正九年秋ごろから翌年二月にかけての〝宮中某重大事件〟であった。

2　宮中某重大事件と久邇宮家

〝通説〟の誤り

この有名な事件の内容を、かつて広く流布していた〝常識〟にしたがってごく短くまとめれば左のようになる。

(1)いったん内定した皇太子裕仁(ひろひと)親王と久邇宮良子(ながこ)女王の婚約に、山縣有朋が、〈女王の母、俔子(ちかこ)妃の実家島津公爵家に色覚異常の遺伝がある〉として異議を唱えた。

(2)これに皇太子に倫理を教えていた杉浦重剛(すぎうらじゅうごう)やその門下生らが、〈綸言汗(りんげん)の如し〉と激しく反発した。

(3)政界なども巻きこんだ数カ月にわたる確執の末、婚約は解消されないこととなり、一敗地にまみれた山縣は、それまでの大きな権勢を失うこととなった。

つまり発端は、ライバルである薩摩藩主家の血が皇室に入ることを邪魔しようとする長州閥の頭領山縣の陰謀であり、それを杉浦らが断固として阻止したのが〝某重大事件〟の眼目だというのが、長いあいだの通説であった。

しかし、この事件に関する資料、収拾過程で宮内大臣だった牧野伸顕や倉富勇三郎、あるいは原敬の日記などを詳細に読んでいくと、その通説が必ずしも事件の本質をついてはいないとの結論が出てくる。さらには杉浦側の記録にも、その結論を裏づける記述が少なくないのである。

たしかにこの事件をきっかけにして、長年にわたる山縣の政界、宮中などへの大きな影響力が衰えたのは事実であった。その意味では杉浦らの行動は日本の権力構造を変えたとさえ評価できそうである。しかし、じつは山縣の足を引っ張るのに最大の「貢献」をしたのは、良子の父邦彦王であった。そしてその動きは皇族としての「矩」を大きく踏みはずしたものであり、貞明皇后を怒らせ、牧野らを当惑させたのであった。

事件全体や杉浦らの運動についての詳細は拙著『闘う皇族』に譲るが、くりかえせば、〝宮中某重大事件〟はけっして〝山縣有朋と杉浦重剛の対決〟などという構図のなかで語られるべきものではなく、その中心には久邇宮邦彦がおり、さらに事件後半においては〝邦彦対貞明皇后〟という様相さえ見られたといっても過言ではないのである。

この事件が表面的に終息したのは、大正十年（一九二一）二月十日であった。この日、宮内省が、「良子女王殿下東宮妃御内定の事に関し、世上種々の噂あるやに聞くも、右御決定は何等変更なし」との発表をおこない、波多野の後任の宮内大臣だった中村雄次郎（陸軍中将）が、一連の騒ぎの責任をとって辞意を表明した。このことは翌日の新聞各紙でも報じられたが、それまでゴタゴタについての新聞報道はほとんどなかったから、「世上種々の噂」などといわれても、一般の国民はほとんどわけがわからなかったであろう。しかし騒ぎの渦中にいた人びとはもちろんそうではなく、反山縣の立場で動いていた民間右翼団体のメンバーなどは快哉を叫び、久邇宮家の事務官たちは明治神宮に御礼の参拝に訪れたりした。

しかし、宮中某重大事件はこれで終わったのではなかった。むしろ事件の本質をうかがわせるできごとが、このあとにいくつも起きるのである。

「口頭覚書」

事件前半でその前触れともいえるものは、邦彦による皇后への「口頭覚書」（以下、覚書）の提出であった。

事件における杉浦重剛の言動を記した『申酉回瀾録』（申、酉は大正九、十年の干支）という文書がある。杉浦門下生の猪狩史山が杉浦の校閲を経てまとめたもので、史料的価値も高いが、それによると、邦彦は大正九年十一月二十八日にこの覚書を提出した。内容は、〈皇太子と良子女王の婚約解消は絶対に認められない〉というものであり、以下のような文章から始まっている。

> 凡そ帝室の御事は、衆庶臣民、常に敬虔の念を以て耳目を傾けざるはなく、苟も事一旦御治定あらせられたりと伝はりたる後、軽々に之が更改を試みんか、民間の物議を醸すこと容易ならず

皇太子と女王の婚約は大正七年初めには内定した。皇室典範の規定により、皇族の結婚には天皇の勅許がいる。このとき正式の勅書のようなものが出されたわけではないが、宮内大臣が邦彦に会って、〈天皇から良子女王を皇太子妃にせよとの御沙汰があった〉旨の書面を渡している。そしてこのことは若い二人の写真つきで新聞各紙で報じられたから、国民のあいだでも皇太子と良子の婚約は周知のこととなった。さらには八年六月、ふたたび同様のことが天皇の使者によって邦彦に伝えられ、良子は母の俔子とともに皇后に拝謁し、ダイヤモンド入りの腕輪を下賜されたりしている（『牧野伸顕日記』［以下『牧野日記』］大正十年八月六日条）。となれば、邦彦の言うように、この婚約が「更改」されれば、「民間の物議」が醸されることは必至であろう。

邦彦は続ける。

> 万一にも御治定を飜がへさざるを得ざること発生し来るとせんか、忠良なる臣民の

信念に悪影響を与ふること尠からざるべし。就中、御婚約の如き、最重要なる大典
に属するものに於て然りとす

ここでも邦彦は、まちがったことを言ってはいない。たしかに婚約解消などすれば、国民は皇室に不信の念を抱くかもしれない。その意味で、この覚書の内容にはなんの問題もないかのようである。

差し戻しの理由

ところが、皇后は邦彦の行為に不快の念を示した。皇后宮大夫を通じて覚書をすぐに邦彦に差し戻したのである。

皇后がこのような態度をとった理由は容易に推測できる。それは邦彦が天皇を飛び越して自分に覚書を提出したからである。

皇族の結婚には勅許がいる。つまりそれを最終的に決められるのは天皇だけである。にもかかわらず、邦彦は皇后のところに主張を述べ立ててきた。天皇を露骨にないがしろにするおこないである。例の賜餐ボイコット事件から半年。もし皇后の耳にあのことが入っていたとしたら、怒りはなお深かったろう。〈陛下がお弱いといって、なんたる不敬な〉――邦彦は皇后を怒らせてしまったのである。

しかし、邦彦は皇后の怒りなど、どこ吹く風であった。この覚書の写しを方々に送ったのである。皇族が筋違いにも皇后に差し出し、しかもすぐに戻されてしまった文書を第三者に見せるという、なんとも大胆不敵な行為であった。なにがなんでも、自分の主張を世間に知らしめようとしたのである。

杉浦に送られたそれは『申酉回瀾録』にそのまま収録されており、本書でもそこから引用した。また邦彦は当面の〝敵〟である山縣にも送りつけた。山縣はそれを陸軍大臣の田中義一に見せ、『田中義一伝記』には、その概略が載っている。

ばらまかれた怪文書

そしてこの邦彦の皇后への覚書提出よりもっと衝撃的だったのは、ある右翼の男による怪文書の流布だった。

その「宮内省の横暴不逞（ふてい）」と題する謄写版刷り文書は、大正十年一月下旬、政界をふくむ各方面にばらまかれた。『申酉回瀾録』によると、杉浦のところにこれが送られてきたのは一月二十四日。事件のそれまでの経過が細かく書かれ、婚約解消を主張する山縣や宮中首脳を攻撃するこの文書には、原総理大臣や床次竹二郎（とこなみたけじろう）内務大臣に山縣らの動きを阻止するように求めるなど、事を政治問題化しようとする意図があからさまであった。

婚約解消要求を徹底して〝人倫〟にもとる行為として批判していた杉浦がなにより警戒していたのは、自分の主張が政治に利用されることだった。そのため解消反対運動のなかで反山縣の政治家たちと手を結ぶことも神経質に回避していたから、このような文書には苦々しい思いを抱いたであろう。さらに杉浦には、この文書が久邇宮の筋から流れたこともすぐにわかったはずだ。なぜならば、ここには同宮家の関係者でなければ知りえないことが、多く記されていたからである。

杉浦だけではなく、やはり文書が送付されてきた原もそれに気づいた。一月二十四日の彼の日記は、「（怪文書は）多分、久邇宮家関係者の為すところと思はるる」との一節がある。そして犯人が判明するのは早かった。その名前は来原慶助（くるはらけいすけ）。『中西回瀾録』にはこの人物が怪文書を配布したとして官憲に取り調べられ、久邇宮家の属官（事務方の下級官吏）である「武田（健三）」が、来原に情報を洩らしたとして宮内省に召喚されたと書かれている。

しかし、この文書がとるに足りないものとして片づけられたわけではなかった。結果的に見れば来原の怪文書が事件の〝終息〟に果たした役割は大であった。と言うのは、その作成に久邇宮家がかかわっていることを知り、さらに事件が政界ぐるみにまで発展しかねないことを憂慮した原や元老西園寺公望が、事態を早急に解決するように宮内大臣の中村雄次郎を督励しだしたからである。

中村は山縣直系の軍人だったが、各方面の状況から判断して婚約解消は無理だと考えていた。そして二月二日に原と会い、〈婚約は解消せず、自分が責任をとるかたちで辞職することにしたい〉と言った。また、翌日の三日には西園寺と会見し、同じ旨を伝えた。西園寺は山縣に近いはずの中村がこのような決断をしたのがやや意外だったようだが、けっきょく、それを認めた。ただし、もともと婚約解消論者だった西園寺は、〈万世一系の皇統に病気(色覚異常)遺伝が入るのには依然として同意できない〉と言うことは忘れなかったが(『原日記』二月四日条)。

原と西園寺が会見したのは、翌四日である。その席で西園寺は、「同宮は一と癖ある方なり」と邦彦のことを評している(同日の『原日記』)。怪文書の背後に久邇宮家がからんでいることを知り、忌々しい思いだったのであろう。が、宮家がらみであればこそ、事態をこれ以上紛糾させるわけにはいかない。かくして二月十日の「御決定は何等変更なし」との宮内省発表にいたるのである。

「宮家再度之辞退問題の突発せむも計り難く……」

この怪文書の件は新聞で報道されたりはしなかった。そしてその作成、配布に久邇宮の属官などがかかわっていたことは世間には知らされず、闇から闇に葬られた。ましてや邦彦と怪文書の関係などは、その当時も、またそれから長い時間が経ってからも、まったく語られることはなかった。邦彦の関与を強く疑っていた西園寺なども、それを公然と口にしたりはしなかったのである。したがって、宮中某重大事件に触れた後世の歴史書やノンフィクション作品などにも、そのことに言及したものは、ほとんどなかった。

しかし、怪文書は、やはり邦彦の了承のもとにつくられていた可能性が非常に高い。それを証明するのは、武田健三などと同じく久邇宮家の属官だった分部資吉（わけべもときち）という人物が手元に保存していた来原の二通の書簡である。宛先は武田と分部。前者には「十七日午後一時」、後者には「二月十七日夜」と、書かれた日時が記されている。これが大正十年三月十七日を示していることは、書簡の内容から断定できる。

端的に言えば、これは来原による脅迫状であった。まず武田あてのものを、わかりやすく要約する。

〈昨日、私と貴殿は久邇宮家が極秘裏に一万五千円を私に支払うことで合意した。そして十七日午前十一時までに貴殿がとりあえず五千円を持参することになっていたはずだ。ところが貴殿は時間になってもあらわれない。もし約束を守らなければ、その結果についての全責任は貴殿が負わなければならないし、なんならS（原文のまま）といっしょに参上してもかまわない〉

来原はこれを配下のものに渋谷の久邇宮邸（現在は聖心女子大学がある）まで届けさせた。しかし、返事はない。そこでこんどは自分で宮邸に出向く。ところが武田は不在というので、代わりに分部に抗議した。すると分部は金を払うと言ったので、いったん自宅に引きあげて待つが、いつまで待っても約束は果たされない。怒った来原は、こんどは分部あての書簡を書いた。

〈貴殿の約束を受けてSをはじめとする一同をなだめたところなんとか納得したので、明日の夕方五時までにはまちがいなく約束を果たしていただきたい。そうでなければこちらにも重大な決心がある〉

書簡の最後にはこうある。原文のまま引く。

宮家再度之辞退問題の突発せむも計り難く、呉々も御含みの程、願い上げ候

〈もし金が支払われなければ、皇太子と良子女王の婚約問題がまた再燃しかねない。そのあたりもよくお考えになるように〉

すさまじい脅迫であることは言うまでもなかろう。

皇后の怒り

分部は書簡のほかに、やはり来原が送ってきた「欧米視察企画趣意書」と題する書類も保存していた。それによれば来原は、〈事件後、さまざまな人間が訪ねてきて真相を

聞きたがるので、〈皇室に迷惑をかけないためにもしばらく外国へ行きたい〉として、その費用三万円と、文書の印刷など一連の工作にかかった実費三千五百二十円を要求している。つまり当初、来原は久邇宮家に三万三千五百二十余円を払わせようとしていたのだ。

それが交渉の結果、半額近くになったわけだが、これでも現在の貨幣価値になおせば数千万から一億円である。また、当時の久邇宮家に支給されていた歳費が約五万四千円だったことからしても、半端な額ではない。その支払いの約束を属官たちが勝手におこなえるとは考えられない。当然そこには主人邦彦の了承があったはずである。そして邦彦が大金支払いを了承したのは、怪文書の配布についても了承していたからだとしか考えようがない。

もし邦彦がなにもかも家来まかせにする〝お殿さま〟だったなら、属官たちが勝手に事を運ぶこともありえようが、皇后への覚書提出の一件を見ただけでもわかるように、邦彦はそのようなタイプではなかった。宮中某重大事件の〝終息〟に大きな力があった怪文書の作成、配布に邦彦は深く関与していたのである。

もちろん、世間はそんなことは知らない。だが前に述べたように西園寺や原は気づいていたし、山縣もわかっていた。そして、時間が経つにつれ、貞明皇后も事情を把握するようになった気配がある。

事件〝終息〟から三カ月後、大正十年五月九日の日記に、中村の後任の宮内大臣となっていた牧野伸顕は、波多野前々宮内大臣から聞いた話の内容を以下のように記した。

未だ真の御内約であるから御取り消しになれぬわけでもない云々、と仰せられたるに付、子爵は御婚儀の事は中村（編者注・雄次郎前宮内大臣）男（爵）より御変更あらせられずと発表したるに付、勅許もあつての後の事と存ずるが故に、今更御変更の余地はあるまいと思ひますと申上げたるに、皇后様は御勅許のありたる次第ではない、大臣から電話で葉山へ報告の形で中村の発表したるを通知して来たまでの事であると御話しあり

ここで「子爵」とあるのは波多野、「皇后様」とは貞明皇后である。皇后は波多野を信頼しており、彼が宮内大臣を退任したあとも、ときどき呼んでさまざまな話をしていた。そのようなときの会話の内容を、波多野が牧野に告げたのである。自分ひとりの胸にしまっておくわけにはいかないと判断したからであろう。

皇后は、〈皇太子と良子女王の婚約はただの「内約」なので、取り消すこともできないわけではない〉と言う。おどろいた波多野が、〈中村宮内大臣が変更なしと発表し、勅許もあったのですから、いまさら取り消しの余地はありません〉と応えると、皇后は、

〈勅許などはない。葉山（御用邸）にいた天皇に中村が発表したことを電話で報告してきただけだ〉と切り返す――引用したのはこのときの会話の一部だが、これからだけでも、波多野が牧野に告げた理由はわかろう。

焦る邦彦王

このように語る前、皇后はあの邦彦の覚書提出について、あらためて不快の念を洩らしている。さらに、「久邇宮様が御自分様が勝つたと云ふ御態度では宜しからず、皇太子様が御立前に御告別の為め御対顔なされたいと云ふこともあつた、未だ表向きの発表、御約束にもなつて居らぬのに穏やかでないと思ふ」と言った。「御自分様が勝つた」という態度の例として、三月に予定されている外遊に皇太子が出発する前に、邦彦がとくに拝謁したいと願い出たことを皇后はもち出す。正式の婚約勅許はまだなのに無礼だというのである。

こうした皇后の言い分はかなり感情的で、あまり説得力がない。波多野の言うように、いまさら婚約を変更する余地は、現実的にはありえないのである。しかし、おそらく皇后もそんなことは承知のうえで、このように怒りをあからさまにした。邦彦への不快感は大きいのである。

それを知ってか知らずか、邦彦は良子の天皇への拝謁もしきりに願ったらしい。が、皇后はそれも許さない。そのため邦彦は焦ったようだ（『原日記』七月十日条）。夏になると、日光で静養している天皇、皇后に自分と俔子妃、良子の三人で拝謁したいと申し出る。これには牧野が呆れ、久邇宮家の事務官を呼んで注意をしている（『牧野日記』八月六日条）。

邦彦がこのように焦ったのには、いくつかの理由が考えられる。ひとつは婚約への正式な勅許がいつまでも下りないことである。皇太子がヨーロッパに出かけたためかとも思われるが（帰国は九月三日）、いずれにしろ、勅許が出ない以上、婚約取り消しは九十九パーセントありえないとしても、絶対にないとは言いきれない。あとで触れるように、いったん内定した皇太子嘉仁親王（大正天皇）と伏見宮禎子（さちこ）女王の婚約が解消されたとの前例もある。

また、邦彦との闘いに敗れたはずの山縣有朋もなぜか元気を取り戻し、六月上旬に天皇から枢密院議長留任の命を受けたことの報告に邦彦を訪問した際、〈自分の考えはまったく変わっていない〉と強調し、さらには、〈あの来原が撒（ま）いた怪文書には王殿下しかご存じないことが出ている〉と、面と向かって当てこすったりした（『大正デモクラシー期の政治　松本剛吉政治日誌』〔以下、『松本剛吉政治日誌』〕六月九日条、『原日記』六月七日条）。

そして、原総理大臣も婚約解消をまだ諦めていなかった。七月三十一日の山縣との会談で、〈婚約問題はなにも解決していない。皇太子が摂政になったときか、あるいは皇后に決めていただけばいい〉と述べ、〈皇后は婚約にどんなお考えなのか〉と山縣に訊かれると、〈ご賛成ではない〉と付け加えている（同日の『原日記』）。原は同趣旨のことを西園寺にも牧野にも話しているから（『原日記』七月二十七日、八月三日条）、現職の総理大臣が婚約遂行に依然として反対しているということは、政界や宮中に広く知られ、邦彦の耳にも入っていた可能性が高い。となれば、邦彦が焦るのも無理はないのである。

けっきょく、皇太子と良子の婚約に勅許が下りたのは、「御決定には何等変更なし」と宮内省が発表してから一年四カ月後の大正十一年六月二十日であった。

牧野の諫言

そこにいたるまで、もっとも粘り強く動いたのは牧野伸顕であった。牧野は各方面に時間をかけて根回し、六月九日には皇后に拝謁してこれまでの経緯をくわしく説明する一方、なんとか婚約を内定どおりに遂行したいと願った。皇后は、〈皇統に色覚異常という遺伝が入るのは畏れ多いが、みなが相談して婚約遂行を決めた以上はしかたない〉と応じたが、〈昨年二月十日の宮内省発表以来、色覚異常のことは二の次となった。久邇宮がもっと慎みのある態度をとられるように切望している〉と念を押すことも忘れなかった。

これでついに婚約に勅許が出ることがほぼ確定したのだが、原敬と山縣有朋はそのとき、すでにこの世の人ではなかった。原は前年十一月四日に東京駅頭で刺殺され、山縣はこの年の二月一日に病死したのである。二人の死がなければ、牧野の尽力があっても、事態はもっと混迷したであろう。

そして六月十九日、牧野は邦彦と会う。牧野は、〈いよいよ天皇に勅許をあおぐこととなった〉と告げたあと、こう述べた。

> 将来の為め相当の御挨拶を――乃ち過去に於て本件に関し少からぬ御心配を掛上げたる事、今後、良子殿下に付ては宜しく御願申上ぐる意味を、最近の機会におゐて皇后陛下へ被仰上れ度、左候時は、将来の御間柄にも御都合宜しかるべく、物は始めが大切なり

〈これまで少なからぬ心配をかけたことを、なるべく早く皇后にお詫びし、良子女王のことをよろしくお頼みすると申し上げれば、今後もいい関係がおできになるでしょう。何事も初めが大切です〉

ここまで言われれば、いかに邦彦でも殊勝にならざるをえない。「総べて同感、左様可致」と素直に応えた（『牧野日記』同日条）。

翌二十日午前十時、牧野は裕仁親王に拝謁し、親王自身と良子女王の結婚を許可する親書への署名を願った。親王は皇太子であると同時に前年十一月二十五日に摂政となっていたから、このような一見奇妙な手続きが取られたのだが、いずれにしろ長いあいだ、宮中の内外を騒がせた皇太子の婚約問題に、やっと決着がついたのである。

しかし牧野はまだ完全に安心はしなかった。翌日、祝いを述べるために久邇宮家を訪れたとき、邦彦に、〈今後はなるべく控えめにしていただきたい。新聞に写真や記事が出ないようにお気をつけいただきたい〉と、言上したのである。いささかくどすぎるようにも思えるが、じつはこれでもまだ不十分だったことが判明するのに、それほど時間はかからなかった。

朝融王の身勝手な婚約解消

良子には二つ年上の兄がいた。明治三十四年二月生まれの久邇宮家の嫡男で、海軍士官となっていた朝融（あさあきら）王である。

この王は大正七年初めに婚約していた。相手は旧姫路藩主酒井伯爵家の娘菊子（きくこ）。まだ学習院中等科の生徒だった朝融が、同院女学部中等科に通っていた菊子に一目惚れし、若い身空で婚約したのである。朝融が皇族である以上、天皇の許しがあってのことだったのは言うまでもない。

ところが大正十三年二月五日、久邇宮家の宮務監督（旧称は別当。のちにまた別当と改称）国分三亥が牧野を訪れて、〈邦彦王が朝融王の婚約を解消したいと望んでいる〉と告げたのである。皇太子の成婚式がおこなわれたのは一月二十六日。さんざん苦労させられた牧野は、このころは肩から重荷をおろした思いを心から味わっていたはずである。そこにまたぞろ久邇宮から難題がもちこまれた。さぞかしウンザリしただろう。

もっとも、牧野はウンザリしながらも、この問題の解決はそれほどむずかしくはないと思ったのではないか。なぜならば、皇族が天皇の許しを得た婚約を解消することなど不可能に決まっているからである。ましてや、邦彦はそれとまったく同じ理屈で皇太子と娘の良子女王の婚約取りやめに抵抗したのだから、立場が逆とはいえ、こんな望みがかなうわけがない。

牧野は皇族、華族の監督をする宮内省宗秩寮総裁徳川頼倫（旧和歌山藩主家）らに対処を命じる一方、二月十五日に久邇宮邸に出かけ、邦彦と会う。二人のやりとりの内容は同日の『牧野日記』にあるが、〈人倫に反する婚約解消などできるはずがない。とくに久邇宮家は天皇と直接の縁続きになられたのだから、そのようなことになれば皇室の尊厳も傷つく〉と迫る牧野に、邦彦は、〈もっともである〉と同意した。

が、それで終わらないのが邦彦の邦彦たる所以である。同意しながらも、〈このことについては数年来、苦慮してきたが、皇太子のご婚儀がすむまでは申し出るのを控えていた〉と言い、なんとしても朝融と菊子の婚約はやめにしたいと頑張る。そしてその理由は〈菊子の節操〉だとほのめかした。

この節操云々については前々から久邇宮関係者が言いふらしていたが、牧野はそれが事実無根であることを確かめていた。そこですぐに反論すると、邦彦は黙ってしまう。牧野は、〈節操というのは口実で、朝融がどうしても婚約は解消したいと言っているのだろう〉と推測する。そして、この問題は当初の予想に反して面倒になりそうだと感じたようだ。日記には、「今後、果して那辺（どこ）まで御反省なさるべきや、頗る心配なり」と記している。

この牧野の予感は当たり、邦彦、朝融父子はいっこうに願いを取りさげようとしない。宮内省でこの問題の処理の中心となった徳川頼倫の不手際もあって、時間ばかりが過ぎていく。

倉富勇三郎の日記（大正十三年九月三十日条）によると、その間、久邇宮家がいかがわしい連中を使おうとしているとの噂も立ったという。それを聞いた西園寺公望は、「久邇宮のことは困りたるものなり」と感想を述べた。もちろん、来原の怪文書の一件も思い出してのことだろう。

けっきょく、事が起きてから八カ月以上が経った十月末、酒井家から婚約を辞退するとのかたちでこの騒動は終わった。邦彦、朝融の粘り勝ちであったが、牧野もさすがに腹にすえかねたのだろう、これまでなら絶対に表には出ないはずの事実関係を新聞が書くのを黙認した。

その結果、世間の人びとも婚約の解消が久邇宮家のわがままのせいで、酒井菊子は犠牲者だということを知った。菊子には同情した近衛文麿などが世話をして、加賀百万石の前田侯爵家の当主利為（のち陸軍大将）と結婚することも決まった。

一方、当然のことながら、朝融の悪評は広まった。もともと西園寺などに〈不良少年のよう〉と評されるような青年だったが（『松本剛吉政治日誌』大正十三年十一月二十二日条）、評判はさらに悪くなった。このままでは結婚も危ぶまれたが、そこに救いの手を差し伸べたのが伏見宮博恭王である。

博恭は邦彦の従兄弟であり、当時は海軍大将、佐世保鎮守府長官だったが、三女の知子女王を説得して、朝融と結婚させたのである。結婚の勅許が下りたのは大正十四年一月十日、皇居内の賢所で婚儀があげられたのは二十六日だから、いかにもあわただしい。菊子と前田の結婚式は二月七日の予定だった。なんとしてもその前に婚儀をと急いだ、と勘ぐりたくなるほどだ。

これでかろうじて朝融の面子（メンツ）も立ったのだが、人間の性質はそう簡単に変わるものではない。あまり時も経たないうちに、朝融は知子妃をあっさりと裏切るのである。侍女に手をつけ、妊娠させてしまうのだ。そのことを久邇宮家の事務官から知らされた知子は、結婚前に父から、〈朝融の面目を保つために結婚を承諾せよ〉と命じられたと言い、〈自分はそのときから犠牲になるつもりで結婚したのだから、このことは父には言わないでくれ〉と頼んだという。事務官からこの無惨な話を耳にした倉富勇三郎が、日記にそう記録している（「倉富日記」昭和三年六月二十九日条）。

朝融のあらたな醜聞は宮中ではあっと言う間に広まったから、知子の願いにもかかわらず、博恭の耳にもとどいたにちがいない。博恭が知子をあたかも〝人身御供（ひとみごくう）〟のような目にあわせてまで結婚させたのは、皇室内でのトラブルは皇族たちで処理しなければとの義務感があったからだと思われる。〝身から出た錆〟とはいえ、朝融がいつまでも〝晒し者〟になっていては、朝融の義弟でもある天皇にも迷惑がかかりかねない。そう考えて、身を切るような思いで娘を嫁がせたのであろう。

さらには、博恭には各宮家の〝本家〟伏見宮家の当主、閑院宮載仁や梨本宮守正とならぶ皇族中の長老としての自覚、また、朝融が属する海軍の最高幹部のひとりとしての責任感もあったろう。それらが完全に無にされたのだから、はらわたが煮えくりかえるような思いがしただろうが、もう取り返しはつかない。

予が久邇宮ならば……

じつは伏見宮家も、かつて皇室内で起きた婚約をめぐる騒動の渦に巻きこまれたことがあった。貞愛親王のただひとりの娘で、博恭には異母妹にあたる禎子女王と皇太子嘉仁親王（大正天皇）の婚約が、明治天皇の命で取り消されたことがあったのだ。この婚約は宮中での長い時間をかけた慎重な協議のすえに〝内定〟したのだが、禎子に胸の病の疑いが生じたとの理由で、ご破算にされたのである。この裏にはさまざまな事情があり、貞愛としても釈然としなかったにちがいないが、天皇の命を告げられると、抗議などはいっさいせず、即座にしたがった。それが貞愛にはあたりまえのことだったのである（この件についての詳細は拙著『皇太子婚約解消事件』）。

当然、貞愛は宮中某重大事件での邦彦の態度には批判的だった。宮内省が〈御婚約には変更なし〉と発表したことを、宮内大臣の代理として訪ねてきた倉富勇三郎から報告されると、こう洩らしたという（「倉富日記」大正十年二月十一日条）。

予が久邇宮ならばこの事は躊躇なく御辞退申上ぐるなり。少しにても欠点ある者を妃として差上げて如何にして心を安んずることを得るや貞愛は大正十二年二月四日に死去するが、もしさらに長命し、朝融の〝婚約不履行〟を知ったとすれば、呆れはてたのはまちがいない。そして、孫娘を朝融と結婚させるのにも反対したのではなかろうか。貞愛は、兄の久邇宮朝彦の皇族らしからぬ激しい気性もよく覚えている。それが捻じ曲がったかたちで子や孫に受け継がれていると、複雑な感慨を抱いたことであろう。

付け加えておけば、婚約解消騒ぎのときと異なり、新聞にはこの醜聞に関する記事はまったく出ない。侍女を妊娠させた朝融には内輪の咎めさえなかった。邦彦は、〈朝融の不品行にも困ったものだ〉と言うだけで、後始末は宮家の事務官たちにまかせてしまう。

じつは婚約解消が邦彦父子のごり押しでおこなわれたあと、摂政裕仁親王は牧野を通じ邦彦に、「御内意伺い済みの上取り結ばれたる結婚内約遂行の運びに至らざりしは、遺憾のことと思ふ。自今一層慎重ならむことを望む」との訓戒の言葉を与えている（言葉の写しが「牧野文書」所収）。裕仁にしてみれば舅を叱ることになるわけだから、この訓戒のもつ意味は重大なはずだが、邦彦は摂政の言葉を伝達した牧野にたいし、反省の言葉を返すこともなく、まったく無言だった（『牧野日記』大正十一年十一月十七日条）。

二つの婚約解消をめぐる争いで〝勝利〟をおさめた邦彦は、まさに貞明皇后が言ったように「御自分様が勝つたと云ふ御態度」を取るようになっていたのである。となれば、嗣子の朝融が侍女をはらませたくらいで責任を感じることなどありえない。
後始末を命じられた事務官たちは、侍女が産んだ子どもを密かにある農家の養子とし、侍女はよそに嫁がせる。このとき農家には一万円、侍女には五千円が渡されたと「倉富日記」(昭和五年四月二日条)にある。

3 臣籍降下

続々と降下

以上のように、大正後期から昭和の初めにかけて、皇族たちによる皇室内の〝秩序〟を乱す動きがいくつも続いたが、一方、降下準則制定の結果として、皇族の臣籍降下はつぎつぎにおこなわれた。ここでそのようすをまとめて見ておこう。便宜上、昭和十八年(一九四三)六月におこなわれた最後の臣籍降下まで、一括して触れることにする。表⑥はその一覧である(年齢は降下時、続柄は誕生時の宮家当主とのもの)。

この十二名の皇族の臣籍降下について着目すべき点を、順に見ていこう。

第一は言うまでもなく、降下が準則にしたがっておこなわれたということである。準則第一条には、「皇玄孫の子孫たる王」で、「長子孫の系統四世(伏見宮邦家親王を一世

表⑥　臣籍降下した皇族

皇族名（年齢・続柄）	姓・爵位	降下時期
山階宮芳麿（20・菊麿次男）	山階侯爵	大正9年7月24日
久邇宮邦久（21・邦彦次男）	久邇侯爵	大正12年10月25日
伏見宮博信（21・博恭三男）	華頂侯爵	大正15年12月7日
山階宮藤麿（23・菊麿三男）	筑波侯爵	昭和3年7月20日
山階宮萩麿（22・菊麿四男）	鹿島伯爵	同上
山階宮茂麿（21・菊麿五男）	葛城伯爵	昭和4年12月24日
久邇宮邦英（20・邦彦三男）	東伏見伯爵	昭和6年4月4日
朝香宮正彦（22・鳩彦次男）	音羽侯爵	昭和11年4月1日
伏見宮博英（23・博恭四男）	伏見伯爵	同上
東久邇宮彰常（20・稔彦三男）	粟田侯爵	昭和15年10月25日
久邇宮家彦（22・邦彦甥）	宇治伯爵	昭和17年10月5日
久邇宮徳彦（20・邦彦甥）	龍田伯爵	昭和18年6月7日

とする）以内」でない皇族で、臣籍降下を情願しないものは臣籍降下させるとあるが、この十二名はいずれも「皇玄孫の子孫たる王」で、しかも「長子孫の系統」、つまり宮家を継ぐ長男などではない。したがって降下の対象となる。

第二は降下が「情願」によってなされたということである。王たちは天皇によって強制される前に、願って降下したのである。準則制定に不満で賜餐はボイコットしても、降下を願わないという挙にでる皇族はさすがにいなかった。

情願の具体的な手順を山階宮藤麿の場合を例にとってみると、まず、山階宮家の当主で藤麿の兄である武彦王と藤麿本人が、それぞれ天皇に願書を提出する。「願はくは藤麿の至情を憫ませられ、特に聖鑒を垂れ給はんことを」とか、「冀くは臣が誠悃を察せられ情願を容れ給はんことを」といった荘重な字句のつらなる願書は、天皇から枢密院、皇族会議の順に諮詢され、願書提出から約三カ月後に藤麿は筑波侯爵となった（願書の写しが「牧野文書」所収）。

第三は降下がいずれも二十歳を過ぎてからおこなわれていることだ。皇族身位令第二十五条の規定により、臣籍降下の情願は満十五歳からできるのだが、実際には未成年の皇族が情願した例はない。おそらく皇族たちが陸士、海兵を卒業するまでは降下しなくてもよいとの暗黙の了解が、皇族と宮内当局のあいだにあったからだと思われる。軍学校では皇族たちは特別待遇を受けていたが、華族になるとそれができなくなってしまうという現実的な配慮もはたらいたのであろう。

第四は華族としての爵位が侯爵、伯爵となっていることだ。前にも触れたが、爵位制度発足のときに制定された叙爵内規では、「親王諸王より華族に列せらるる者」は、五爵（公・侯・伯・子・男）のなかで最高位の公爵とするとなっていた。しかし、伏見宮家教（いえのり）が清棲（きよす）伯爵となり、北白川宮輝久（きたしらかわのみやてるひさ）が小松侯爵とされたように、準則制定以前から、臣籍降下した皇族が公爵となった例はない。叙爵内規では、旧摂家と徳川宗家（将軍家）は公爵とするとあり、これはそのとおりになっているから、こと爵位に関しては、皇族は優遇は受けられなかったことになる。

さらに臣籍降下したもので侯爵になれるのは各宮家ひとりずつ、あとは伯爵というのが不文律だった。山階宮家の場合、次男の芳麿と三男の藤麿が侯爵となっているが、これは例外中の例外だとされたことが、「牧野文書」にある「皇族降下に関する諸基準並慣例」と題された宮内省の内部文書でわかる。藤麿は明治天皇の特旨で、幼いときに将来は神宮祭主となることが決められていたから、侯爵叙爵はそのための特例だった可能性もある。

また蛇足を述べれば、伏見宮博信と東久邇宮彰常は三男でありながら侯爵となっているが、これは博信の兄（博恭次男）博忠は華頂宮家を継ぎ、彰常の兄（稔彦次男）師正は幼時に関東大震災で被災死したためである。

ただ、不文律を曲げようと、宮内省に内々はたらきかけた皇族たちもいた。久邇宮邦英は晩年の東伏見宮依仁が養子のようにしており、降下後、同宮家の祭祀を継ぐことになっていたが、それを理由として、久邇宮家や東伏見宮周子妃が降下後の邦英を侯爵にするよう願ったのである（『牧野日記』昭和六年二月十七日条、「倉富日記」同二十七日条）。しかし、宮内当局は、例外は認められないとそれを退けた。また、音羽正彦侯爵が戦死した際、実家の朝香宮家が公爵とするように頼んだが、これにも宮内省が難色を示し、実現しなかった（『高松宮日記』昭和十九年二月二十六日、三月四日条）。

百万円下賜

そして第五はすべての皇族が降下に際して百万円という多額の一時金を下賜されたことである。先述したように北白川宮輝久が明治四十三年に降下したときの一時金は十二万円だった。輝久は小松宮家の財産を継承したという事情があったにせよ、この一時金の増加ぶりには目を見張らせるものがある。

かりに百万円を当時はめずらしくなかった年率五分の利回りの債券などで運用すれば、年間五万円の収入となる。大正末の各宮家には、年におよそ四、五万円の収入があった。もちろん、そのほかに多額の銀行預金、債券、株式や邸宅、別邸などももっていたが、華族となった皇族たちは、いわば基礎的な収入として、宮家とほぼ同じものを保証されたのである。少なくとも経済的には臣籍降下は皇族たちにマイナスとはならなかった。

ただ、宮内省にとってはこれが悩みのタネだった。昭和二年十一月十八日の「倉富日記」には、〈来年は山階宮藤麿、萩麿王が降下する。また特例で降下しなくてもよいはずの久邇宮多嘉王も降下したいと思っているということだが、そうなったら賜金の捻出もたいへんだと、宮内省が心配している〉との記事がある。賜金が予算をオーバーしてしまう可能性すらあったわけだ。しかし、下賜金の額は最後まで変わらなかった。昭和十八年六月の久邇宮徳彦（多嘉王の王子）が降下したとき、戦時下なので減額しようとの声も出たが、けっきょく、百万円が下賜された（『高松宮日記』昭和十八年五月六日条）。戦前の皇室が豊かだったからこそ、できたことである。

なお付け加えれば、女性皇族が結婚する際にも一時金が下賜された。金額は相手が皇族の場合は八万円、華族の場合は四万五千円。ところが、朝香宮家の王女で、明治天皇の皇女允子内親王を母とする紀久子女王が鍋島侯爵家の嗣子直泰と結婚するとき、伯母の竹田宮妃昌子内親王が、〈紀久子は内親王の娘だから皇族と結婚する場合と同じにしろ〉と口出しし、宮内省もしかたなく八万円が下賜されるようにしたという（「倉富日記」昭和六年二月二十七日条）。明治天皇の皇女たちには、宮内省も頭があがらなかった。

準則制定を受けておこなわれた皇族臣籍降下の内容は以上のとおりであった。くりかえせば、対象となった王で降下を拒んだりするものはいなかった。もし、典範増補や降下準則の制定がおこなわれず、これらの王が臣籍降下しなかったら、あたらしい宮家がまたいくつもつくられ、皇族は増加の一途をたどったろう。伊藤博文たちの悲願は、やっと達せられたのである。

戦死した元皇族

臣籍降下した王子たちのほとんどは降下前に軍人になっていた。近い将来、華族となるのが確実だったとしても、まだ皇族である以上は、定めにしたがって軍人となるべく陸士、海兵にすすまねばならない。表⑥にある十二名のうち、非軍人は山階宮藤麿（筑波侯爵）と久邇宮邦英（東伏見伯爵）の二人だけである。

藤麿は前述のように神宮祭主となることが決まっていたため、軍人とはならず東京帝大文学部で国史を学んだ。良子（ながこ）女王（香淳（こうじゅん）皇后）の弟である邦英は、おそらく母方の血統にあった色覚異常の遺伝が出て、軍人には不向きだったと思われる。学習院から東京帝大への進学を希望したが入学できず、けっきょく、京都帝大へ行った。なお、久邇宮家彦（いえひこ）（宇治伯爵）も軍学校には入らずに京都帝大を卒業するが、その後、海軍の技術士官になっている。

あとの九名はすべて少年時代から軍籍にあったが、このうち海兵の同期生（六十二期）だった二人は大東亜戦争で戦死した。ひとりは昭和十八年八月二十一日に戦死した伏見博英（大尉。死後、少佐）。南方の第三連合通信隊司令部付兼南西方面艦隊司令部付として勤務していたとき、乗機がセレベス島（現・インドネシア領スラウェシ島）上空でアメリカ軍機に撃墜された。もうひとりは、先にあげた音羽正彦であり、昭和十九年二月六日、南太平洋クェゼリン島（現・マーシャル諸島共和国領）の第六根拠地隊に参謀（大尉。死後、少佐）として勤務していたとき、アメリカ軍の攻撃を受け戦死した。

明治以来、軍人となった皇族で、正確な意味で戦死したものはひとりもいない。陸海軍とも、皇族はなるべく危険な場所から遠ざけるように配慮したのである。北白川宮能久（近衛師団長、陸軍中将）とその孫の永久王が、戦地の台湾と中国河北省で死去しているが、能久は戦病死、永久は事故死であった。したがって正彦、博英は降下後とはいえ、不幸な例外となってしまったことになる。

鳥類、気象、国史——学問好きな山階宮家出身者

それ以外の七名のなかで興味深いのは、山階宮家出身の三人、山階芳麿、鹿島萩麿、葛城茂麿の経歴である（以下、山階宮の王子たちについては『山階宮三代』を参考にした）。

とくに芳麿は皇族出身としては異例の行動をとった。陸士を卒業し砲兵将校となったにもかかわらず、昭和二年、みずから願って休職となり、四年二月に予備役に編入される、つまり現役の軍人であることを辞めてしまうのである。皇族のままだったら、けっして

許されないことだった。芳麿は辞職の理由として、〈体力に限界を感じた〉などをあげたが、実際には好きだった鳥類の研究に没頭するためだった。そして、私財を投じ、現在までつづいている「山階鳥類研究所」をつくる。

萩麿は海軍にすすむ。しかし艦隊勤務などはせずに、少尉のころから戦史研究を職務とし、第一次世界大戦時の英独海軍の戦いをとりあげた『ジュットランド海戦史論』を五年がかりで書きあげた（昭和七年死去）。また茂麿は陸軍少尉に任官して一年後には陸軍科学研究所勤務となり、敗戦まで一貫して気象の研究をおこなう。自邸には気象観測室があったという。このように華族となった山階宮の王子たちは、軍人となりながら、いずれも研究者のような道を歩むのである。

軍人にならなかった藤麿も、東京帝大卒業後、自邸に筑波研究部と名づけた研究室を設け、ずっと国史研究に関係する。のちに国史学界の大御所となった坂本太郎（東大教授）ら新進気鋭の学者を研究部嘱託とし、『日本書紀』など六つの官選国史書（六国史）の索引作成を手がけたりした。『山階宮三代』の編纂も、藤麿の発案だったという（坂本太郎「筑波藤麿氏を憶う」）。ついでに紹介しておくと、中野重治の有名な自伝的小説「むらぎも」にも、学生時代の藤麿とおぼしき人物が印象的な姿で登場している。中野も藤麿と同時期に東京帝大文学部に在学していた。

〝動〟の久邇宮、〝静〟の山階宮

山階宮家の王子たちがこのように戦前の皇族としては特異な存在となったのには、父菊麿王の影響があった。菊麿は海兵を中退後、ドイツ留学を経て海軍士官となるが、留学中から気象学に興味をもち、軍務の合間にしばしば気象台に出かけたり、専門家をまねいて熱心に話を聞いたりしていた。そしてついには宮家の事業として、筑波山に高層気象観測所を開設するのである。

軍人としての菊麿は、日露開戦の一年前に巡洋艦《八雲》分隊長となるが、生来、蒲柳の質だったようで、戦中には寒気で健康をそこねたりした。しかし、気象学への情熱はおとろえず、喀血しながらドイツの気象学会に論文を送ったりしている。不運なことに健康は回復せず、明治四十一年（一九〇八）五月に三十五歳で死去したが、この学問好きの血があきらかに息子たちにも受け継がれたのである。

幕末の朝廷で張り合った伏見宮家の二人の王子、朝彦と晃の明治になってからの人生は対照的だった。朝彦が最後まで我を張りつづけたのと対照的に、晃は悠々自適の日々を送った。それを受けてか、久邇宮と山階宮の〝家風〟もまったく異なるものになった。久邇宮家の皇族たちが皇室の内外で大きな波風を立てつづけたのにたいし、山階宮家の皇族たちは、まるで江戸時代の皇族のように〝学問専一〟の道を選び、豊かな財力を生かして各分野でパトロンとしても貢献したのである。

こうした、いわば〝動〟の久邇宮と〝静〟の山階宮という特色は、昭和になるとさらにはっきりしてくる。

久邇宮サイドの主役は東久邇宮稔彦（なるひこ）王だったが、王のことについては次章で触れるとして、山階宮に関しては、当主武彦王の気の毒な運命を見ておかねばならない。

武彦王の気の毒な運命

父菊麿が明治四十一年五月に死去したのにともない、わずか十歳で家督を継いだ武彦は、海兵に入り、卒業後は黎明期の航空畑を志望した。横須賀海軍航空隊航空術学生を志願したとき、海軍大臣の加藤友三郎は皇族にはふさわしくないと反対したというが、皇族が率先して航空術を学ぶのは海軍航空兵力発展には有益だとの意見も多く、武彦は航空隊で教育を受け、そのまま横須賀航空隊付となる。海軍士官として前途洋々であり、大正十一年七月には賀陽宮邦憲（かやのみやくにのり）王第二王女の佐紀子（さきこ）女王と結婚もした。

ところが、翌年九月一日に悲劇が起きる。懐妊中だった佐紀子が、大地震のために滞在中の鎌倉別邸で被災死してしまうのである（関東大震災では佐紀子のほか、前出の東久邇宮師正王と閑院宮載仁第四王女寛子（ひろこ）女王の二皇族が命を落とした）。その衝撃で武彦は神経を病み、塩原御用邸などでの療養生活に入る。そのかたわら、山階宮家の当主らしく、多額の資金を投じて民間航空発展のために操縦士養成機関「御国航空練習所」を創設したりするが、健康状態はよくならない。そのために、いったん内定した梨本宮規子女王（守正王第二王女。なお、規子の姉が朝鮮王族李王垠と結婚した方子女王である）との再婚も取りやめになった。

そして皇族軍人としてはまったく異例なことに、昭和四年十一月には少佐昇進と同時に待命となり、翌年には休職、昭和七年十一月には予備役となった。軍人皇族は存命であるかぎりは、たとえ病身であっても現役のまま破格のスピードで昇進するのが例であり、予備役入りした、すなわち事実上軍人をやめたのは武彦だけである。『山階宮三代』によれば、その後の武彦はほとんど表に出ることなく、ひっそりと暮らしたようであるが、再婚して嗣子ができないかぎりは、山階宮家はいずれ絶家となるのが確実であった。臣籍降下した四人の弟たちは、皇室典範増補の規定により皇籍には復帰できないから、彼らの誰かを養子にして家督を継がせることもむずかしい。が、もちろんそのような事情とは関係なく、山階宮家は昭和二十二年十月十四日、ほかの十宮家と同じように消滅し、武彦王も山階武彦となったのである。

武彦は八十九歳の長寿を保ち、昭和六十二年八月に死去した。

第七章　昭和戦前期の宮家

1　トラブルメーカー

皇女との結婚を嫌がる

東久邇宮稔彦王は久邇宮朝彦親王が晩年に側室（朝彦は終生、正妃をもたなかった）とのあいだに生した王子である。朝彦には夭折したものも含めて九人の王子がおり、稔彦は公的には第九王子、すなわち末子とされるが、これまでも述べたようにじつは第八王子の朝香宮鳩彦王よりも二カ月先に生まれていることが、各種の資料からあきらかである。朝彦が稔彦の生母よりも鳩彦を産んだ女性を可愛がっていたため、兄弟の順が逆にされたらしい（皇族の戸籍簿である皇統譜では鳩彦は明治二十年［一八八七］十月二日、稔彦は十二月三日生まれとなっている）。

このような異様な生い立ちのせいもあり、稔彦はきわめてユニークな性格の皇族として一生を過ごした。別の言いかたをすれば、父朝彦の剛直、強情、わがままな面をもっとも顕著に受け継いで、明治、大正、昭和三代の皇室のなかで、派手に動きまわったのである。兄の邦彦王にも同じようなところがあったのはこれまでに見たとおりだが、二人をくらべれば、邦彦のほうがまだ〝常識的〟だったと言えよう。そのくらい、皇室内での稔彦の反逆児ぶりは際立っていた。

半自叙伝『やんちゃ孤独』で本人が懐かしげに回顧している幼い時分の手のつけられない腕白ぶりはともかく、まず稔彦の皇族らしからぬところが発揮されたのは、聡子内親王との結婚においてであった。

先述のように明治天皇の皇女である昌子、房子、允子、聡子内親王は、それぞれ竹田宮恒久、北白川宮成久、朝香宮鳩彦、それに稔彦と結婚した。そしてすでに宮家の当主だった成久以外の三人は、皇女との結婚を前提として、あたらしく宮家を立てさせてもらえた。もし皇女と結婚しなかったなら、三人は臣籍降下して華族となるか、あるいは一生部屋住みの身だったろう。それが幸運に恵まれたのだから、喜び、感謝すべきところだったが、稔彦は聡子との結婚をなかなか承知しなかったばかりか、皇族をやめたいとまで言い張ったのである。

それを説得したのは兄の邦彦だった。のちに邦彦は牧野伸顕に、〈半日かけて稔彦を翻意させ、明治天皇にたいへん喜ばれた〉と語っているが（『牧野日記』大正十三年［一九二四］十二月十七日条）、稔彦が嫌がったのは、聡子との結婚自体ではなく、皇族という身分だったようだ。束縛されることの多い皇族をなにがなんでもやめたい、皇女と結婚したりすればそれが不可能になると言い張る弟を、邦彦はなんとか説き伏せた。

ところがこの数年後、明治も終わりに近づいたころだと思われるが、稔彦は天皇のところへ出かけ、皇族をやめて外国へ行きたいと訴えるのだ。きっかけはささいなことで、下痢をしていたため天皇の賜餐への陪席を断ったのを、嘉仁皇太子に叱責された稔彦がヘソを曲げたのである。天皇も呆れたろうが、この末娘の婚約者を叱りもせずに、〈勝手なことを言って年寄りを困らせるものではない〉と言っただけだった(以上の経緯は『やんちゃ孤独』)。

帰国拒否騒ぎ

けっきょく、この騒ぎはウヤムヤのうちに終わり、稔彦と聡子は大正四年に結婚する。皇女との結婚は嫌がっても聡子を嫌ったわけではなく、赴任先の仙台で送った新婚生活も、東京よりは束縛がすくないせいもあり、楽しかったらしい。が、皇族という身分へのこだわりはあいかわらず稔彦から消えない。そして、それが大爆発したのが、大正から昭和に移るころだった。

稔彦は大正九年四月にフランスのパリに向けて日本を発つ。明治以来、軍人皇族たちは外国の軍学校で学んだり、そうしなかったものも長期の視察のために外遊したりしたが(たとえば邦彦は明治四十年四月から四十二年十月まで二年半にもわたり欧米各国を旅行している)、第一次世界大戦が勃発したため、それがいったん途絶えた。若いころから外国へ行きたがっていた稔彦はうずうずしていたようで、出発のようすを報じる新聞によれば、喜びをあらわに見せ、見送りの皇族や宮中首脳たちに渋い表情をさせたという。またこのとき、聡子は第三子の出産間近だったが、それも稔彦には気にならなかったようだ。

フランス滞在は公式には二年間とされたが、宮内省とのあいだで、あと一年は延長してもかまわないとの暗黙の了解があったらしい。しかし、稔彦は三年が過ぎても日本に帰ろうとしない。次男の師正（もろまさ）が大震災の犠牲となったときも、哀しみはするが、帰国はしない。しかも、留学の目的は軍事研究のはずだったのに、絵画に熱中したり、社会主義者の多い学校に入ってみたりして、宮内省や陸軍当局をやきもきさせた。おまけに、陸軍や宮中関係者のなかに、自分を中傷したり、ないがしろにしたりするものがいると主張し、またぞろ皇族をやめたい、陸軍もやめたいとゴネたりもしだす。そして、もし帰国すれば、父朝彦親王のように幽閉されてしまうなどと、被害妄想じみたことさえ言い出した。

困り果てた宮中首脳は、大正十四年末、ついに帰国をうながす使いとして、大山柏（おおやまかしわ）（陸軍大尉）と町尻量基（まちじりかずもと）（陸軍少佐）の二人を極秘裡にパリに派遣した。大山は大山巌（いわお）元帥の息子で公爵、公家華族の町尻は稔彦の従妹である賀陽宮由紀子（かやのみやゆきこ）女王（大震災で死去した佐紀子（さきこ）の姉）を妻としており、二人とも学習院在学時代から稔彦をよく知っていた。説得役としては適任のはずだったが、稔彦は断固として日本には帰らないと言い張るばかりだった。挙げ句の果てに、大山、町尻は、稔彦が宮中首脳らにあてた、臣籍降下をほのめかす覚書をもたされて帰国する羽目となったのである。

そうこうするうちに日本では大正天皇の健康状態が悪化し、いつ崩御があるかわからない事態となる。こうなれば皇族としての稔彦がとるべき道は帰国しかありえないことは明白であり、聡子妃や邦彦からも懇願や叱責の電報が発せられたが、稔彦はいっこうにうなずかない。そして、大正十五年十二月二十五日午前一時二十五分（欧州時間二十四日午後五時二十五分）、天皇はついに崩御する。パリ在住中、稔彦の側近にあった付武官の安田銕之助陸軍少佐（退役後に神兵隊事件に関与。稔彦についての重要な資料を多く残した）が、それを知らせる日本からの電報を稔彦に示してなんとか帰国してくれるように頼むが、徒労に終わる。

安田はしかたなく、当時ロンドンにいた小松輝久侯爵（北白川宮輝久）に稔彦を説得するように頼んだ。恥をさらすようなものだが万策尽きたのであろう。しかし、この窮余の策がうまくいった。すぐパリに来てくれた輝久との一時間の会談ののち、稔彦はついに帰国を承諾したのである。このあとも自殺をほのめかしたりして周囲を悩ませるが、翌年一月五日（昭和元年［一九二六］は六日間で終わり、すでに昭和二年となっていた）、稔彦は安田たちをしたがえ、やっとアメリカ経由で帰国の途についた。

さらに臣籍降下騒ぎ

稔彦主従がアメリカ客船《プレジデント・マッキンレー》で横浜港に着いたのは一月二十九日。ひさしぶりに夫や父に会う聡子妃や二人の王子たち（正確には渡仏時に妃のおなかにいた三男彰常王とは初対面。なお、長男盛厚王はのちに昭和天皇の長女成子内親王と結婚）はもちろん大喜びし、出迎えた宮内省や陸軍の首脳たちも一安心したが、稔彦を主人公とするトラブルは、まだこれからも延々とつづいたのである。その主題は〝臣籍降下〟であった。

横浜港で稔彦がまだ上陸する前に、倉富勇三郎が《プレジデント・マッキンレー》に向かった。倉富はかつて東久邇宮家の宮務監督だったことがある。その後、帝室会計審査局長官を経て、大正十五年四月には枢密院議長に就任していたが、このころはまた宮務監督事務取扱も兼ねていた。枢密院議長の要職にあるものとしてはまったく異例のことだったが、彼の後任の宮務監督だった村木雅美（陸軍中将）が稔彦在仏中に急死したため、宮内省が懇請したのである。宮内省としては稔彦対策としての大物起用という意図があったのだろう。

もちろん倉富も騒ぎが日本で再燃するのをなんとか防ごうと思っており、対策を考えていた。そして帰国を待ちかまえるようにして稔彦に会い、〈天皇に迷惑をかけたことを詫びるように〉と、直言した。

稔彦は、〈詫びねばならぬようなことをした憶えはない〉と駄々をこねるが、けっきょく、横浜からまっすぐに赤坂離宮の天皇のもとに向かい、倉富に言われたように陳謝した。しかし、そのとき天皇が叱責したりしなかったのがよくなかった。稔彦は、天皇は自分の行動を許してくれたと思いこみ、一月三十一日にふたたび倉富に会うと、やはり臣籍降下したいと言い出すのである。

同日の「倉富日記」によると、稔彦は降下を望む理由として、次のように言った。じつに興味深い内容である。

自分（原注・殿下）は結婚の関係にて皇室と身近き関係を生じ居るも、結婚関係なき現在の皇族は、皇室とは親族とも云ひ難く、此の如きことにて皇族と云ひ居るはむつかしき様に思ふ。然し、誰も思ひきりて降下のことを云ひ出す人もなき様に付、自分が先づ云ひ出さんと思ひたることなり。現在の皇族は総（すべ）て降下するのが当然にて、先年設けられたる降下内規も姑息（こそく）にて、徹底したるものに非ずと思ふ

〈いまの皇族は天皇家と親族とは言いがたいから、すべて臣籍降下するのが当然である。それなのに誰も降下を言い出さないから、自分が言うのだ〉――現行の皇族制度を完全否定する主張と言っても過言ではなかろう。ここで降下内規とあるのは、もちろん「皇

族の降下に関する内規施行準則」（降下準則）のことである。これが制定されたとき稔彦は日本にいなかったが、皇族たちの多くが不満だったこの定めでさえ「姑息」で「徹底したるものに非ず」と決めつけるのだから、もし、あの皇族会議に稔彦が出席していたら、いったいどんな主張を述べたのか、想像するだけでおもしろい。

高いハードル

しかし、これを聞かされた倉富にしてみれば、おもしろいどころではない。おそらく稔彦が在仏中から臣籍降下を口にしていたのは単なるわがままだと思っていただろうから、理路整然たる主張に内心あわてたことだろう。が、降下準則制定の皇族会議にも陪席していた身としては、まさか賛意を表するわけにもいかず、〈皇族の数を制限するのは必要でしょうが、なにも殿下おひとりが急ぐことはないでしょう。皇室、国家に尽くすためにも、いまのままのほうがよろしいのでは〉と、軽く反論した。それにたいし稔彦は、〈わかった。これからも気づいたことがあれば注意してくれ〉と、物わかりのいい返事をするが、臣籍降下の希望を言い立てるのをやめたわけではない。

もっとも稔彦がどうしても臣籍降下がしたいのなら、ことさらこのような主張をしなくてもいい。なぜなら稔彦がパリにいるあいだに、降下準則によって三人の皇族が華族となっているからである（三一五ページ表⑥参照）。稔彦が言うところの「姑息」な降下準則は立派に機能しているのだ。だから降下したいのなら、すぐにでもできる。現に秩父宮雍仁、閑院宮載仁、朝香宮鳩彦などは、〈そんなに降下したいのならさせたらどうか〉と言ったし（「倉富日記」昭和二年四月十三日条）、宮内大臣の一木喜徳郎などもそのような意見だった。

しかし、そこにはハードルが二つあった。そのひとつは聡子妃の問題である。もし、稔彦が華族となれば、離婚しないかぎりは妃も当然そうなるが、明治天皇の皇女を華族にすることができるだろうか。また、稔彦は降下したら南アメリカなどに行きたいとも口にしていたが、もし外国で聡子が苦労したりすれば、国家、皇室の体面にもかかわると倉富らは危惧したのである。

さらにもうひとつは、稔彦が降下を情願する理由の問題である。稔彦は、〈情願書には、自分は皇室との血縁が薄いので降下したい〉と書くと言っていた。しかし、そんなことができるわけはない。なぜなら、もしそれを理由にした降下を認めるなら、皇族は天皇の兄弟の皇子（直宮）を除いて全員が降下しなければならないことになるからだ。天皇の諮詢を受けて降下の是非を審議する皇族会議は、大混乱におちいるのが目に見えている。

そこで一木など宮内省首脳たちは、どうしても降下したいのなら、理由を書かない情願書を出すように稔彦に頼んだ。しかし、稔彦は承知しない。理由抜きの臣籍降下など意味がないと言うのだ。しかしそれでは降下はできない。何度か押し問答がくりかえされたが、稔彦は主張を変えない。臣籍降下を熱望すると言いながら、自分でハードルを高くしているのである。意地悪く言えば、ほんとうは降下をしたいのではなく、宮内省へ嫌がらせをしているとしか思えない。稔彦の性格をよく知る倉富は、そこを見抜いていた気配があるが（「倉富日記」昭和二年四月九日、十三日、十六日条）、それまで稔彦と疎遠だった一木などは、まともに稔彦の主張とつきあってしまったので、稔彦も引っこみがつかなくなり、不手な混乱が何カ月にもわたって続いた。

いつ降下するのか

それを解決したのは宮内省宗秩寮宗親課長の松平慶民と秩父宮雍仁だった。松平春嶽の息子で、敗戦後に最後の宮内大臣にもなった慶民は、皇族間で、〝閻魔大王〟の異名をとるほど硬骨漢として知られていたが、いっこうに事態を解決できない上司の一木らにたまりかね、天皇の弟宮である雍仁の助力をあおぐという荒療治を考えた。困り果てていた一木らもこれを認め、慶民は雍仁に稔彦を説得してくれるように頼んだ。

二人の皇族が会ったのは十二月八日夜。雍仁は陸軍中尉、稔彦は大佐、年も十五歳離れていたが、雍仁は直宮であり、稔彦は皇室の末端につらなる宮家の主である。稔彦のほうから赤坂表町の秩父宮邸を訪ねた。そして夕食をとりながら話しあった結果、稔彦は雍仁に、〈臣籍降下はしないし、軍務にも精励する〉と約束した。直宮の説得を容れてということなら、稔彦も振りあげた拳をおろす大義名分が立つ。慶民の策はみごとに成功したのである。

翌日、これを知らされた一木が東久邇宮邸を訪ねると、稔彦は、〈臣籍降下は適当な時期までやめる〉と言った。降下を断念したのではないというわけで、あくまで意地を張ってみせたのだが、一木が、〈適当な時期とはいつですか〉と尋ねると、〈直宮たちの子どもが増え、ほかの皇族たちも皇族が多いと感じるようになったときだ〉と答えた（同日の「倉富日記」）。しかし三人の直宮、雍仁、高松宮宣仁、三笠宮崇仁は、当時、誰も結婚さえしておらず、子どもができるかどうかもわからない。一木も内心苦笑したことだろう。

そして稔彦の〝臣籍降下病〟は、二十年後にまた再発した。敗戦直後に皇族としては初の総理大臣となった稔彦は、在任五十日で辞任するが、その直後、内大臣の木戸幸一に、〈戦争責任と内閣総辞職の責任をとって皇籍を離脱したい〉と言うのだ（『木戸幸一日記』昭和二十年十月十二日条）。木戸は、〈いまそのようなことをされては混乱が生じます〉と意見するが、稔彦は頓着せず、新聞記者にも同じようにしゃべってしまう。

新聞記事を読んだ三笠宮崇仁は、〈皇族が戦争責任などといえば、天皇やほかの皇族にも迷惑がかかる〉と怒り、稔彦に会って文句を言う。また、御殿場で結核療養中の秩父宮雍仁も、書簡をおくって稔彦をたしなめた。稔彦はそのことを日誌に記しているが（「東久邇宮日誌」昭和二一年十一月十日、十六日、十七日条。この日誌は『一皇族の戦争日記』『東久邇日記』として刊行されているものの原本であり、刊行本では省略されている興味深い記事が多くある）、両親王の抗議を意に介した風もなく、それ以後も降下したいとの希望をかくさない。もっともそれが実現するのは、昭和二十二年十月十三日に決まった、十一宮家の廃絶まで待たねばならなかった。

経済的裏づけがあってのこと

ところで、ここで単純な疑問が生じる。かりにフランスからの帰国後に臣籍降下をしていたとしたら、稔彦はそれまで保証されていた皇族としての特権は手放さなければならない。束縛からの自由は得られるが、代わりに失うものも多いはずである。そのことを稔彦はどう考えていたのだろうか。本人は、〈自由の身となって国家、皇室のために尽くしたい〉とか、〈外国、とくに南アメリカへ行きたい〉といった漠然たる希望を洩らしていたが、そのようなことが可能だったのだろうか。

おそらく稔彦には自信があった。その最大の根拠は経済的なものである。くどいように言うが、王政復古後に多くの宮家ができたころ、天皇政権最大の悩みは財政の窮乏であった。その影響は宮家、皇族にもおよび、もとからの世襲親王家（四親王家（ししんのうけ））以外の宮家は一代限りとされ、宮家に与えられた家禄の類もけっして多額ではなかった。近代の皇室はつましく出発したのだ。

ところが、時とともに国も皇室も豊かになる。これまでも断片的に紹介してきたが、各宮家の収入や財産は増えつづける一方だった。東久邇宮家も稔彦も例外ではない。『皇室制度史料　皇族4』などによると、明治三十九年に稔彦が東久邇宮家を立てたときに支給された歳費は一万七千円だったが、四年後には物価上昇などを理由に三万二千円となった。そして歳費以外の収入もあるので、大正初めには東久邇宮家の歳入は三万四千三百二十六円（『帝室統計書　大正二年』）である。結婚後は聡子妃が支給される内親王賜金という特別手当も合わせてさらに増え、稔彦が帰国したころには約十四万円の歳入があった（「牧野文書」所収「昭和三年通常会計歳入歳出予算参考書第二号」）。

そしてフランス滞在中の稔彦には、年間二十万円の経費が、皇室予算の臨時費からさらに支給されていたのである。明治初めにドイツに留学していた北白川宮能久（よしひさ）が年間二万円の経費を使い、宮内省などを悩ませたことがあったが、とにかく皇族の海外滞在には金がかかる。いかに皇室財政が豊かになっていたとはいえ、できれば節約したいとのことで、宮内省は臨時費からの支出を十五万円に減額したが、あらたに五万円が天皇の手許金から出されたので総額に変わりはない。稔彦の体面なども気にした宮内省苦心の辻褄あわせというところだが、なんと稔彦はこれをやりくりして、滞仏中に十万円を貯めていた（稔彦はマメなところがあり、パリでの借家や火災保険の契約まで自分でやったという）。そして、それを国庫に返納することはなく、帰国してすぐに半年の定期預金とするよう、宮家の事務官に命じている（「倉富日記」昭和二年二月十一日条）。

さらに「倉富日記」によれば、東久邇宮家にはそれとは別に四十万円の〝遊び金〟があった（前出の「牧野文書」所収の資料には、同宮家の昭和三年の余剰金は六十六万円強とある）。そして稔彦がこれをどう運用するつもりか、倉富たちは非常に気にした。現に十万円の定期は半年満期であり、もし稔彦が本気で臣籍降下や外国への移住を考えているとすれば、〝遊び金〟もすぐ使えるように短期で運用するだろうと思ったのである。

これにくわえて降下する皇族へは百万円の一時金が出る。要するに稔彦には、臣籍降下しても困らないだけの経済的裏づけがあったのだ。わがままも気がねなく言えたわけである。

2　伏見宮家と海軍

陸軍の皇族軍人たち

けっきょく、臣籍降下をあきらめた稔彦（なるひこ）は、騒動の間はほとんど離れていた陸軍の仕事にも復帰する。近衛歩兵第三連隊長という華やかなポストである。さらに歩兵第五旅団長（名古屋）、第二師団長（仙台）、第四師団長（大阪）、第二軍司令官（中国大陸）を歴任し、対米英戦争が始まると、本土防空の責任者である防衛総司令官となる。赫々(かっかく)たる経歴だが、軍人としての才能が評価されたのではなく、ほかの軍人皇族と同様に、皇族であるがゆえの厚遇の結果であることは言うまでもない。

昭和の陸軍でもっとも重要な職に就いた皇族は、昭和六年（一九三一）十二月に参謀総長になった閑院宮載仁(ことひと)だった。明治三十一年（一八九八）一月に小松宮彰仁(あきひと)が辞任してから、皇族が参謀総長となることはなかったが、陸軍内でいわゆる〝統制派〟と〝皇道派〟の派閥争いが激しくなるにつれ、それを抑える役割を期待されて、皇族中の長老、載仁が担ぎだされたのである。

しかし、載仁はその期待にそえなかった。宮家別当の稲垣三郎（陸軍中将）が〝統制派〟に近く、載仁はその影響を受け、人事などで〝皇道派〟を刺激するような動きをしたため、両派の抗争をかえってこじらせてしまう。さらに大陸における関東軍の独断専行を止められず、三国同盟締結のときは陸軍内の強硬派の代弁をするなどして、天皇の不興を買う。辞任は昭和十五年十月で在職九年に及んだが、総長としては〝お飾り〟以下だったと言えよう。

載仁とほぼ同じ世代、王政復古をはさんで数年の間に生まれた陸軍軍人皇族としては久邇宮邦彦、梨本宮守正がいたが、邦彦は昭和四年一月に死去（大将。死後、元帥）、守正は皇族の常として大将、元帥まで昇ったものの軍人としては目立たず、昭和十二年十月からは臨時伊勢神宮祭主となっている。にもかかわらず、敗戦後、守正は皇族としてはただひとりの戦犯容疑者として、占領軍によって巣鴨プリズンに収容されてしまうのだが、それについては次節で触れる。

この三人の次の世代、明治十、二十年代生まれで陸軍にすすんだ皇族が、いずれも明治天皇の皇女と結婚した竹田宮恒久、東久邇宮稔彦、朝香宮鳩彦、北白川宮成久である。前世代の載仁らが、安全には最大限配慮されたうえではあるが、まがりなりにも日露戦争で大陸に出征したことがあるのにたいして、これらの皇族には若いうちの戦場経験はなかった。そして平時の陸軍で猛スピードで昇進していく。

ただ、恒久は大正八年（一九一九）四月に病死（死後、少将）、また成久は大正十二年四月に、パリ郊外で自動車事故によって客死した（大佐）。あとの稔彦については先述のとおりであるが、成久が事故死したときに同乗していて重傷を負った鳩彦は、足が不自由になってしまったせいもあってか、稔彦よりは地味な軍歴を歩む。ただし、昭和十二年十二月の南京攻略戦で日本軍の一部が不祥事を起こしたときは、交戦した上海派遣軍の司令官であり、そのことが戦後になって鳩彦に薄氷を踏む思いをさせる。なお、階級はまったく稔彦と同じように上がり、敗戦のときは二人とも大将であった。

〝名誉の負傷〟伝説

このように、昭和前期の陸軍では軍人として派手な存在の皇族はあまりいなかったが、同時期の海軍には突出して目立った皇族がいた。伏見宮博恭王である。貞愛親王の庶長子だった博恭が、いったん華頂宮家を継ぎながら、明治三十七年一月に伏見宮家に復籍、貞愛死後に家督を継承した経緯については先述したが、もし彼がいなかったなら多くの宮家の〝本家〟だった伏見宮家も断絶してしまった可能性が高い。その意味で博恭は同宮家の救いの主であった。

明治八年十月に生まれた博恭は、十八年五月、明治天皇の命で山階宮菊麿とともに東京築地にあった海兵に通いだす（当時はまだ華頂宮）。正式に生徒となるのは翌年四月だが、皇族の少年が体力面などで一般の生徒に伍していけるか不安があったので、早めの入校となったのである。海兵は明治二十一年夏に広島県江田島に移転するが、博恭、菊麿はそこには短期間通っただけで中退し、ドイツに留学する。ただ、菊麿が二十二年十一月に日本を発ったのにたいし、博恭は面白い日記をのこしたことでも有名なドイツ人医師エルヴィン・ベルツが診断した結果、留学にはまだ体力不足との理由で、翌年九月の出発となった。なお、二人の留学を認めるにあたってドイツ側に政治的な思惑があったことは第五章で触れた。

二人はともにバルト海に面した軍港キールにあった独海兵、海大で学び、菊麿は明治二十七年十一月に帰国する。清国との戦いは八月に始まっており、菊麿は大連に出動していた軍艦《吉野》に乗り組み、有名な威海衛の戦闘にも参加した。しかし、留学が遅れた博恭は、まだドイツにとどまる。そして海大を卒業し、なお留学を続けるはずだったが、明治二十八年十月、予定を早めて急遽帰国した。追悼録『博恭王殿下を偲び奉りて』によれば、日清戦後にロシア、フランスとともにドイツが遼東半島を清国に返還するよう日本に強要したこと（三国干渉）に衝撃を受けたためだという。

留学中に海軍少尉とされていた博恭は、帰国後、軍艦の分隊長（陸軍の中隊長のような職）などをつとめながら順次昇進し、三十六年九月には少佐となる。海軍では陸軍と異なり、皇族であっても中佐までは非皇族と同じペースで昇進し、また、健康面の問題がないかぎりは海上勤務もふつうにおこなった。そのため、戦争になれば第一線の軍艦に乗り組んで、敵と砲火をまじえることもあった。

日清戦争には間に合わなかった博恭も、日露戦争では軍艦《三笠》分隊長として戦闘に加わる。そして、明治三十七年八月、ロシア艦隊とのあいだでおこなわれた〝黄海海戦〟で負傷するのである。このときに着ていて血まみれになった軍服や壊れた双眼鏡は天皇のもとに届けられ、新聞は〝敵弾による名誉の負傷〟と書きたてた。

ところが、敗戦後四十年ほどが経ってから、元海軍軍人で防衛大学校教授などもつとめた戦史研究家の野村實によって、あの負傷は敵弾によるものではなく、博恭が指揮していた十二インチ砲が暴発したためだったということが証明されたのである（野村『天皇・伏見宮と日本海軍』）。

〝敵弾による負傷〟というのは、いわば海軍公認のことであり、博恭自身もそう語っていた。しかし、戦前から海軍首脳のなかでは〝砲暴発による負傷〟がひそかに語り伝えられていた。そして博恭の側近中の側近だった嶋田繁太郎（海軍大将。東條内閣の海軍大臣）も、戦後になってそれを裏づける証言をしているのである（「嶋田繁太郎関係資料」所収「元海軍大将島田繁太郎談話収録」）。

ただ、ここから博恭がウソをついていたという結論は出てこない。そもそも激しい戦闘の最中の負傷の原因など、すぐにはわからないことも多かろう。《三笠》の将兵らが博恭本人も含めて〝敵弾による負傷〟と思いこみ、それがあっと言う間に天皇の耳にまで達してしまった。そうなると、あとになって真相が判明しても、いまさら訂正はできない。ましてや皇族についてのことである。天皇にはもとより、博恭にも真相は隠しつづけられたと思われる。

それに原因はともかくとして、博恭が戦闘中に負傷したのは事実である。戊辰戦争、西南戦争、日清戦争で負傷した皇族はいないことを思えば、これはまさに皇室にとっても国民にとっても一大ニュースであった。

以後、博恭は海軍で順調に出世していく。戦艦《朝日》《伊吹》の艦長、第二艦隊司令長官、佐世保鎮守府司令長官などの要職を歴任した。

海軍部内の対立

昭和五年（一九三〇）一月、ロンドンで日本、アメリカ、イギリス、フランス、イタリアの代表による、海軍軍縮会議がひらかれた。日本の全権代表は若槻礼次郎（元総理大臣）と、財部彪海軍大臣。討議の結果、会議では日本海軍の大型巡洋艦総トン数を対米六割強、軽巡洋艦、駆逐艦のそれを約七割とすることなどで妥協が成立し、浜口雄幸内閣（立憲民政党）、海軍省もそれを了承して、若槻らは条約書に調印した。ところが、海軍軍令部長の加藤寛治大将や次長の末次信正中将がこれに猛反発し、辞表を提出して条約批准に抵抗、反対する動きを始めたのである。

その尻馬に乗ったのが野党政友会の犬養毅総裁、森恪幹事長、鳩山一郎（戦後、総理大臣）らだった。彼らは兵力を政府が決めるのは天皇の統帥権を干犯するものだと主張し、この問題を倒閣の具につかおうとした。昭和七年の〝五・一五事件〟で海軍士官に射殺され、いまでは反軍政治家だったかのように言われることもある犬養も、このときはただの政治屋だったのである。

けっきょく、条約は枢密院への諮詢を経て、天皇によって承認（批准）された。しかし、海軍内の抗争、条約に賛成だった海軍省を中心とする〝条約派〟と、反対だった軍令部を中心とする〝艦隊派〟の対立はおさまらなかった。そのなかで〝艦隊派〟がたくらんだのが、博恭を利用することだった。

　博恭はもともとロンドン条約に反対だった。根っからの軍人である博恭は、〈条約で決められた戦力比では国防に責任がもてない〉とする加藤たちの主張に共感し、それを軍事参議官会議などで公言していた。博恭と親しかった侍従長鈴木貫太郎（海軍大将。敗戦時の総理大臣）は心配し、〈皇族は慎重な態度をとらなければならない〉と忠告するが、博恭は意見を変えない。ついに天皇に拝謁し、〈軍縮についてお話をしたい〉と願い出る。しかし、天皇はそれを拒否し、博恭も天皇が条約締結に賛成の意向だと悟るが、加藤たちを説得したりはしない（この間の博恭については『西園寺公と政局』にくわしい）。

　そして条約批准直後から、〝艦隊派〟は博恭を軍令部長に推戴しようと動き出すのである。その中心となったのは、〝艦隊派〟のシンボル的存在である東郷平八郎元帥の腹心、小笠原長生（おがさわらながなり）海軍中将（旧唐津藩主家の子爵）だった（小笠原の動きについては彼の日記をくわしく分析した田中宏巳「昭和七年前後における東郷グループの活動」参照）。

　それ以前に軍令部長となった皇族軍人はいなかった。博恭と同世代までの皇族で海軍軍人となったのは、年齢順に華頂宮博経（ひろつね）、有栖川宮威仁（たけひと）、東伏見宮依仁（よりひと）、山階宮菊麿の四名。このうち博経と菊麿は早世し、威仁は大将（死後、元帥）となるが、病弱のため中年からは海軍の一線を退いた。軍令部長となるとすれば、同じく大将（死後、元帥）だった依仁だが、彼も晩年（大正十一年六月死去）は健康がすぐれなかったようだ。

このような事情にくわえ、海軍ではもともと統帥（軍令）部門の軍令部の地位が、軍政をつかさどる海軍省にくらべて低くみられていたということもあった。あえて皇族を軍令部長とする意味が薄かったのかもしれない。ところが、昭和初期の海軍上層部内の抗争が博恭をクローズアップさせることになる。

軍令部総長宮

小笠原は博恭が部長就任に積極的であることを確かめるが、東郷の意向でしばらく極秘のうちに動く。そして陸軍で閑院宮載仁を参謀総長に擁立しようとの動きが本格化してきたことを知ると、海軍も同時に皇族統帥部長を実現しようとした。

この目論見は加藤の後任の軍令部長で、東郷と対立していた山本権兵衛（やまもとごんべえ）（海軍大将、元総理大臣）に近い谷口尚真（たにぐちなおみ）が辞職を拒否したために失敗し、載仁が一足先に参謀総長となるが、けっきょく、博恭も昭和七年二月二日には軍令部長となった。当時の階級は大将である。

元老西園寺公望は博恭就任内定を聞き、〈困ったものだ〉とつぶやき、海軍の長老岡田啓介（おかだけいすけ）大将（〝二・二六事件〟のときの総理大臣）や、〝艦隊派〟に近いと見られていた大角岑生（すみみねお）海軍大臣でさえ、皇族部長誕生に危惧の念をもらしたという（『西園寺公と政局』二、一九七〜一九九ページ）。

〝艦隊派〟の拠点である軍令部は皇族部長誕生を機に、権限の拡大を図りだした。その成果はさっそくあがり、従来、海軍大臣がもっていた兵力量決定などの権限が、軍令部長に移ることになった。当然、海軍省は抵抗したが、博恭は辞職をほのめかしながら強行した。〝艦隊派〟にしてみれば、ロンドン条約締結時の意趣返しができたわけである。同時に「海軍軍令部」は「軍令部」と、「海軍軍令部長」は「軍令部総長」と改称された。陸軍では昔から「参謀本部」「参謀総長」と呼ぶのに合わせたわけで、スマートさをモットーとする海軍らしからぬヤボなことだが、これで博恭も載仁と同じく総長と呼ばれるようになった。

天皇は軍令部権限の拡大に憂慮の念を示し、大角海軍大臣にたいし、軍令部が人事や予算に介入しないように対策をとれと命じた。さらには軍縮条約批准に反対して辞任した後、閑職に就いていた末次前軍令部次長を連合艦隊司令長官に起用するとの人事案を上奏されると、〈末次は条約問題が紛糾したときに政治に介入したではないか〉と、不満をもらす。

天皇の憂慮は博恭にも向けられ、鈴木侍従長に、〈博恭王は軍令部総長として上奏する際に政治的なことも話すが、これは皇族としてはおもしろくないことだ〉と言い、

「何とか処置すべきや、又は此のまま暫らく不問に附すべきや」と相談までした。天皇の軍令部総長としての博恭への不信は深かったのである（『牧野日記』昭和八年十一月二十二日条）。

しかし、天皇には親子ほど年が離れ、海軍軍人としても実績のある軍令部総長への遠慮があった。博恭へはなんの〝処置〟もなされず、軍令部の権限拡大は着々と実現し、末次も連合艦隊司令長官となった。加藤ら〝艦隊派〟には、皇族を担いだ甲斐が十二分にあったのである。

二・二六事件

加藤たちは増長する。それが頂点に達したのが、昭和十一年二月二十六日の軍事クーデタのときだった。

加藤自身の日記（『続・現代史資料5　海軍　加藤寛治日記』）によれば、この日の早朝、陸軍の青年将校らが反乱を起こしたとの知らせを受けた加藤は博恭に電話をかけ、すぐに天皇に拝謁するようにすすめた。加藤は軍令部長を辞任後、軍事参議官となり、このころは後備役となっていたが、あいかわらず陸軍〝皇道派〟の頭目である眞崎甚三郎（まさきじんざぶろう）大将らと連絡をとり、事の起きるのを待ち構えていた。そして反乱勃発を奇貨とし、眞崎を首班とする軍事政権の樹立をもくろんだのである。博恭に天皇への拝謁を勧めたのは、そのために一役買ってもらおうと意図したからであった。

午前十時前、加藤と眞崎はそろって赤坂の伏見宮邸（現在はホテルニューオータニがある）におもむき、あらためて博恭に皇居へ参内し、天皇に会うように頼んだ。『眞崎甚三郎日記』によれば、博恭は彼らの頼みを容れ、やはり宮邸に来ていた嶋田繁太郎（当時、軍令部次長）を先導役とし、加藤、眞崎をしたがえて皇居に向かったとある。もっとも後年の嶋田の回想（「嶋田繁太郎関係資料」所収）では、加藤、眞崎が勝手に博恭の自動車に付いてきたということだが、いずれにしろ博恭は参内し、天皇の前に出た。

反乱が起きてからずっと天皇の側にいた木戸幸一（内大臣秘書官長。斎藤実内大臣は反乱軍に殺害された）によると、博恭は後継内閣をすぐに組織させること、戒厳令は布かないことを言上した。加藤、眞崎らの意に沿い、反乱部隊にも有利な進言である。これにたいし天皇は、「自分の意見は宮内大臣に話し置けり」と応えるだけで、相手にしない。さらに博恭が、「宮内大臣に尋ねて宜しきや」と訊いても、「それは保留する」と突き放す（『木戸幸一日記』同日条）。

こうなれば博恭にも天皇が反乱に激しい怒りを感じ、眞崎内閣樹立など許すはずもないことはわかる。あっと言う間に変心し、軍令部総長として、海軍も反乱を徹底的に鎮圧するとの方針を打ち出す。

もし、このとき博恭があくまでも天皇に抵抗していれば、事態は混迷をきわめただろうが、伏見宮家の当主は、皇族としての矩を決定的に踰えることはなかった。哀れだったのは加藤で、二月二十七日の彼の日記には、「終日憂鬱」とある。

早期開戦を主張

昭和十三年から翌年にかけ、陸海軍はドイツ、イタリアとの軍事同盟（三国同盟）をめぐって対立した。日独防共協定にイタリアを加え、アメリカ、イギリスへの強固な軍事同盟としようとする陸軍に、海軍大臣米内光政、次官山本五十六らは英米を無用に刺激すると猛反対した。

このとき博恭は米内らを支持する姿勢を一貫して堅持し、米内の後任の海軍大臣だった吉田善吾の戦後の証言によれば、対米戦争にも絶対反対と主張していたという（『海軍戦争検討会議記録』）。〝二・二六〟の経験が博恭を穏健派に変身させたかのようにも見える。

開戦八カ月前の昭和十六年四月九日、博恭は軍令部総長を辞任する。在任期間九年二カ月。歴代二番目となる長さであった（最長は明治時代に在任した伊東祐亨の十一年半）。天皇は敗戦後すぐに、辞任は健康悪化によるものだったと述べているが（『昭和天皇独白録』）、軍令部副官をつとめた南郷次郎海軍少将は『博恭王殿下を偲び奉りて』で、「一触即発の国際関係は、殿下を依然総長として戴くことにより、あるいは累を殿下に及ぼし、ひいては累皇室に及ぼし奉る虞なしとは断言できなかった」と回顧している。もし博恭が軍令部総長のときに対米英戦争が始まれば、本人のみならず皇室も傷つく惧れがあったがゆえの辞任、と示唆しているわけだが、辞めた後の博恭の行動を見るかぎり、このような懸念はけっして杞憂だとは言いきれないものであった。数年前には対米戦に反対していた博恭は、いつしか早期開戦を主張するようになっていたのである。辞任から半年後の十月九日、博恭は天皇に拝謁し、次のように述べた（「嶋田繁太郎大将備忘録」5）。

米国とは一戦避け難く存ず。戦ふとせば、早き程有利に有之、即刻にも御前会議を開かれ度

これに天皇は次のように応え、博恭の進言を退けた。

いまは其の時機にあらず。尚ほ外交交渉により尽すべき手段あり

九月六日の御前会議で、〈十月下旬をめどとして対米英蘭戦争の準備を完了する〉との「帝国国策遂行要領」が決定され、十月五日には連合艦隊に作戦準備が命じられてい

た。したがって博恭の意見は軍事的には暴論ではない。しかし、天皇は依然として戦争を避けたいと望んでおり、十月十六日に東條英機内閣が成立すると、東條に〈九月六日の決定にとらわれず、内外の情勢をよく検討せよ〉と言い渡した（『木戸日記』十月十七日条）。いわゆる〝白紙還元の御諚〟である。

博恭にはこのことが伝わらなかった可能性がある。また、のちに終戦工作に奔走した高木惣吉海軍少将によれば、博恭は十月九日の拝謁のとき、天皇に、〈開戦はいずれ不可避だが、もう少し待ちたい〉という意味のことを言われたと思いこんでいたらしい（『高木惣吉日記』昭和十九年三月十一日条）。そのような齟齬があったためか、博恭は〝二・二六〟のときと異なり、天皇の意にしたがわず、早期開戦論を唱えつづける。東條内閣で海軍大臣に就任した嶋田繁太郎も、もともと対米戦争に慎重だったにもかかわらず、博恭に説得され、早期開戦を主張するようになった。

海軍一家

そして昭和十六年十二月八日となる。もう博恭は戦争指導にかかわることはなかったが、このとき伏見宮家の王子のうち二人が海軍にいた。ともに軍令部に勤務していた三男博信（華頂侯爵）と四男博英（伏見伯爵）である。

博恭には四人の王子がおり、全員が海軍軍人となった。伏見宮家は海軍一家だったのである。しかし次男博忠（華頂宮）は、海兵を卒業して二年半後、《五十鈴》に乗艦していたときに、風邪をこじらせて死去した。また長男博義も四十歳で持病の喘息をこじらせて死去していた。『博恭王殿下を偲び奉りて』などによると、二人ともそれほど頑健でなかったというから、軍人には不向きだったのかもしれない。

あとの二人の王子のうち三男博信は海大教官などとして敗戦まで内地にとどまるが、四男博英は軍令部から通信学校高等科学生に転じ、昭和十八年七月、ジャワ島（現・インドネシア領）北部スラバヤの第三連合通信隊司令部付兼南西方面艦隊司令部付となる。

前にも触れたように、明治以来、皇族軍人たちは陸海軍を問わず危険な戦場からは遠ざけられた。満州事変から対米英戦にいたる大東亜戦争でも、皇族たちが短期間の視察などを除き、戦場の第一線に出ることはめずらしかった。しかしこれも先述したように、臣籍降下した海軍の三人の元皇族、小松輝久侯爵（北白川宮輝久）と音羽正彦侯爵（朝香宮正彦）、それに博英の三人は南方方面の戦地におもむき、正彦と博英は戦死する。

博英たち戦死者の海軍合同葬が横須賀鎮守府でおこなわれたとき、当局は降下前に勲一等旭日桐花大綬章をもらっていた博英の霊位を最上位におこうとしたが、父の博恭はそれを止め、霊位を戦死者の階級順にならべさせたという。前軍令部総長としてのけじめであろう。朝香宮家が博英の半年後に戦死した正彦にたいし大勲位を授け（正彦も勲一等をもっていた）、公爵に昇らせてくれと運動したのとは対照的だった。

それからしばらくして博恭は脳出血を起こして右半身がきかなくなり、心臓にも異状が見られたため、熱海の別邸で療養生活に入る。しかし敗戦になると、不自由な体をおして帰京した。伏見宮邸は空襲により焼失していたので、宮邸近くの福田屋という有名な旅館で療養を続けるが、昭和二十一年八月十六日に死去した。伏見宮家を継ぎ、最後の当主となったのは、博義のひとり息子、十四歳の博明王である。

3　敗戦と皇族

そのとき、皇族はどこにいたか

対米英開戦の三カ月ほど前、宮内省幹部が集まり、宮家の疎開先について検討した記録が残っている（「岡本愛祐関係文書」。岡本は宮内省参事官）。当時、空襲のときは住民みずから防火にあたるべきとの理由で、戦争が始まっても老齢者や子ども以外の疎開は禁じるというのが政府の方針だったが、宮内省にしてみれば、そのような建前のみにとらわれているわけにはいかなかったのであろう。高松宮→翁島別邸（福島県）、伏見宮→熱海別邸、山階宮→拝島三井家別荘（東京都下）など、十四宮家、朝鮮王・公族三家の疎開候補地が選定された。

貞明皇后が空襲が激化し、住まいの大宮御所が焼かれてからも疎開を拒んだのは有名な話だが、女性や子どもの皇族には実際に疎開したものも多い。しかし、軍人になった皇族たちは、もちろん疎開などできない。対米英戦が始まっても、高齢者や病人を除いてそれぞれ軍人としての任務についたが、外地に長期間いたものはほとんどいなかった。

竹田宮恒徳（戦後、ＪＯＣ会長）が昭和十八年八月から約二年間、関東軍参謀として中国大陸に、閑院宮春仁（戦後、純仁と改名）が十七年十月から約二年半、戦車第五連隊長として満州牡丹江に、また、三笠宮崇仁が支那派遣軍参謀として十八年一月から一年間、大陸にいたのが目立つくらいだが、三人とも戦闘には参加していない。

そして、昭和二十年八月十二日午後、天皇がポツダム宣言受諾、すなわち降伏の〝聖断〟を伝えるために、朝鮮王・公族二名を含む軍人皇族たちを、皇居吹上御苑内に空襲に備えて建設された「御文庫」地下の防空壕に召集したときには、その多くが在京していた。上記の三皇族も日本に帰任しており、この日、集まったのは彼らも含め、左記の十三名である（宮家五十音順。陸士、海兵在校中の若い皇族はよばれなかった）。

朝香宮鳩彦（陸軍大将）
賀陽宮恒憲（陸軍中将）
　　　邦寿（陸軍大尉）

閑院宮春仁（陸軍少将）
久邇宮朝融（海軍中将）
高松宮宣仁（海軍大佐）
竹田宮恒徳（陸軍中佐）
梨本宮守正（元帥、陸軍大将）
東久邇宮稔彦（陸軍大将）
　盛厚（陸軍少佐）
三笠宮崇仁（陸軍少佐）
李王垠（陸軍中将）
李鍵公（陸軍中佐）

軍人皇族でこの日あらわれなかったのは、病気療養中の伏見宮博恭（元帥、海軍大将）、秩父宮雍仁（陸軍少将）と、岐阜の飛行師団参謀だった朝香宮孚彦（陸軍中佐）だけであった。なお、閑院宮載仁はこの年の五月二十日に死去しており、李鍵公の弟李鍝（死後、陸軍大佐）は、八月六日、第二総軍参謀として広島に在勤中、原爆で死去している。

集まりで天皇と皇族とのあいだで交わされた話のくわしい内容は、宣仁や稔彦、内大臣として陪席していた木戸幸一の日記などにも記されていない。ポツダム宣言受諾は、九日夜から十日未明にかけておこなわれた御前会議で決定されており、御前会議に出席しなかった皇族たちもそのことは知っていた。そして、竹田宮恒徳や閑院宮春仁が受諾に不満を抱いたのは、稔彦の日誌や春仁自身の『私の自叙伝』からうかがえるが、そのことを恒徳、春仁が天皇に言ったかどうかも、はっきりとはわからない。

ただ、『昭和天皇独白録』（一五一ページ）には、「最も強硬論者である朝香宮が、講和は賛成だが、国体護持が出来なければ、戦争を継続するかと質問したから、私は勿論だと答へた」という短い一節がある。これからすれば、もし受諾反対論を述べる皇族がいたとすれば、『独白録』にそのことが残っている可能性が高い。

皇族たちも戦局が絶望的なのはよくわかっていただろうし、天皇が降伏を決意した以上、皇族としてはそれにしたがうべきだとの良識もあったろう。天皇がポツダム宣言受諾にいたった経緯を説明し、協力を依頼すると、出席した十三名の皇族中最年長の梨本宮守正が、全員を代表して、〈一同一致して陛下をお助けします〉と奉答した。

天皇の名代として外地へ

この集まりがおこなわれた八月十二日の朝、参謀本部の若手将校たちが三笠宮邸に来て、崇仁に戦争を継続するように訴えていた。さらに崇仁が皇居から帰ると阿南惟幾（あなみこれちか）陸軍大臣がやってきて、やはり戦争継続を懇願した。また、翌日夜には高松宮宣仁のもとに大西瀧治郎（おおにしたきじろう）軍令部次長が訪れ、同様のことを頼む。危機感をもった宣仁、崇仁は鈴木貫太郎総理大臣や木戸内大臣、近衛文麿元総理大臣らと会い、敗戦にともなって混乱が生じないように奔走した。

昭和天皇と三人の弟、直宮たちとの仲はきわめて円満というわけではなかった。昭和初期、天皇と長弟の秩父宮雍仁は陸軍内の〝革新運動〟などをめぐってしばしば激論をかわしたし、戦争末期になると、天皇と宣仁のあいだにも不穏な空気がただよったことは、宣仁の日記や『昭和天皇独白録』などからあきらかである。しかし、敗戦という未曾有の危機に際し、兄弟は一致協力した。

天皇は玉音放送をおこなった翌々十七日昼、朝香宮鳩彦、閑院宮春仁、竹田宮恒徳の三人をよび、外地の日本軍に、ポツダム宣言を受諾した自分の真意を伝えるように命じた。これを受け、鳩彦は南京の支那派遣軍総司令部、春仁はサイゴンの南方軍総司令部、シンガポールの第七方面軍司令部、第十方面艦隊司令部、恒徳は新京（現・長春）の関東軍司令部、奉天（現・瀋陽）の第三方面軍司令部、京城の朝鮮軍管区司令部におもむいて任務を果たした。

この皇族派遣も、直宮の動き同様、降伏がさしたる混乱もなく完了したことに役立ったにちがいないが、ひとつ、興味をひくことがある。それは派遣された皇族の顔ぶれである。

春仁と恒徳は先述のように敗戦の少し前まで中国大陸にいた。外地の部隊の雰囲気もよく知っていただろう。年齢も春仁は四十三歳、恒徳は三十六歳と働き盛りで、危急の際の天皇の使者として適任である。また、もし二人に支障があった場合など、賀陽宮恒憲(陸大校長、四十五歳)、久邇宮朝融(第二十連合航空隊司令官、四十四歳)も年齢、地位などから、使者に選ばれてもおかしくはなかろう。しかし実際に使者のひとりとなったのは、軍事参議官の肩書こそもってはいたが、軍人としては引退同然で、五十七歳になっていた鳩彦であった。

皇族派遣はしばらく公表されず、約一週間後に新聞で報じられたが、『朝日新聞』(八月二十三日朝刊)では、外地に出かけたとして恒徳、春仁とならんで名前があがっているのは、鳩彦ではなく長男の孚彦であった。〈朝香宮が派遣された〉と聞いた記者が早とちりして、こう書いてしまったのだろう。朝日は翌日の紙面であわてて訂正しているが、三十二歳の孚彦と鳩彦をくらべれば、父よりも子のほうが使者になるのがふさわしいと記者が思いこむのも、無理はなかったのである。

ライバル意識

直接に証明する手がかりはないが、鳩彦が外地に派遣されたのは、本人の希望だった可能性が高い。そしてそこにあったのは、鳩彦の東久邇宮稔彦への複雑な感情だったと思われる。

本章冒頭でも述べたように、二人は二カ月違いで生まれた異母兄弟である。公的には鳩彦が兄とされたが、実際は稔彦が先に誕生している。学習院、陸幼、陸士と同期で進み、軍人となってからもまったく同じスピードで昇進したが、性格にはかなりの差があった。野放図で激しい稔彦にたいし、常識的でおとなしい鳩彦。その差がもっとも顕著にあらわれたのは、皇女との結婚においてであった。鳩彦はそれを喜んで受け入れ、自分が宮家を立てられたのは内親王と結婚したからだと感謝していたのにたいし、稔彦は皇女を妻とするのを渋り、結婚のおかげで恩恵を蒙（こうむ）ったと言われると激怒したのである。ただ問題児であっただけに、若いころから学校や陸軍内では稔彦のほうが人気があった。〈二人を比べれば稔彦王のほうが優れている〉と、露骨にほのめかす人物論などもあった。鳩彦はおもしろくなかったろう。

そして稔彦のフランスからの帰国騒動も、二人のあいだをこじらせた。鳩彦は稔彦のことを〈変わり者〉と評し、いっこうに帰ってこない稔彦を、ほかの皇族たちに公然と批判した。やっと帰ってきた稔彦を迎えに行くことも嫌がり、けっきょく、東京駅頭までは出向いたが、ちゃんと敬礼をかわすかどうか、周囲をハラハラさせた。さらに、臣籍降下で稔彦がゴネつづけたときも、鳩彦が苦々しく見ていたことは想像に難くない（以上の事実関係などについて、よりくわしくは『不思議な宮さま　東久邇宮稔彦王の昭和史』）。

しかし、稔彦には激しいと同時に、明るく如才のない一面もあった。一方、鳩彦には時として皇族風を吹かすところがあり、宮中や陸軍内にはそれに眉をひそめる人びともいた。その結果、さんざん問題を起こした稔彦のほうが、時とともに皇室や軍での存在感を増してくるのである。

昭和天皇も稔彦のほうに好意的だった。〝二・二六事件〟の最中、天皇は皇后宮大夫兼侍従次長だった広幡（ひろはた）忠隆に、次のような感想をもらした（『木戸日記』昭和十一年二月二十八日条）。

朝香宮は大義名分は仰せになるが、尖鋭化して居られて宜しくない。東久邇宮の方がお判りになって居る

また、この十年後にも天皇は、「東久邇宮と朝香宮とは兄弟であり乍（なが）ら、終始反対の意見を持つてゐた」と言っているが（『昭和天皇独白録』一五二ページ）、二人の義理の叔父のどちらの意見に賛成だったかは、事実が証明している。

鳩彦は昭和十三年春に上海派遣軍司令官から閑職の軍事参議官に転じて以来、軍の第一線からは離れる。稔彦も昭和十四年初めには第二軍司令官から軍事参議官となるが、

対米英戦が始まると、本土防空の任にあたる防衛総司令官となった。権限は大きくなかったが、重職であるのはまちがいない。

そして八月十五日。その翌日に天皇が総理大臣に任命したのは稔彦だった。

これに鳩彦は決定的な刺激を受けたのではなかろうか。国家、皇室の未曾有の危機にあたり、まるで双生児のように歩んできた稔彦が総理大臣となった。自分もなにかをしなければならぬとの切迫した感情が湧いてきたのであろう。それが外地への使者志願というかたちであらわれたと考えるべきではなかろうか。

以上は直接に裏づける資料などはいっさいない推測である。しかし、長年にわたる稔彦、鳩彦兄弟の関係を考えれば、おおいにありうべきことだと思えてならない。

戦犯指定への恐れ

それからしばらくして、稔彦、鳩彦は同じ問題に遭遇する。それは戦争犯罪人（戦犯）指定という難問であった。

「ポツダム宣言」では「戦争犯罪人に対する厳重なる処罰」が謳われており、GHQ（連合国軍最高司令官総司令部）は早くも九月十一日に日本政府にたいし、東條英機や嶋田繁太郎ら三十九名を戦争犯罪人とし、逮捕するように命じている。そして翌日、近衛文麿（副総理格の国務大臣）とならんで東久邇宮内閣の主柱だった緒方竹虎（国務大臣兼内閣書記官長兼情報局総裁。戦中、小磯国昭内閣でも国務大臣兼情報局総裁）にも逮捕令が出た。これはすぐに取り消されるが、とくに稔彦は戦犯問題が身近に迫ってきたと感じ出しただろう。

その一週間後の十八日、稔彦は総理大臣として外国人記者団との会見をおこなった。そこで稔彦をおどろかせたのは、記者たちの質問が、日本本土をはじめて空襲した「ドゥーリトル爆撃隊」の搭乗員殺害への責任追及から始まったことだった。爆撃隊は日本を空襲後、中国大陸に着陸するが、八名の搭乗員が現地の日本軍に捕らえられ、そのうち三名が処刑された。記者たちはこの件について稔彦に責任はないのかと、迫ってきたのである。

たしかに当時、稔彦は本土防空の責任者である防衛総司令官だった。しかし、稔彦の指揮下にあったのは内地の一部の部隊だけであり、大陸にいた日本軍の行為にまで責任があるとはいえない。が、戦勝国の記者たちはそんなことはお構いなしに、高飛車な調子で稔彦を追及したのである。

搭乗員処刑を知ったアメリカの世論は憤激していたから、もし稔彦に責任があるとされてしまえば、戦犯に指定される可能性は高い。稔彦の戸惑いと不安は一気に高まっただろう。

そのためもあってか、稔彦はＧＨＱ司令官のダグラス・マッカーサー元帥に会い、感触をさぐるようなことをした。九月二十九日に日比谷のGHQ本部で元帥と会見した際、わざわざ、〈封建的遺物〟である皇族の私が内閣を組織しているのは、民主主義の見地から適当ではないのでは〉と、訊いたのである。内閣発足からずいぶん時間が経った時点でするような質問ではないから、意図は明白であろう。これに元帥は、〈あなたの思想や言行は非民主主義的とは思われない〉と応じた（『一皇族の戦争日記』）。

稔彦は総理大臣官邸に戻ると、周囲に、〈マッカーサーが太鼓判をおしてくれたよ〉とうれしそうに語ったという（緒方の秘書官だった長谷川峻の『東久邇政権・五十日』）。まさに〝お墨付き〟を得たような気分だったろう。

米軍調査団の事情聴取

ところが稔彦がマッカーサーに会ってから一週間も経たないうちに、内閣は総辞職に追いこまれる。その経緯は省略するが、元帥から温かい態度をしめされたと思っていた稔彦にしてみれば、見捨てられたようなもので、心外だったのではないか。そして、さらにそれからしばらくして、稔彦にとって気味の悪いことが起きる。アメリカ戦略爆撃調査団による事情聴取である。

この調査団はアメリカ軍が日本やドイツにおこなった爆撃の効果を調査するために陸海軍共同でつくったものだが、稔彦の前に近衛文麿への聴取もおこなっていた。そのときの調査団の近衛への態度は被疑者にたいするものであり、近衛は自分も戦犯になると意気消沈してしまった。それを聞いた稔彦は、自分もあの記者会見のときと同じ目にあわされてはたまらないと思ったからだろう、周到な準備をする。前もって防衛総司令官時代の部下たちと在任中の権限などについて細かく検討し、米軍機搭乗員殺害事件（ドゥーリトル爆撃隊関係以外にもあった）にはまったく責任がないと主張できるようにしておいたのである。しかも事情聴取当日にもその部下たちを呼び、待機させておいた（「東久邇宮日誌」同日条など）。なにかがあったときには助け舟を出してもらうためである。

事情聴取は十一月十四日、麻布市兵衛町の東久邇宮邸でおこなわれた。本邸は米軍の爆撃によって全焼しており、稔彦と調査団のメンバー七名は、かつてクジャクが飼われていたガラスばりの建物を改造した仮居室で向かいあった。

結論を言えば、聴取は稔彦にとって面倒なものではなかった。質問は〈戦時中の経済統制について〉から始まり、〈いつごろから戦争に負けると思ったか〉、〈戦争中に平和について考えたか〉などと続き、搭乗員殺害事件についてはまったく話題にならなかった。稔彦の心配は杞憂に終わったのである。近衛が受けた仕打ちとくらべれば、天と地の差があった。

しかし、稔彦はまだ完全に安心はしなかったようだ。そもそもこの時点にいたっても、アメリカなどの戦勝国側が天皇、皇室を最終的にどうしようと考えているのかは、あきらかでなかった。有名な天皇とマッカーサー元帥の初会見は九月二十七日におこなわれていたが、そこでも天皇、皇室の安泰を保証する言質などが、元帥によって与えられたわけではない。最悪の場合、天皇の戦争責任が問われる可能性さえ残っており、皇族たちもどんな目にあうかわからなかった。戦略爆撃調査団の事情聴取をくぐりぬけたくらいでは、安心などしていられないのである。

守正王収監

そして、事情聴取から約一カ月が経って、大事件が出来した。十二月十二日、梨本宮守正が、戦犯容疑者として巣鴨プリズンに収監されたのである。

天皇もこれには大きな衝撃を受けた。収監前日に守正は天皇を訪れ、「陛下の御名代と思って参ります」と挨拶したが、それにたいし、「気の毒だね。年をとっているのに」と応える天皇の声は弱々しかったと、守正に同行した伊都子妃は回想している（『三代の天皇と私』）。

また、稔彦も日誌に、「私は戦争犯罪容疑者として指定さるるものと覚悟せり。然るに考へもせざりし梨本宮が指定せられたるは、私の了解し得ざるところなり」と記した（昭和二十年十二月十三日条）。「指定さるるものと覚悟せり」は文字どおりには受けとれないにしても、十三歳年上の兄守正の収監によって、自分もどうなるかわからないと、あらためて思ったのは容易に想像できる。

しかしその後、戦勝国、とくにアメリカは日本占領を円滑にすすめるために天皇を利用する方針をとることにし、その結果、守正も約四カ月の獄中生活の末、四月十三日に釈放された。そしてその直後に新聞記者の取材に応じ、〈自分は戦争にはなんの責任もなく、皇族中でもっとも戦争と関係があったのは閑院宮載仁、伏見宮博恭、そして朝香宮鳩彦、東久邇宮稔彦だ〉と述べた（『読売報知』昭和二十一年四月十五日）。

たしかにそのとおりで、守正は陸軍大将、元帥の肩書を帯びてはいたが、大正時代なかばに第十六師団長を退いて以来、軍務とは実質的に無関係であり、昭和十二年十月からは伊勢神宮の臨時祭主となっている。対米英戦争はもとより、満州事変、支那事変にさえ責任などないのは明白である。それなのに、なぜ自分が巣鴨に入らなければならなかったのかという憤懣が、守正にこう言わせたのである。

それは稔彦もよくわかっていただろうが、しかしやはり心中は穏やかではなかったろう。せっかくＧＨＱが皇族たちの戦争責任を問わないと決めたようなのに、いまさら寝た子を起こすようなことを言わないでくれと困惑したはずだ。

ただ、このころになるとＧＨＱの方針が変わることはありえなくなっていた。二十年十二月初めにＧＨＱのなかに国際検察局（ＩＰＳ）が設けられ、極東国際軍事裁判（東京裁判）で裁く被告の選定を始めた。そして翌年四月八日までに東條英機以下二十六名のA級戦犯を被告と決めたが、そのなかに皇族はいなかった。そして東京裁判は、ソ連の要求で加えられた重光葵と梅津美治郎をあわせ、二十八名の非皇族のみを被告として五月三日に開廷されたのである。

かくして懸念がようやく払拭された稔彦は安堵しただろうが、鳩彦はそうはいかなかった。

南京事件と鳩彦王

東京裁判開廷二日前の五月一日、IPSのT・H・モローという大佐が東京・白金の朝香宮邸を訪れた（東久邇宮邸は空襲により焼失してしまったが、壮麗なアール・デコ様式の朝香宮邸は被害をまぬがれ、いまは東京都庭園美術館となっている）。来訪の目的は、昭和十二年十二月に日本軍が南京で起こした大規模な非行（南京事件）について鳩彦を尋問することだった。

『国際検察局（IPS）尋問調書　8』によると、南京攻略戦に参加した上海派遣軍司令官だった鳩彦は、事件が起きた当時、自分は上海派遣軍隷下の将兵が、残虐行為をしたことをまったく知らなかったと言った。しかし、南京攻略戦の最高指揮官だった松井石根大将（中支那方面軍司令官）が、事件発生直後にそれを知って激怒し、鳩彦らをあつめて叱責していることからして、それはありえない。鳩彦はしらを切ったのである。尋問がすすむにつれ、鳩彦の態度は微妙に変化していくが、司令官としての事件への責任は最後まで認めなかった。もっとも、モロー大佐の尋問は通訳を通してわずか二時間、おざなりの感が否めない。戦勝国側が天皇や皇族の戦争責任を問わないことを決めた以上、鳩彦を徹底的に追及する気などなかっただろう。

しかし、だからといって、鳩彦がまったくこのことと無関係でいられるわけはなかった。なぜならば、松井石根が東京裁判で南京事件の責任を問われたからである。松井は鳩彦の率いた上海派遣軍や、同じく南京攻略戦に参加した第十軍（柳川平助司令官）を隷下におさめる中支那方面軍の司令官ではあった。しかし、彼の任務は作戦の統一指揮に一時的にあたることであり、各軍の将兵統率の責任は鳩彦や柳川が負うべきものだった（中支那方面軍参謀副長で東京裁判で死刑となった武藤章の遺著『比島から巣鴨へ』）。となると、松井にまったく責任がないとは言えないだろうが、もし彼が有罪となるのなら、鳩彦が無罪のわけはない。

しかし、松井は被告となり、鳩彦はそうではない（柳川は昭和二十年一月に病死）。割り切れぬ思いをもつものは多かったろう。現に東京裁判の審理が終了する一カ月半ほど前の昭和二十三年三月四日になって、モロー大佐が巣鴨プリズンに松井を訪ね、〈朝香宮には南京事件について大きな責任があるのに、皇族であるおかげでそれからまぬがれているとの声があるが〉と、訊いている。これにたいし松井は、〈そんなことはない〉と、鳩彦をかばった。

そしてこの年の十一月十二日、〈戦争法規に違反する行為を防止する義務を故意または過失により無視した〉との理由で、W・F・ウェッブ裁判長は松井に絞首刑の判決を下した。もし、鳩彦が証人として東京裁判の法廷にあらわれ、松井に有利な証言をすることがあったらどうだったか、などと想像するのは無意味であろう。自分に不利となる証言をおこなわない権利は誰にでもある。

このときもはや皇族ではなくなっていた鳩彦が松井への判決を聞いてどう思ったか。残念ながらその心境をうかがわせる資料などは管見のかぎりではない。

おわりに——十一宮家廃絶

「はじめに」で述べたように、十一宮家の廃絶と五十一名の皇族の皇籍離脱は、昭和二十二年（一九四七）十月十三日午後一時からおこなわれた皇室会議で決まった。そのあと午後二時から、総理大臣、大蔵大臣、衆参両院正・副議長、宮内府長官、会計検査院長をメンバーとする皇室経済会議が開かれ、軍職にあった十一名の皇族を除く男女四十名の皇族に、

一時金支給

宮家当主の王…………二百十万円
そのほかの王…………百四十四万九千円
親王妃、内親王…………百五十万円
王妃…………百五万円
女王…………七十四万九千円

総額四千七百四十七万五千円

の一時金を支給することを決めた。各宮家ごとの支給額は表⑦のとおりである。

この支給に際して皇族の年齢はまったく考慮されなかった。成年に達していたものでも幼児でも、身分が同じならば同額が支給された。たとえば賀陽宮恒憲の六名の王子の場合、陸軍大尉だったために父とともに支給対象からはずれた長男邦寿を除き、治憲（二十一歳。敗戦直後に海兵を卒業したが任官はしていなかった）、章憲（十八歳）、文憲（十六歳）、宗憲（十一歳）、健憲（五歳）の五名への一人当たり支給額はすべて百四十四万九千円である。したがって、家族の数が多い宮家への支給額は当然多くなる。

一方、身分による差ははっきりつけられた。閑院宮、梨本宮、東伏見宮家ではいずれも支給対象となったのは当主の妃ひとりだけだが、閑院宮春仁妃直子、梨本宮守正王妃伊都子への支給が百五万円だったのに、故東伏見宮依仁妃周子に百五十万円が与えられている。この差は春仁、守正が王なのに、依仁は親王だったために生じた。

さらに対象者がいずれも男性二名、女性三名、計五名の竹田宮家と東久邇宮家の支給額に大きな差があるのは、東久邇宮家の聡子、成子両妃が明治天皇皇女、昭和天皇皇女で、ともに内親王だったからである。また、北白川宮家の対象者が四名なのに支給額が竹田宮家とほぼ同じなのは、房子妃が明治天皇皇女の内親王だったからである。

このように凸凹はあったが、十宮家には一時金が支給された。ところが皇室経済会議は山階宮家には支給しないことを決めた。同宮家ただひとりの皇族、武彦が軍人だったからである。武彦は前に述べたような理由で神経を病み、皇族としては異例なことに予備役入りしていた。それでもやはり軍人とされ、支給対象からはずされたのである。

皇室経済会議の決定を発表した加藤進宮内府次長は、〈山階宮家には一時金はまったくないが、皇籍を離れられる各宮様方がお互いに助け合う気持で臨むべきである〉と述べた（『朝日新聞』十月十四日朝刊）。武彦の気の毒な境遇を知っている者なら、重ね重ねの不運と同情しただろうが、じつは『山階宮三代』（下巻六六四～六六五ページ）には、この年の十二月二日に武彦にも百四十一万円の一時金が支給され、二十四日に武彦の三男の筑波藤麿（つくばふじまろ）が宮中に礼を述べるために参内したとある。

おそらく宮内当局の正式の発表よりも、こちらのほうが真実を述べているのではなかろうか。ＧＨＱが昭和二十一年一月四日に発した指令により、職業軍人だった者は公職から追放された。そのような状況下で軍人だった皇族に一時金支給はできない。しかし、武彦はとっくの昔に実質的に軍籍を離れている。そしてなによりも外出もままならない病人の武彦を経済的苦境に追いこめば、なにが起こるかわからない。加藤次長の言うような皇族同士の助け合いなど、当時の各宮家の経済状況からして〝絵に描いた餅〟なのだ。このような判断から、非公式に密かな支給がおこなわれたのではなかろうか。

表⑦　皇籍離脱にともなう一時金の支給額

宮家	支給額	支給対象皇族（年齢）
朝香宮	399万円	千賀子妃（26）冨久子女王（5）誠彦王（4）美乃子女王（2）
賀陽宮	829万円	敏子妃（44）治憲王（21）章憲王（18）文憲王（16）宗憲王（11）健憲王（5）
閑院宮	105万円	直子妃（38）
北白川宮	539万円	房子大妃（57）祥子妃（31）肇子女王（8）道久王（10）
久邇宮	944万円	俔子大妃（67）静子妃（62）朝子女王（19）邦昭王（18）通子女王（14）英子女王（10）朝建王（7）典子女王（6）朝宏王（3）
竹田宮	544万円	光子妃（31）恒正王（7）素子女王（5）紀子女王（4）恒治王（3）
梨本宮	105万円	伊都子妃（65）
東久邇宮	664万円	聡子妃（51）成子妃（21）俊彦王（18）信彦王（2）文子女王（0）
東伏見宮	150万円	周子妃（71）
伏見宮	464万円	朝子妃（45）光子女王（18）博明王（15）章子女王（13）
山階宮	0円	

＊1000円以下は略

のしかかる財産税

敗戦後、皇族たちのいっさいの経済的特権は剝奪され、歳費の支給なども停止されていた。さらに戦前は非課税だった各宮家の財産にも財産税が課せられることとなった。申告期限は昭和二十二年二月十五日、納入期限は三月十五日とされた。

表⑧は当時の各宮家の財産総額と、課せられた財産税の額をまとめたものである（金額は当時の新聞による。千円以下は略。※は存続した宮家）。ちなみに天皇家の財産は三十七億一千五百六十二万八千百九十五円と評価され、三十三億四千二百六十八万一千二百九十円の財産税が、主として物納された（黒田久太『天皇家の財産』）。

財産税は皇室だけを対象としたものではなく、昭和二十一年三月三日現在で生活必需品などを除いて十万円以上の財産をもつ日本国民すべてに課せられた。極端な累進課税で、課税額が十万円なら二五パーセント、百万円を超えると七〇パーセント、五百万円を超えると八五パーセント、一千五百万円を超えると九〇パーセントの税が課せられた。したがって宮家にも財産総額から債務などを引いた額を規準に多額の税がかけられたのである。

ちなみに高松宮家は有栖川宮家の資産を引き継いだため、同じ直宮の秩父、三笠宮家や伏見宮系統の各宮家とくらべても格段に資産が多く、財産税も宮家中最高額が課せられた。大倉財閥の当主喜七郎が納めた一千三百八十一万二千円よりはやや少ないが、それにしてもたいへんな金額である。高松宮家に次ぐ高額の税を納めた朝香宮家は、焼け残った豪華な本邸の課税評価が高かったのだろう。おおざっぱに見て、各宮家の納税額は、大財閥の一門の人びとのものと匹敵するか、やや少ないくらいのものであった。

各宮家は邸宅を処分するなどして税金を納めた。梨本伊都子の『三代の天皇と私』には、その苦労のさまが書かれている（ただし、財産総額、一時金、財産税の額はすべて一桁多く誤記されている）。それによれば、梨本宮家は河口湖、熱海伊豆山の別邸を売り払ったが、とうてい税金を払うには足らず、銀行の金庫にあずけてあったために焼失をまぬ

表⑧　皇族に課せられた財産税

宮家	財産総額	財産税額
朝香宮	1067 万円	844 万円
賀陽宮	174 万円	107 万円
閑院宮	568 万円	419 万円
北白川宮	843 万円	653 万円
久邇宮	704 万円	535 万円
竹田宮	622 万円	465 万円
梨本宮	368 万円	256 万円
東久邇宮	331 万円	226 万円
東伏見宮	191 万円	120 万円
伏見宮	792 万円	609 万円
山階宮	154 万円	92 万円
高松宮※	1253 万円	1002 万円
秩父宮※	225 万円	145 万円
三笠宮※	113 万円	63 万円

＊ 1000 円以下は略

がれた宝石、株券を売り、さらには空襲で全焼した青山の邸宅の敷地二万坪を三分割して処分し、ようやく納税したとのことである。

この間、美術品や道具類の売却代金を使用人にもち逃げされるという目にもあい、老齢に達していた守正と伊都子は敗戦の悲哀を十二分に味わった。納税後も苦労は絶えることがなく、『三代の天皇と私』にはいろいろの挿話が書かれているが、かりに一時金の支給がなかったなら、その苦労はもっと大きかったことは想像に難くない。

それぞれの〝敗戦〟へ

梨本宮家以外の宮家でも事情は似たり寄ったりだったろう。数々の栄誉や経済的特権を一挙に失い、荒海のなかに投げ出されたのだから、その苦労の感じかたもふつうの国民のものよりは大きかっただろうが、ただそれをあまり誇張するのも無意味である。

当時の新聞には皇籍離脱後の皇族たちが、どのような〝生活プラン〟を考えているかについての記事がいくつか載っている。たとえば『読売新聞』（八月二十四日朝刊）の紙面には、〈賀陽宮は引揚者や孤児救済の社会事業、竹田宮は農場経営を計画し、閑院宮は日本橋室町の某企業社長へ就任予定。東久邇宮は三重県某小島の漁業関係へ投資、梨本宮は旅館経営に乗り出そうとしたが中止、久邇宮は観光事業へ乗り出す〉とある。

表⑦⑧から計算すればわかるように、一時金のおかげで財産税を納めても宮家にはそれなりの財産が残った。それをもとに元皇族たちはそれぞれ戦後を乗り切ろうとしていたのである。

ただ、この記事に「皇族籍離脱に甘くない世間」との見出しがあるように、元皇族たちの目論見がそのとおりに実現したわけではない。一例をあげれば、東久邇稔彦は戦前からの知り合いだった僧侶にだまされ大金を取られたと、『文藝春秋』昭和四十三年一月号掲載の松本清張との対談で悔やんでいるが、抜け目のない連中が甘い汁を吸おうと、世間知らずの元皇族たちの周りに群がることもめずらしくはなかった。

要するに元皇族たちは、それぞれの〝戦後〟をそれぞれのやりかたで送り、一般の国民同様に成功したり、失敗したりしていった。そのありさまをくわしく見ていくことは本書のテーマではない。

あとがき

これまで皇族や宮家についての小著を何冊か上梓した。その都度、かならず誰かから、「なぜこんな時代離れしたテーマをとりあげるのか」と訊かれる。〝ハイソ好き〟なのか、あるいは〝ウヨク〟なのか、逆に〝左〟なのか、そういったギモンがあるようなのだが、私の答えはまことに単純で、「皇族、宮家についてなにも知らなかったから調べた」のである。

言うまでもなかろうが、日本の歴史、とくに近・現代史に興味をもてば、天皇という君主から目をそらすことはありえない。幸いにして昭和の敗戦以降、天皇を客観的な研究対象として論じることも自由となり、さまざまな立場から天皇を描いた書物があらわれた。われわれはそれらにふれることにより、自分たちの生きる時代について深く知ることができるようになった。

ところが、天皇のもっとも近くにいる人びと、つまり皇族や、彼らの属する宮家については、なぜか事情が異なった。天皇に関する書物がまさに汗牛充棟であるのにたいして、皇族、宮家について知ろうとしても、手がかりとなるようなものはほとんどなかったのである。

しかし、明治、大正、昭和三代の歴史のなかには皇族たちの姿が見え隠れしている。この人びとはどういう存在なのか。それを知らずして、日本の近・現代の意味ある像をむすぶことはできないのではないか。そんな単純な思いから、私の目は皇族、宮家に向かっていったのである。

その思いを深めさせたのが、ここ数年の皇室典範改定をめぐる動きだった。本書の「はじめに」でもふれたが、皇室のなかで皇位を継承できる男性皇族の数が少なくなったとの状況を踏まえて、典範改定が小泉純一郎政権によってもうけられた有識者会議の俎上（そじょう）にのせられた。その後、秋篠宮（あきしののみや）家に今上天皇の孫にあたる悠仁（ひさひと）親王が誕生したことにより、改定に向けての動きはいったん下火となったが、最近、民主党政権が女性宮家創設について専門家などの意見を聴取しはじめたことで再燃してきた。

もちろん、それ自体は歓迎すべきことである。皇室の存続にかかわる重要事を、いつまでも放置しておけるわけはない。いろいろの場で有意義な議論がたたかわされ、妥当な結論に達するのが必要なことは言うまでもない。

＊

ごく大ざっぱに整理すると、そのような場では、男性皇族減少による皇位継承の危機を解消するために二つの方策が提唱されている。ひとつはいまの皇室典範では認められていない女性天皇を容認すること（甲案とする）、ひとつは旧宮家を復活させ、そこに属している男性を皇族とすること（乙案とする）である。

もうひとつ、天皇や皇族が側室をもつのを認めるという方策もあり、これは皇室の伝統からすれば突拍子もないものではないが、現在の社会常識に照らせば、まず実行不可能だろう。となると、とれる方策はやはり甲乙両案のどちらかしかない。そこで議論は、二つのいずれをとるべきかというかたちで繰りひろげられることとなる。

この議論の現状については、所功氏の近著『皇室典範と女性宮家―なぜ皇族女子の宮家が必要か』が参考になる。

所氏は甲案に賛同しているが、乙案についても手際よく公平に紹介し、両方の折り合えるところを模索している。そしておそらく乙案に賛同する人たちのあいだでも、同じような努力が多く見られるであろう。そのようにして冷静な議論がおこなわれていけば、実りある結論が得られるときはかならず来ると思われる。

しかし一抹の不安を抱かせるのは、乙案を唱える人びとのなかに、「女性天皇は伝統に反する」との固い〝信念〟から、宮家の来歴や皇族について深く考えることなく、なにがなんでも旧宮家を復活し、そこに属する男性の皇族化をおこなうべきだとの意見が絶えないことである。彼らは時として自分たちの意見に同調しないものを、「皇族をおとしめる不敬な連中」などと罵倒したりするが、ここからは生産的な議論など生まれようはずがない。

そして「はじめに」でも述べたように、最悪の事態を招きかねないのは、そのような無責任な風潮の尻馬に乗った政治家たちの介入である。現に歴史的、法的な知識に欠ける一部の政治家が、皇室典範改定問題について雑誌などで粗雑な私見を披露したりしているが、自民党政権の末期から止まらない政党政治の劣化のなかでそうしたことが続けば、皇位継承問題、皇室典範改定問題は政争の具とされ、これまで良識ある専門家たちが積み重ねてきた努力も水の泡となるのは目に見えている。

戦前と違い、いまでは皇室典範もふつうの法律のひとつである。国会議員の投票によってどのようにでも変えることができる。であればこそ、政治家は自重しなければならない。

＊

本書が成るにあたっては講談社学芸図書出版部の横山建城さんにお世話になった。また、校閲を担当してくださった方々には引用資料のチェックなどでご苦労をかけたと思う。その他、関係されたみなさんに心から御礼を申しあげる。

二〇一二年秋のまだ暑い日

浅見雅男

文庫版のためのあとがき

私がこの文庫本の元版を書いた動機は、本書にも収録してある「あとがき」で述べておいた。簡単に繰り返せば、天皇、皇室にかかわる議論が、往々にして史実の正確な把握なしにおこなわれていることへの懸念、ということである。

そして元版刊行から八年ほどたっても、その懸念は私の中で一向になくならない。これも繰り返しとなるが、小泉純一郎内閣のもとでは、元最高裁判事の園部逸夫氏を中心とする有識者たちが、皇位継承権をもつ男性皇族の減少という現実にどのように対処すべきかを考え、女性による皇位継承、女性宮家の創設などを内容とする皇室典範改定の検討をおこなっていた。

しかし、秋篠宮家に悠仁親王が誕生してからそのような動きも下火となり、天皇、皇室について真剣に考えようとする動きは、とくに政界ではほとんどなくなってしまったといっても過言ではない。

そして、現上皇が生前退位を希望するという重大事が発生したときも、政治家たちはそれに正面から向かい合おうとしなかった。当然の措置である皇室典範改定もおこなわず、一人の天皇のために法律をつくるという安易な手段で、問題の本質から目をそむけたのである。厄介なことにはなるべくかかわりたくないとの怠惰な本音のあらわれであろう。

もっとも本書は政治家批判のために書かれたわけではない。繰り返しになるが、読んでくださる方たちが、天皇、皇室を考える際に史実を正確に把握する一助となれば、というのが、著者の希望である。

文庫本刊行にあたっては、筑摩書房の松田健さん、ちくま文庫の編集の皆さんにお世話になった。ありがとうございました。

二〇二〇年二月

浅見雅男

引用文献等リスト

※本文中に登場した順。重複は省略。筆者名が先にあるのは論文などで括弧内の文献に収録

■第一章

新田一郎「継承の論理」（岩波講座『天皇と王権を考える』2、二〇〇二年、岩波書店）
小川剛生「伏見宮家の成立」（『看聞日記と中世文化』二〇〇九年、森話社）
『看聞日記』（『続群書類従』補遺3、一九三三年、続群書類従完成会）
『満済准后日記』（『続群書類従』補遺1、一九二八年、続群書類従完成会）
『室町時代の一皇族の生涯「看聞日記」の世界』（横井清、二〇〇二年、講談社学術文庫）
村田正志「続南北朝史論」（『村田正志著作集』2、一九八三年、思文閣出版）
松薗斉「看聞日記　ある宮様のサクセスストーリー」（『日記で読む日本中世史』二〇一一年、ミネルヴァ書房）
『椿葉記』（『群書類従』第三輯、帝王部、一九三三年、続群書類従完成会）
『證註　椿葉記』（村田正志、一九五四年、宝文館）
『満済　天下の義者、公方ことに御周章』（森茂暁、二〇〇四年、ミネルヴァ書房）
「維新前の宮廷生活」（下橋敬長、一九二二年、三田史学会。『幕末の宮廷』一九七九年、平凡社東洋文庫にも収録）
『実録・天皇記』（大宅壮一、一九五二年、鱒書房）

『伏見宮実録』（吉岡眞之監修、二〇一五年、ゆまに書院復刻）
武部敏夫「世襲親王家の継統について　伏見宮貞行・邦頼両親王の場合」（『書陵部紀要』12、一九六〇年、宮内庁書陵部）

■第二章

『山階宮三代』上下（山階会編、一九八二年、非売品）
『不思議な宮さま　東久邇宮稔彦王の昭和史』（浅見雅男、二〇一一年、文藝春秋）
『孝明天皇紀』（宮内省編、一九六七〜六九年、平安神宮復刻）
『皇族考證』（清水正健編、二〇一一年、吉川弘文館）
『皇族世表』（清水正健編、二〇一一年、吉川弘文館）
『平成新修　旧華族家系大成』（霞会館華族家系大成編輯委員会編、一九九六年、吉川弘文館）
『竹亭回顧録　維新前後』（東久世通禧、一九六九年、新人物往来社）
『維新回天史の一面』（徳富猪一郎、一九二九年、民友社）
「寧府紀事」「浪花日記」（川路聖謨、日本史籍協会編『川路聖謨文書』2〜6、一九六七〜六八年、東京大学出版会復刻）
大西源一「維新回天の宏謨と久邇宮朝彦親王」（『朝彦親王景仰録』久邇宮朝彦親王五十年祭記念会編、一九四二年、久邇宮朝彦親王五十年祭記念会）
『川路聖謨』（川田貞夫、一九九七年、吉川弘文館）
『史談会速記録』55（一九一二年、史談会）

『皇族と帝国陸海軍』（浅見雅男、二〇一〇年、文春新書）
大岩栄吾「朝彦親王敬神の御事蹟」（『増補　朝彦親王景仰録』一九四二年、八坂神社）
『月照』（友松円諦、友松円諦遺稿刊行会編、一九七五年、清水寺）
『徳川慶喜公伝』（渋沢栄一、一九六七～六八年、平凡社東洋文庫）

■第三章

『懐旧記事』（山県有朋『王政復古義挙録、懐旧記事』一九六九年、新人物往来社）
『大久保利通日記』（二〇〇七年、マツノ書店復刻）
『京都守護職始末』（山川浩編述、二〇〇四年、マツノ書店復刻）
『逸事史補』（松平慶永『逸事史補、守護職小史』一九六八年、人物往来社）
『島津久光＝幕末政治の焦点』（町田明広、二〇〇九年、講談社選書メチエ）
『続再夢紀事』（中根靱負、一九七四年、東京大学出版会復刻）
『島津久光公実記』（島津公爵家編輯所編、一九一〇年）
『海舟日記』（『勝海舟全集』18～21、一九七二～七三年、勁草書房）
『朝彦親王日記』（日本史籍協会編、一九六九年、東京大学出版会）
『防長回天史』（末松謙澄、二〇〇九年、マツノ書店復刻）
『大久保利通文書』（二〇〇五年、マツノ書店復刻）
『明治天皇紀』（宮内庁編、一九六八～七五年、吉川弘文館）
森鷗外「堺事件」（『鷗外歴史文学集』2、二〇〇〇年、岩波書店）

大岡昇平「『堺事件』の構図」(『歴史小説論』一九九〇年、岩波同時代ライブラリー)
『闘う皇族　ある宮家の三代』(浅見雅男、二〇〇五年、角川選書)
『復古記』(東京大学史料編纂所編、二〇〇七年、東京大学出版会復刻)
佐藤虎雄「朝彦親王の御遺蹟」(『朝彦親王景仰録』)「芸州御下行御日波類」(『朝彦親王日記』)

■第四章

『能久親王事蹟』(森林太郎編、一九〇八年、春太堂)
『法令全書』(内閣官報局、一九一二年)
『岩倉公実記』(多田好問編、一九六八年、原書房復刻)
『改訂増補　華士族秩禄処分の研究』(深谷博治、一九四四年、亜細亜書房)
河村浩「宮家相続問題と岩倉具視」(『皇學館大學史料編纂所報』62、一九八三年)
「憲政史編纂会収集文書」(国立国会図書館憲政資料室所蔵)
『枢密院会議議事録』(一九八四~九六年、東京大学出版会)
『クララの明治日記』(クララ・ホイットニー、一又民子訳、一九七六年、講談社)

■第五章

『近代日本の海外留学史』(石附実、一九九二年、中公文庫)
『軍国の誉――故小松宮殿下の御事跡』(布施貞一郎編、一九〇三年、桜新聞社)
『西園寺公望伝』(立命館大学編、一九九〇~九七年、岩波書店)

『母　その悲しみの生涯』（有馬頼義、一九六七年、文藝春秋）
『博恭王殿下を偲び奉りて』（御伝記編纂会編、一九四八年、御伝記編纂会）
『太政官日誌』（石井良助編、一九八〇～八四年、東京堂出版）
『法規分類大全　兵制門1』（内閣記録局編、一九七七年、原書房復刻）
『邦彦王行実』（一九三二年、久邇宮家）
『伊藤博文伝』（春畝公追頌会編、一九四〇年、春畝公追頌会）
『素顔の宮家　私が見たもうひとつの秘史』（大給湛子、二〇〇九年、ＰＨＰ研究所）
『牧野伸顕日記』（伊藤隆、広瀬順晧編、一九九〇年、中央公論社）
『皇族誕生』（浅見雅男、二〇〇八年、角川書店）
『やんちゃ孤独』（東久邇稔彦、一九五五年、読売文庫）
『立憲国家の確立と伊藤博文　内政と外交一八八九～一八九八』（伊藤之雄、一九九九年、吉川弘文館）
『佐佐木高行日記　かざしの桜』（安在邦夫、望月雅士編、二〇〇三年、北泉社）
『依仁親王』（小笠原長生ほか編、一九二七年、東伏見宮家）
『明治天皇の御日常』（日野西資博、一九七六年、新學社教友館）
『熾仁親王行実』（同書編纂会編、一九二九年、高松宮家）
『威仁親王行実』（同書編纂会編、一九二六年、高松宮家）

■第六章

「牧野伸顕関係文書」（国立国会図書館憲政資料室所蔵）

「倉富勇三郎日記」(国立国会図書館憲政資料室所蔵)
永井和「波多野敬直宮内大臣辞職顚末　一九二〇年の皇族会議」(『立命館文学』624、二〇一二年)
『原敬日記』(原奎一郎編、一九八一年、福村書店)
『申酉回瀾録』(猪狩史山編、一九七六年、日本学園梅窓会)
『田中義一伝記』(高倉徹一編、一九五七～六〇年、田中義一伝記刊行会)
『大正デモクラシー期の政治　松本剛吉政治日誌』(岡義武・林茂校訂、一九五九年、岩波書店)
『皇太子婚約解消事件』(浅見雅男、二〇一〇年、角川書店)
『高松宮日記』(細川護貞ほか編、一九九五～九七年、中央公論社)
坂本太郎「筑波藤麿氏を憶う」(『日本歴史』363、一九七八年、吉川弘文館)
中野重治「むらぎも」(『中野重治全集』5、一九九六年、筑摩書房)

■第七章

『木戸幸一日記』(木戸日記研究会校訂、一九六六年、東京大学出版会)
「東久邇宮日誌」(防衛省防衛研究所所蔵)
『一皇族の戦争日記』(東久邇稔彦、一九五七年、日本週報社)
『皇室制度史料　皇族4』(宮内庁書陵部編、一九八六年、吉川弘文館)
『帝室統計書　大正二年』(宮内大臣官房文書課、一九一五年)
『天皇・伏見宮と日本海軍』(野村實、一九八八年、文藝春秋)
「嶋田繁太郎関係資料」(防衛省防衛研究所所蔵)

『西園寺公と政局』（原田熊雄述、一九五〇～五六年、岩波書店）
田中宏巳「昭和七年前後における東郷グループの活動」（『防衛大学校紀要』51～53、一九八五～八六年）
『海軍　加藤寛治日記』（『続・現代史資料』5、伊藤隆編、一九九四年、みすず書房）
『真崎甚三郎日記』（伊藤隆・佐々木隆ほか編、一九八一～八七年、山川出版社）
『海軍戦争検討会議記録』（新名丈夫編、一九七六年、毎日新聞社）
『昭和天皇独白録』（寺崎英成ほか、一九九五年、文春文庫）
『高木惣吉日記　日独伊三国同盟と東条内閣打倒』（永井康雄編、一九八五年、毎日新聞社）
「岡本愛祐関係文書」（東京大学法政史料センター所蔵）
『私の自叙伝』（閑院純仁、一九六六年、人物往来社）
『東久邇政権・五十日』（長谷川峻、一九八七年、行研出版局）
『三代の天皇と私』（梨本伊都子、一九八五年、講談社）
『国際検察局（IPS）尋問調書　8』（粟屋憲太郎・吉田裕編、一九九三年、日本図書センター）
『比島から巣鴨へ　日本軍部の歩んだ道と一軍人の運命』（武藤章、二〇〇八年、中公文庫）

■おわりに

『天皇家の財産』（黒田久太、一九六六年、三一新書）
東久邇稔彦・松本清張対談「やんちゃ皇族の戦争と平和」（『文藝春秋』一九六六年一月号）

■あとがき

『皇室典範と女性宮家——なぜ皇族女子の宮家が必要か』(所功、二〇一二年、勉誠出版)

や行

ら行

わ行

ま行

な行

は行

さ行

た行

か行

主要人名索引

＊原則として近世以降の親王、王、内親王、
女王等の称号は略したが、例外もある。

あ行

本書は二〇一二年講談社より刊行された。
文庫化に際し加筆・修正を行った。

現代語訳 舞姫　森鷗外 井上靖訳
古典となりつつある鷗外の名作を井上靖の現代語訳で読む。無理なく作品を味わうための語注・資料を付す。原文も掲載。監修＝山崎一穎

こころ　夏目漱石
友を死に追いやった「罪の意識」によって、ついには人間不信にいたる悲惨な心の暗部を描いた傑作。詳しく利用しやすい語注付。（小森陽一）

英語で読む 銀河鉄道の夜（対訳版）　宮沢賢治 ロジャー・パルバース訳
〝Night On The Milky Way Train〟（銀河鉄道の夜）賢治文学の名篇が香り高い訳で生まれかわる。文庫オリジナル。井上ひさし氏推薦。（高橋康也）

百人一首　鈴木日出男
王朝和歌の精髄、百人一首を第一人者が易しく解説。現代語訳、鑑賞、作者紹介、語句・技法を見開きにコンパクトにまとめた最良の入門書。

今昔物語　福永武彦訳
平安末期に成り、庶民の喜びと悲しみを今に伝える今昔物語。訳者自身が選んだ155篇の物語は名訳を得て、より身近に蘇る。（池上洵一）

私の「漱石」と「龍之介」　内田百閒
師・漱石を敬愛してやまない百閒が、おりにふれて綴った師の行動と面影とエピソード。さらに同門の友、芥川との交遊を収める。（武藤康史）

阿房列車 ――内田百閒集成1　内田百閒
「なんにも用事がないけれど、汽車に乗って大阪へ行って来ようと思う」。上質のユーモアに包まれた、紀行文学の傑作。（和田忠彦）

教科書で読む名作 夏の花ほか 戦争文学　原民喜ほか
表題作のほか、審判（武田泰淳）／夏の葬列（山川方夫）／夜（三木卓）など収録。高校国語教科書に準じた傍注や図版付き。併せて読みたい名評論も。

名短篇、ここにあり　北村薫 宮部みゆき編
読み巧者の二人の議論沸騰し、選びぬかれたお薦め小説12篇。となりの宇宙人／冷たい仕事／隠し芸の男／少女架刑／あしたの夕刊／網／誤訳ほか。

猫の文学館Ⅰ　和田博文編
寺田寅彦、内田百閒、太宰治、向田邦子……いつの時代も、作家たちは猫が大好きだった。猫の気まぐれに振り回されている猫好きに捧げる47篇‼

吉行淳之介ベスト・エッセイ　吉行淳之介　荻原魚雷編

創作の秘密から、ダンディズムの条件まで。「文学」「男と女」「紳士」「人物」のテーマごとに厳選した、吉行淳之介の入門書にして決定版。（大竹聡）

田中小実昌ベスト・エッセイ　田中小実昌　大庭萱朗編

東大哲学科を中退し、バーテン、香具師などを転々とし、飄々とした作風とミステリー翻訳で知られるコミさんの厳選されたエッセイ集。（片岡義男）

山口瞳ベスト・エッセイ　小玉武編

サラリーマン処世術から飲食、幸福と死まで。——幅広い話題の中に普遍的な人間観察眼が光る山口瞳の豊饒なエッセイ世界を一冊に凝縮した決定版。

色川武大・阿佐田哲也ベスト・エッセイ　色川武大／阿佐田哲也　大庭萱朗編

二つの名前を持つ作家のベスト。文学論、落語からタモリまでの芸能論、ジャズ、作家たちとの交流も。もちろん阿佐田哲也名の博打論も収録。（木村紅美）

開高健ベスト・エッセイ　開高健　小玉武編

文学から食、ヴェトナム戦争まで——おそるべき博覧強記と行動力。「生きて、書いて、ぶつかった」開高健の広大な世界を凝縮したエッセイを精選。

中島らもエッセイ・コレクション　中島らも　小堀純編

小説家、戯曲家、ミュージシャンなど幅広い活躍で没後なお人気の中島らもの魅力を凝縮！　酒と文学とエンターテインメント。（いとうせいこう）

文房具56話　串田孫一

使う者の心をときめかせる文房具。どうすればこの小さな道具が創造力の源泉になりうるのか。文房具の想い出や新たな発見、工夫や悦びを語る。

ぼくは散歩と雑学がすき　植草甚一

1970年、遠かったアメリカ。その風俗、映画、本、音楽から政治までをフレッシュな感性と膨大な知識、貪欲な好奇心で描き出す代表エッセイ集。

快楽としてのミステリー　丸谷才一

ホームズ、007、マーロウ——探偵小説を愛読して半世紀、その楽しみを文芸批評とゴシップを駆使して自在に語る、文庫オリジナル。（三浦雅士）

超発明　真鍋博

昭和を代表する天才イラストレーターが、唯一無二のSF的想像力と未来的発想で〝夢のような発明品〟129例を描き出す幻の作品集。（川田十夢）

ねぼけ人生〈新装版〉　水木しげる

戦争で片腕を喪失、紙芝居・貸本漫画の時代と波瀾万丈の人生を、楽天的に生きぬいてきた水木しげるの、面白くも哀しい半生記。（呉智英）

「下り坂」繁盛記　嵐山光三郎

人の一生は、「下り坂」をどう楽しむかにかかっている。真の喜びや快感は「下り坂」にあるのだ。あちこちにガタがきても、愉快な毎日が待っている。

向田邦子との二十年　久世光彦

あの人は、あり過ぎるくらいあった始末におえない胸の中のものを誰にだって、一言も口にしない人だった。時を共有した二人の世界。（新井信）

旅に出る
ゴトゴト揺られて本と酒　椎名誠

旅の読書は、漂流モノと無人島モノと一点こだわりガンコ本！　本と旅とそれから派生していく自由な思いのつまったエッセイ集。（竹田聡一郎）

昭和三十年代の匂い　岡崎武志

テレビ購入、不二家、空地に土管、トロリーバス、くみとり便所、少年時代の昭和三十年代の記憶をたどる。巻末に岡田斗司夫氏との対談を収録。

本と怠け者　荻原魚雷

日々の暮らしと古本を語り、古書に独特の輝きを与えた「ちくま」好評連載「魚雷の眼」を、一冊にまとめた文庫オリジナルエッセイ集。（岡崎武志）

増補版　誤植読本　高橋輝次編著

本と誤植は切っても切れない!?　恥ずかしい打ち明け話や、校正をめぐるあれこれなど、作家たちが本音を語り出す。作品42篇収録。（堀江敏幸）

わたしの小さな古本屋　田中美穂

会社を辞めた日、古本屋になることを決めた。倉敷の空気、古書がつなぐ人の縁、店の生きものたち……。女性店主が綴る蟲文庫の日々。（早川義夫）

ぼくは本屋のおやじさん　早川義夫

22年間の書店としての苦労と、お客さんとの交流。どこにもありそうで、ない書店。30年来のロングセラー！（大槻ケンヂ）

たましいの場所　早川義夫

「恋をしていいのだ。今を歌っていくのだ」。心を揺るがす本質的な言葉。文庫用に最終章を追加。帯文＝宮藤官九郎　オマージュエッセイ＝七尾旅人

仁義なきキリスト教史　架神恭介

イエスの活動、[illegible]字軍、宗教改革まで——。キリスト教二千年の歴史が果てなきやくざ抗争史として蘇る！（石川明人）

現代語訳 文明論之概略　福澤諭吉／齋藤孝 訳

「文明」の本質と時代の課題を、鋭い知性で捉え、巧みな文体で説く。福澤諭吉の最高傑作にして近代日本を代表する重要著作が現代語でよみがえる。

鬼の研究　馬場あき子

かつて都大路に出没した鬼たち、彼らはほろんでしまったのだろうか。日本の歴史の暗部に生滅した〈鬼〉の情念を独自の視点で捉える。（谷川健一）

ギリシア神話　串田孫一

ゼウスやエロス、プシュケやアプロディテなど、人間くさい神々をめぐる複雑なドラマを、わかりやすく綴った若い人たちへの入門書。

橋本治と内田樹　橋本治／内田樹

不毛で窮屈な議論をほぐし直し、「よきもの」に変える成熟した知性が、あらゆることを語りつくす。伝説の対談集ついに文庫化！（鶴澤寛也）

9条どうでしょう　内田樹／小田嶋隆／平川克美／町山智浩

「改憲論議」の閉塞状態を打ち破るには、「虎の尾を踏むのを恐れない」言葉の力が必要である。四人の書き手によるユニークな洞察が満載の憲法論！

哲学の道場　中島義道

哲学は難解で危険なものだ。しかし、世の中にはこれを必要とする人たちがいる。——死の不条理への問いを中心に、哲学の神髄を伝える。（小浜逸郎）

哲学個人授業　鷲田清一／永江朗

哲学者のとぎすまされた言葉には、歌舞伎役者の切る「見得」にも似た魅力がある。哲学者23人の魅惑の言葉。文庫版では語り下ろし対談を追加。

夏目漱石を読む　吉本隆明

主題を追求する「暗い」漱石と愛される「国民作家」をつなぐ資質の問題とは？　平明で卓抜な漱石講義十二講。第2回小林秀雄賞受賞。（関川夏央）

ナショナリズム　浅羽通明

新近代国家日本は、いつ何のために、創られたのか。日本ナショナリズムの起源と諸相を十冊のテキストを手がかりとして網羅する。（斎藤哲也）

私の幸福論　福田恆存

この世は不平等だ。何と言おうと！　しかしあなたは幸福にならなければ……。平易な言葉で生きることの意味を説く刺激的な書。（中野翠）

生きるかなしみ　山田太一編

人は誰でも心の底に、様々なかなしみを抱きながら生きている。「生きるかなしみ」と真摯に直面し、人生の幅と厚みを増した先人達の諸相を読む。

老いの生きかた　鶴見俊輔編

限られた時間の中で、いかに充実した人生を過ごすかを探る十八篇の名文。来るべき日にむけて考えるヒントになるエッセイ集。

人生の教科書［よのなかのルール］　藤原和博　宮台真司

〝バカを伝染（うつ）さない〟ための「成熟社会へのパスポート」です。大人と子ども、お金と仕事、男と女と自殺のルールを考える。（重松清）

14歳からの社会学　宮台真司

「社会を分析する専門家」である著者が、社会の「本当のこと」を伝え、いかに生きるべきか、に正面から答えた。重松清、大道珠貴との対談を新たに付す。

逃走論　浅田彰

パラノ人間からスキゾ人間へ、住む文明から逃げる文明への大転換の中で、軽やかに〈知〉と戯れるためのマニュアル。

学校って何だろう　苅谷剛彦

「なぜ勉強しなければいけないの？」「校則って必要なの？」等、これまでの常識を問いなおし、学ぶ意味を再び摑むための基本図書。（小山内美江子）

生き延びるためのラカン　斎藤環

幻想と現実が接近しているこの世界で、できるだけリアルに生き延びるためのラカン解説書にして精神分析入門書。カバー絵・荒木飛呂彦（中島義道）

反社会学講座　パオロ・マッツァリーノ

恣意的なデータを使用し、権威的な発想で人に説教する困った学問「社会学」の暴走をエンターテイメントな議論で撃つ！　真の啓蒙は笑いから。

「社会を変える」を仕事にする　駒崎弘樹

元ITベンチャー経営者が東京の下町で始めた「病児保育サービス」が全国に拡大。「地域を変える」が「世の中を変える」につながった。

半農半Xという生き方【決定版】 塩見直紀

農業をやりつつ好きなことをする「半農半X」を提唱した画期的な本。就職以外の生き方、転職、移住後の生き方として。帯文＝藻谷浩介 （山崎亮）

レトリックと詭弁 香西秀信

「沈黙を強いる問い」「論点のすり替え」など、議論に仕掛けられた巧妙な罠に陥ることなく、詐術に打ち勝つ方法を伝授する。

人生を〈半分〉降りる 中島義道

哲学的に生きるには〈半隠遁〉というスタイルを貫くしかない。「清貧」とは異なるその意味と方法を、自身の体験を素材に解き明かす。 （中野翠）

ひとはなぜ服を着るのか 鷲田清一

ファッションやモードを素材として、アイデンティティや自分らしさの問題を現象学的視線で分析する。「鷲田ファッション学」のスタンダード・テキスト。

ひきこもりはなぜ「治る」のか？ 斎藤環

「ひきこもり」研究の第一人者の著者が、ラカン、コフート等の精神分析理論でひきこもる人の精神病理を読み解き、家族の対応法を解説する。 （井出草平）

パーソナリティ障害がわかる本 岡田尊司

性格は変えられる。「パーソナリティ障害」を「個性」に変えるために、本人や周囲の人がどう対応し、どう工夫したらよいかがわかる。 （山登敬之）

子は親を救うために「心の病」になる 高橋和巳

子は親が好きだからこそ「心の病」になり、親を救おうとしている。精神科医である著者が説く、親子という「生きづらさ」の原点とその解決法。

減速して自由に生きる 髙坂勝

自分の時間もなく働く人生よりも自分の店を持ち人と交流したいと開店。具体的なコツと、独立した生き方。一章分加筆。帯文＝村上龍 （山田玲司）

花の命はノー・フューチャー ブレイディみかこ

移民、パンク、LGBT、貧困層。地べたから見た英国社会をスカッとした笑いとともに描く。200頁分の大幅増補！ 帯文＝佐藤亜紀 （栗原康）

ライフワークの思想 外山滋比古

自分だけの時間を作ることは一番の精神的肥料になる、前進だけが人生ではない――。時間を生かして、ライフワークの花を咲かせる貴重な提案。

ちくま文庫

もうひとつの天皇家（てんのうけ） 伏見宮（ふしみのみや）

二〇二〇年四月十日　第一刷発行

著　者　浅見雅男（あさみ・まさお）
発行者　喜入冬子
発行所　株式会社　筑摩書房
東京都台東区蔵前二―五―三　〒一一一―八七五五
電話番号　〇三―五六八七―二六〇一（代表）
装幀者　安野光雅
印刷所　株式会社精興社
製本所　株式会社積信堂

ISBN978-4-480-43652-8　C0123